Bibliografische Information der Deutschen Nationalbibliothek:

Die Deutsche Nationalbibliothek verzeichnet diese Publikation in der Deutschen Nationalbibliografie; detaillierte bibliografische Daten sind im Internet über http://dnb.d-nb.de abrufbar.

Impressum:

Copyright © 2014 ScienceFactory

Ein Imprint der GRIN Verlag GmbH

Druck und Bindung: Books on Demand GmbH, Norderstedt, Germany

Coverbild: pixabay.com

Social Media Marketing für Unternehmen

Eine Erfolgsstrategie?

Inhalt

Online Marketing. Entwicklung, Chancen und kritische Aspekte des Social Media Marketings der Generation Web 2.0

Social Media im Marketingprozess – Wirkungsweise und Erfolgskontrolle

Eveline Scheerer:

Online Marketing. Entwicklung, Chancen und kritische Aspekte des Social Media Marketings der Generation Web 2.0

2012

1   Einleitung

Das Internet prägt unseren Alltag in Bezug auf Kommunikation, Konsum, Information und Vernetzung. Gerade durch die mobilen Endgeräte und der einfachen Vernetzung steigen die Nutzerzahlen im Bereich des Social Media (SM) stetig an. Vor Jahren wurde das Internet noch ausschließlich zur Informationsgewinnung genutzt, heute hingegen steht die Kommunikation im Mittelpunkt. Die User stellen Inhalte selbst zur Verfügung, bewerten und vergleichen Inhalte anderer Personen. Sie geben preis, was sie gerade tun, stellen Videos ins Internet und kommunizieren über Produkte und Marken. Diese Kommunikation erfolgt über verschiedene SM-Kanäle. Diese sind durch Foren, Blogs, Videoportale, Bewertungsportale et cetera (ect.) geprägt. Auch Unternehmen haben dieses Potential des SM erkannt und setzen nun gezielt auf Social Media Marketing (SMM). Die meisten Netzwerke sind kostenlos, die Anwendungen unkompliziert und leicht umsetzbar. Man benötigt eigentlich nur eine Verbindung zum Netzt, die aber in der heutigen Zeit keine Hürde mehr darstellen dürfte, auf Grund von Wlan, Smartphones etc. Der Bundesverband für Digitale Wirtschaft (BVDW) gab an, dass 80% der Unternehmen ihre Budgets für SM steigern werden, weil man mit traditioneller Werbung keine Kunden mehr erreichen könne. Die Nielsen Studie fand heraus, dass gerade mal 14% der Befragten konventioneller Werbung vertrauen. 78% der Konsumenten hingegen verlassen sich auf ihre persönlichen Netzwerke.[1]

Durch den Einsatz von SM können viele innerhalb einer Unternehmung profitieren. Das Marketing, das neue Netzwerke aufbaut und Plattformen erstellt, Die PR (Public Relation)-Abteilung, die Neuigkeiten schneller und gezielter verbreiten kann und die Marktforschungsabteilung, die das Image des Unternehmens beobachten kann. Aber auch der Geschäftsführer kann sein Ansehen durch SM steigern und die Personalabteilung sich als attraktiver Arbeitgeber präsentieren.

Das SMM kann unabhängig von der Unternehmensgröße angewandt werden. Jedoch müssen Unternehmen sich vorher mit dem SM auseinander setzen und ihre Aktivitäten genauestens planen. Dies ist oftmals mit einem großen Zeitaufwand verbunden. Unternehmen müssen sich öffnen und neue Wege beschreiten. Sie verlieren Macht an Kunden und müssen sich mit Kritik auseinander setzen, sowohl positiver als auch negativer Art. Sie haben sich dem

---

[1] Vgl. Hilker 2010, S.12

Kaufverhalten und den Regeln der Kommunikation des Web 2.0 anzupassen. Ein kleines Fehlverhalten im Netz genügt, dass Unternehmen einen Imageschaden davon tragen, der langanhaltende Auswirkungen mit sich ziehen kann. Was einmal im Internet steht, bleibt auch im Internet. Die Inhalte verbreiten sich wie ein Lauffeuer, das kaum noch zu stoppen ist.

Ziel dieser Arbeit ist es zu untersuchen, welche Potentiale und Möglichkeiten das Web 2.0 im Zusammenhang mit Marketingmaßnahmen für Unternehmen bietet. Ziel ist es ebenfalls, Handlungsempfehlungen für einen Einsatz der marketingrelevanten Instrumente im Web 2.0 abzuleiten, ohne dabei den Blick auf die Praxis und die Chancen und Risiken von SMM zu verlieren.

Vorgehensweise und Aufbau

In Kapitel 2 wird auf das Internet als solches eingegangen. Kapitel 2 zeigt die Entwicklung, das schnelle Wachstum von SM und die Nutzung hinsichtlich des Internets. Es wird speziell auf das Web 2.0 in Hinblick auf Merkmale und Nutzung hingewiesen.

In Kapitel 3 wird gezielt auf das SMM eingegangen. Nach der Klärung, was SMM überhaupt ist, werden Ziele aufgelistet, die mit SMM verfolgt werden können. Danach werden Unterschiede zwischen SMM und dem traditionellen Marketing dargestellt. Am Ende dieses Kapitels werden einzelne SM-Kanäle ausführlich dargestellt und analysiert.

In Kapitel 4 werden die Chancen, Herausforderungen, Risiken und Gefahren von SMM ausführlich untersucht und erläutert.

Kapitel 5 beschäftigt sich mit einer möglichen Herangehensweise einer SMM-Strategie. Es wird dargestellt, wie eine Strategie verlaufen könnte und was Unternehmen dabei zu beachten haben.

In Kapitel 6 folgen das SM-Monitoring, das SMM-Aktivitäten überprüft und das SM-Controlling, worin beschrieben wird, wie man Erfolge einer SMM-Aktivität messen und kontrollieren kann.

Um zu sehen, wie ein SMM-Engagement in der Praxis verlaufen kann, wird in Kapitel 7 sowohl ein positives als auch ein negatives Beispiel in Bezug auf SMM-Aktivitäten von Unternehmen vorgestellt.

In Kapitel 8 werden die Erkenntnisse der Arbeit zusammengefasst und eine kurzes Fazit gezogen. Struktur und Nutzung des Internets im Hinblick auf Web 2.0

2 Struktur und Nutzung des Internets im Hinblick auf Web 2.0

Nicht nur der großflächige Zugang zu Breitband-Internetzugängen, die einfache Möglichkeit des Austausches im Netz, sondern auch die steigenden Kompetenzen im Umgang mit den Medien auf Seiten der Nutzer und auch die offene Haltung im Umgang mit den neuen multimedialen Anwendungen sind nur wenige Gründe, die zu einer schnellen Verbreitung des Internets in allen Lebensbereichen geführt haben.[2] Während die Web 1.0 User reine Informationskonsumenten waren, ist das Internet schon lange nicht nur für die Informationsgewinnung zuständig. Die User kommunizieren, kaufen ein und arbeiten mit dem Internet. Die wohl am bekanntesten Sozialen Medien sind Twitter, Facebook und YouTube[3] Das Internet scheint ein fester Bestandteil des täglichen Lebens zu sein, sei es beruflich oder privat, es ist in der heutigen Zeit nicht mehr wegzudenken.

2.1 Entwicklung des Internets in Deutschland

Folgende Abbildung zeigt, dass 74,7% der deutschen Bevölkerung 2011 das Internet beruflich und/ oder privat nutzten, umgerechnet 52,7 Millionen Deutsche ab 14 Jahre sind im Internet anzutreffen. Im Vergleich zum Vorjahr 2010 stieg somit der Onliner-Anteil um 2,7%. Noch immer nutzt ein Viertel der Deutschen ab 14 Jahren das Internet nicht. Auch die Breitbandnutzung, die der höheren Übertragungskapazitäten dient, wurde 2011 von nur 52,2% der Onliner genutzt.[4]

---

[2] Vgl. Knappe, Kracklauer 2007, S.29
[3] Vgl. Hettler 2010, S.III
[4] Vgl. www.initatived21.de, S.12 (Stand: 07.06.2012)

Jahr	Onliner	Nutzungsplaner	Offliner
2009	69,1%	4,3%	26,6%
2010	72,0%	3,8%	24,2%
2011	74,7%	3,3%	21,9%

Abbildung 1: Internetnutzung in Deutschland (Angaben in %)[5]

„Jung, männlich, gut gebildet" waren die Eigenschaften der Internetnutzer noch vor einigen Jahren. Obwohl das Internet ein noch relativ junges Medium ist, hat sich dieses Bild stark gewandelt. Der größte Zuwachs an Nutzern erfolgte ausschließlich aus den 40 bis 59-Jährigen und den älteren Alterssegmenten, sodass 2011 rund 20 Millionen Menschen zwischen 40 und 59 Jahren das Internet nutzten.[6]

Alter	2009	2010	2011
14-29	94,5%	95,8%	97,3%
30-49	85,0%	87,1%	89,7%
50+	44,9%	49,6%	52,5%

Abbildung 2: Internetnutzung nach Alter (Angaben in %)[7]

2011 schaffte es die Bevölkerungsgruppe mit formal einfacher Bildung, die 60% Hürde zu überwinden. In dieser Gruppe kann deshalb auch das größte Wachstum verzeichnet werden. Die Gruppe der Abiturienten und Studenten ist

---

[5] Eigene Darstellung in Anlehnung an: www.initiatived21.de, S.14 (Stand: 07.06.2012)
[6] Vgl. www.ard-zdf-onlinestudie.de, S.334 (Stand: 14.06.2012)
[7] Eigene Darstellung in Anlehnung an: www.initiatived21.de, S.14 (Stand: 14.06.2012)

erwartungsgemäß hoch und auch unter den Schülern gibt es kaum noch Offliner.[8]

Bildungsabschluss	2009	2010	2011
Schüler	97,0%	97,5%	97,7%
Volks- / Hauptschule	52,7%	56,6%	60,5%
Weiterbildende Schule	73,3%	76,2%	78,8%
Abitur / Studium	87,5%	88,8%	90,2%

Abbildung 3: Internetnutzung nach Bildung (Angaben in %)[9]

Ebenfalls lohnenswert ist es, sich den Zusammenhang zwischen Einkommenshöhe und der Nutzung des Internets näher zu betrachten.

Im Jahr 2011 liegen die Haushalte mit einem Einkommen von mehr als 3000 € mit 92,3% Internetusern vorne. Das größte Wachstum (3,1%) liegt allerdings bei den Haushalten mit einem Einkommen zwischen 2000€ bis 3000€. Mit 53% Internetnutzern bilden die Haushalte mit einem Einkommen von weniger als 1000€ das Schlusslicht. Es wird deutlich, dass auch im Jahr 2011 der Graben zwischen finanziell stärkeren und einkommensschwächsten Haushalten immer noch Bestand hat. Das Durchschnittseinkommen der Onliner beträgt 2.380€, während das Durchschnittseinkommen der Offliner bei nur 1.560€ liegt.[10]

---

[8] Vgl. www.initiatived21.de, S.16 (Stand: 14.06.2012)

[9] Eigene Darstellung in Anlehnung an: www.initiatived21.de, S.16 (Stand: 14.06.2012)

[10] Vgl. www.initiatived21.de, S.17 (Stand: 14.06.2012)

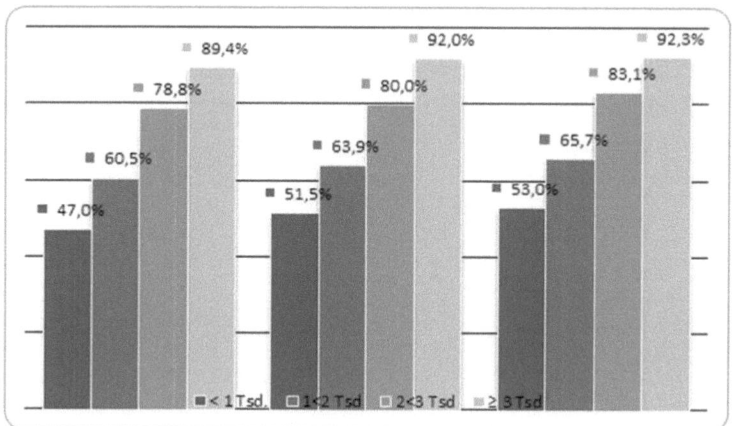

Abbildung 4: Internetnutzung nach Haushaltsnettoeinkommen (Angaben in %)[11]

52,7 Millionen Deutsche nutzen das Internet. In Abbildung 5 wird deutlich, dass der Anteil der Nutzer nicht gleichmäßig verteilt, sondern geschlechtsabhängig ist. 80,7% der Männer sind 2011 online, während nur 68,9% der Frauen das Internet nutzen. Die Abweichungen beider Geschlechter sind jedoch 2011 gesunken.[12]

Auch in Bezug auf die Häufigkeit, verbringen Männer wesentlich mehr Zeit im Internet als Frauen. Während die Frauen nur 123 Minuten ihrer Zeit dem Internet widmen, verweilt der deutsche Mann 150 Minuten im Netz. Außerdem beteiligen sich die Männer auch agiler im Internet. Sie neigen eher zu Audio- und Videoanwendungen, betreiben häufiger Blogs, kommentieren Artikel und Beiträge öfters als Frauen. Auch der Anteil der Autoren in Plattformen wie Wikipedia ist bei Männern größer als bei Frauen. Gründe dafür sind die hohe Konsensorientierung der Frauen und die große Meinungsstärke der Männer.[13]

---

[11] Eigene Darstellung in Anlehnung an: Ebenda

[12] Vgl. www.initiatived21.de, S. 42 (Stand: 14.06.2012)

[13] Vgl. www.ard-zdf-onlinestudie.de, S.336-337 (Stand: 14.06.2012)

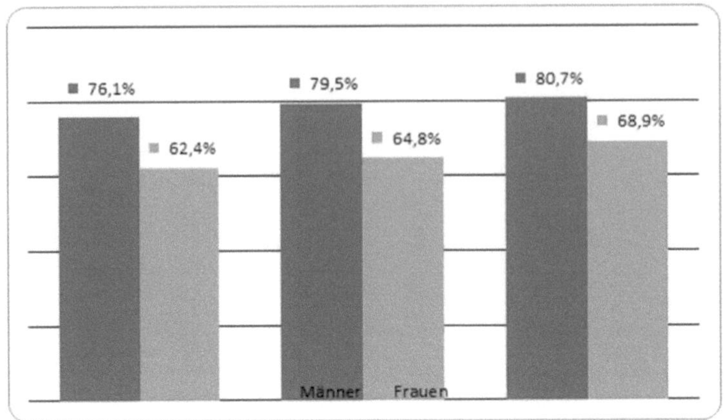

Abbildung 5. Internetnutzung nach Geschlecht (Angaben in %)[14]

Trotz Steigerung der Internetnutzung sind die klassischen Medien immer noch von hoher Bedeutung. Viele Onliner suchen häufig einen medialen Begleiter. So nutzen ca. 44% der Onliner nebenbei Audioangebote. Radio ist der beliebteste Begleiter. 22% der Onliner nutzen parallel den Fernseher.[15]

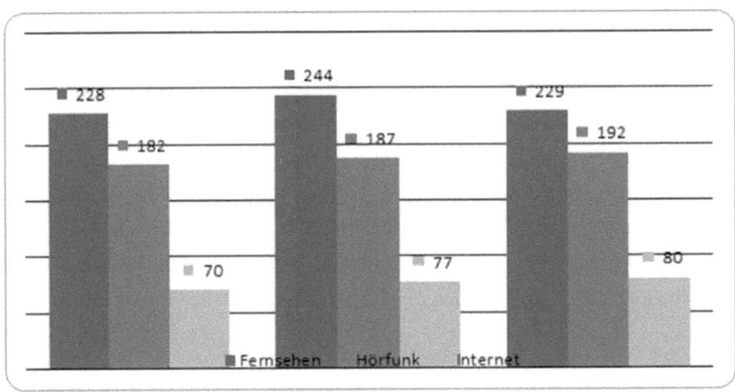

Abbildung 6: Durchschnittliche Nutzungsdauer von Fernsehen, Radio und Internet (Angaben in Minuten, jeweils Montag-Sonntag)[16]

---

[14] Eigene Darstellung in Anlehnung an: www.initiatived21.de, S.15 (Stand: 14.06.2012)

[15] Vgl. www.radiozentrale.de, (Stand. 16.06.2012)

[16] Eigene Darstellung in Anlehnung an: www.ard-zdf-onlinestudie.de, (Stand: 16.06.2012)

86% aller Onliner versenden oder empfangen wöchentlich **E-Mails**. Das Bedürfnis nach Kommunikation und Austausch im Netz ist sehr hoch. Weitere Motivatoren der Internetnutzung stellen die **Recherche** in Suchmaschinen dar, die von 82% aller Internetuser angewendet werden. Sich über das **Weltgeschehen** zu informieren ist für 69,5% von Bedeutung. Auch die Tätigkeiten, die früher offline ausgeübt wurden, werden heute übers Internet abgewickelt, wie zum Beispiel (z.B.) das **Homebanking** (56,4%). Das zeitaufwendige Shoppen fällt weg. 68% der User tätigen online einen Großteil ihrer **Einkäufe**.

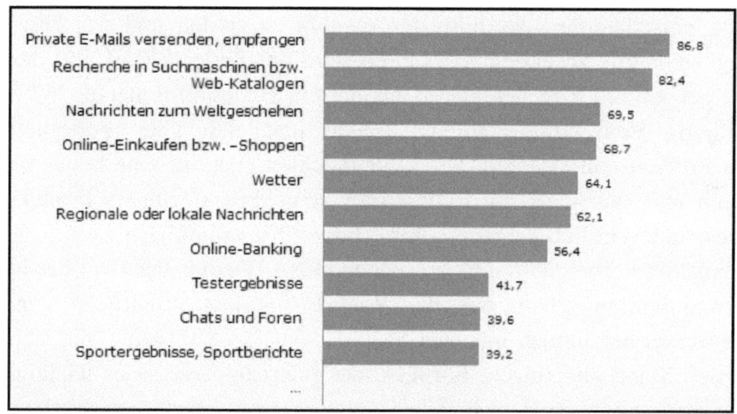

Abbildung 7: Thematische Schwerpunkte Top 10[17]

Das Onlineshopping ist eines der beliebtesten Onlineanwendungen der deutschen Internetnutzer. Unter Electronic Commerce (E-Commerce) versteht man den Handel von Waren und Dienstleistungen über elektronische Medien wie das Internet. E-Commerce hat in den letzten Jahren stark an Bedeutung gewonnen. [18] Das Einkaufen im Internet ist für viele mittlerweile einfach, sicher und selbstverständlich. 85% der Internetnutzer haben schon einmal online eingekauft. Der Anteil der 30-49 Jährigen, die online einkaufen liegt bei 92%.[19] 2011 konnte der Online- Handel einen Umsatz von 26,1 Milliarden Euro verzeichnen. 2010 waren es 8,1% weniger. Die Tendenz ist weiterhin steigernd,

---

[17] Vgl. www.agof.de, (Stand: 17.06.2012)

[18] Vgl. www.webagency.de, (Stand: 16.06.2012)

[19] Vgl. www.bitkom.org, S.14 (Stand: 17.06.2012)

denn viele Internetnutzer schätzen den Service, den ihnen der Online-Handel bietet: pünktliche, zuverlässige und schnelle Lieferung.[20]

Auch die Onlinerecherche ist mittlerweile für viele Konsumenten selbstverständlich. 96,8% der User, also 48,54 Millionen Menschen haben sich schon einmal online über ein Produkt oder eine Dienstleistung informiert. Dabei stellt das Internet vor der Entscheidungsphase ein wichtiges Kriterium dar, unabhängig davon, ob der Kauf nun online oder offline getätigt wird.[21] Meistens werden Produkte erst nach einer ausführlichen Recherche und Information gekauft. Zu den Hauptmotiven der Onlinerecherche gehört eine effiziente und preiswerte Kaufentscheidung, das billigste Angebot zu finden und das beste Preis-Leistungsverhältnis zu erzielen. Dadurch wird am Ende gespart und das beste Produkt gekauft. 72% recherchieren aus diesem Hauptmotiv heraus. 67% wollen detaillierte Produktinformationen finden und sich über Vor- und Nachteile des Produkts informieren. Die User möchten sich auf eine bequeme Art informieren und sich dann am Ende sicher sein, dass sie dieses Produkt kaufen, weil es auch wirklich gebraucht wird. Immerhin wollen sich auch 51% auf Offline Einkäufe vorbereiten, d.h. sie suchen einen Händler vor Ort oder in ihrer Nähe, und wollen sehen, wie das Produkt aussieht. Eindrücke vom aktuellen Geschehen bekommen möchten 58% der Nutzer. Sie surfen, um sich auf den neuesten Stand zu bringen. Für 43% der Internetnutzer ist es wichtig, sich Meinungen zu bilden und sich gegenseitig auszutauschen, verschiedene Meinungen einzuholen und auch Informationen darüber zu erhalten, wie das Produkt funktioniert und ob die Produktnutzung vorteilhaft ist.[22]

„Deutschland ist das Land der Recherche"[23]

TNS Infratest führte 2009 eine Studie über die Kaufentscheidungen der Deutschen durch. Damals waren Suchmaschinen die erste Wahl, wenn es um die Produktsuche geht. Dies hat sich, wie Abbildung 7 zeigt, auch 2011 nicht geändert, denn 83% nutzen die Suchmaschine, um sich über ein Produkt zu informieren. Nicht weit dahinter liegen die Händlerwebsites. Aber auch Preisvergleichsseiten und Online-Auktionen werden in Deutschland mehr

---

[20] Vgl. www.einzelhandel.de, (Stand: 17.06.2012)

[21] Vgl. www.bvdw.org, S.29 (Stand: 17.06.2012)

[22] Vgl. www.tns-infratest.com, S.17 (Stand: 17.06.2012)

[23] www.tns-infratest.com, (Stand: 17.06.2012)

genutzt als in anderen europäischen Ländern.[24] Aber auch die sogenannten „earned Media Kanäle", sind Seiten, auf denen Dritte ihre Meinung und Bewertung über das jeweilige Produkt schreiben, spielen heute eine größere Rolle. Diese finden meistens in den Sozialen Netzwerken, Blogs, YouTube, Twitter und auch auf den Preisvergleichsseiten statt. 41% zwischen 14- 24 Jahren lassen sich von negativen Bewertungen beeinflussen.[25]

Die Conversation-Rate ist das Verhältnis zwischen Online-Informationssuchenden und Online-Informationssuchenden, die gleichzeitig Käufer sind. In Abbildung 8 ist zu erkennen, dass Bücher die höchste Conversation-Rate aufweisen, nämlich 70%. Damit ist gemeint, dass 59,4% der Internetnutzer sich über Bücher informiert haben und 41,6% davon haben sich über Bücher informiert und diese online erworben. Die Umwandlung von Informationssuchenden zu informationssuchenden Käufern beträgt 70%. Dies bedeutet, dass in zwei Drittel der Fälle die Informationssuche bei Büchern auch zum Kauf führt. Ansonsten bewegt sich die Conversation-Rate im Bereich der Damenbekleidung, Spielwaren, Eintrittskarten für Kino und die Herrenbekleidung bei ca. 60%.[26]

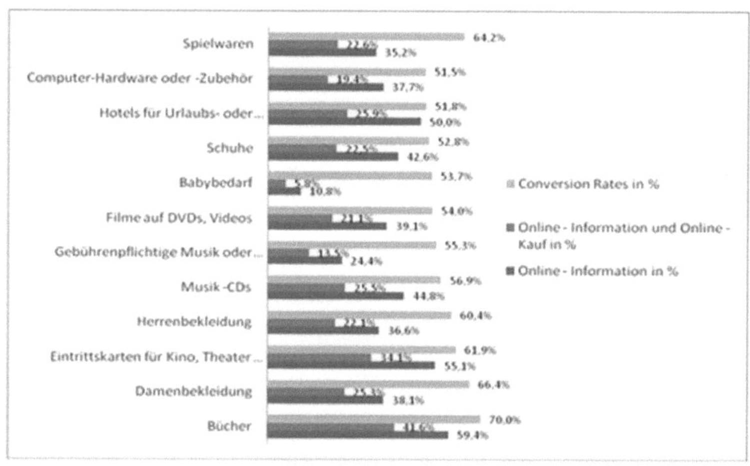

Abbildung 8: Conversion-Rates für Top 15 Produkte (Angaben in %)[27]

---

[24] Vgl. www.tns-infratest.com, S.23 (Stand: 17.06.2012)

[25] Vgl. www.tns-infratest.com, (Stand: 17.06.2012)

[26] Vgl. www.bvdw.org, S.28 (Stand: 18.06.2012)

[27] Eigene Darstellung in Anlehnung an: www.bvdw.org, S. 29 (Stand: 17.06.2012)

2.2   Web 2.0: Eine neue Generation.

Als Vorläufer des heutigen uns bekannten Internets wurde 1969 das "ARPANET" (Advanced Research Projects Agency Network) realisiert. Es diente zur Nutzung der knappen Rechenressourcen über ein dezentrales Netzwerk. Damals hatten noch nicht viele Einrichtungen Zugriff auf dieses Netzwerk. Erst durch die Weiterentwicklung des World Wide Web (WWW) erlangte man einen Durchbruch. Der Erfinder war Tim Berners-Lee, der das WWW 1989 entwickelte. Er wollte ein wachsendes Netz aus Webseiten, mit Speicherung von Informationen. .

Nach einiger Zeit fanden auch viele Privatanwender und Unternehmen den Zugang zum Internet und es entstanden zahlreiche Webseiten und Webapplikation wie „Yahoo" und auch das heute noch erfolgreiche „Amazon". Die Verbreitung des Internets nahm ab diesem Zeitpunkt an enormer Geschwindigkeit zu. 1997 zählte man ca. 45 Millionen Internetnutzer weltweit.[28] Ende 2010 ist die Zahl der Onliner auf 2,08 Milliarden weltweit gestiegen[29] und die Tendenz ist weiter steigend. In der Wirtschaftswelt entwickelte sich das Internet jedoch sehr langsam. Seinen Höhepunkt fand die Entwicklung des WWW Ende der 1990er Jahren mit dem sogenannten Dot-com-Boom der „New Economy". Die Folgen dieser Entwicklung waren enorme Investitionen in Dot-com-Projekte. Mit der Zeit stellte sich heraus, dass viele Unternehmen, die mit den Investitionen verbundenen Gewinnerwartungen nicht erfüllen konnten.

Resultat war, dass viele Unternehmen in der Zeit der „New Economy" wirtschaftlich nicht überlebten.[30]

Mit dem Schlagwort „Web 2.0" begann eine neue Phase in der Geschichte des Internets. Durch hohe Investitionsbereitschaft verschiedener Übernahmen wie z.B. von YouTube durch Google, wobei erhebliche Summen flossen, wuchs die Internetwirtschaft stetig. Auch Microsoft zahlte an Facebook 240 Millionen US-Dollar für eine 1,6%ige Beteiligung.

Es gibt einige Unterschiede zum Web der ersten Stunde (Web 1.0), die zu einer starken Entwicklung des Internet beitragen. Den Erfolg des Web 2.0 sind den neuen **offene Webtechnologien**, wie AJAX; XML und RSS, die zwar schon

---

[28] Vgl. Hettler 2010,S.1

[29] Vgl. www.initiatived21.de, S.66 (Stand:17.06.2012)

[30] Vgl. Hettler 2010, S.1-2

früher existierten, die aber erst durch höhere Datenübertragung möglich waren, zu verdanken. Noch bis Ende der 1990er Jahre erfolgte der Internetzugang über ein analoges Modem mit geringer Zugriffsgeschwindigkeit. Erst die Einführung von **Breitband-Internetanschlüssen**, hauptsächlich DSL, ermöglichte den Nutzen des neuen Webs für die breite Bevölkerung.[31] Im Jahr 2011 nutzte jeder zweite Deutsche einen Breitbandanschluss, um online zu gehen.[32] Aber auch die **Senkung der Internetnutzungskosten** trug zum wesentlichen Erfolg bei. Im Jahr 2006 zahlte man monatlich im Durchschnitt 66,91€ für einen DSL Anschluss, Flatrate miteinbezogen. Heute bekommt man eine Flatrate schon für unter 15 Euro. 1999 betrugen die Kosten für einen DSL Anschluss 98DM zzgl. eines zeitbegrenzten Tarifs von 99 DM für 50 Freistunden. Das Web 2.0 stellt die Grundlage für die meisten Sozialen Medien dar und ist auch Voraussetzung für erfolgreiches SMM.

2.2.1 Definition und Merkmale des Web 2.0

Jeder kennt ihn, jeder spricht darüber, trotzdem hat sich bis heute noch keine allgemeingültige Definition des Begriffs Web 2.0 durchsetzen können. Der Begriff Web 2.0 entstand 2004 während eines Brainstormings zwischen Tim O´Reilly, Dale Dougherty und MediaLive International, bei der es um die Veränderung des Webs nach der New Economy ging. Die Internetkonferenz wurde mit dem Namen „Web 2.0 Conference" eröffnet.[33]

In dem Artikel „What is Web 2.0" von Tim O´Reilly wird das Web 2.0 als Sammelbegriff für neue Anwendungen zur Publikation, Kommunikation und Bildung von Community im WWW beschrieben. Das Web 2.0, auch Mitmachweb genannt, ist laut O´Reilly eine Entwicklung des Internets zur interaktiven Plattform, eine neue Generation von Internet und Webanwendungsmöglichkeiten.[34]

Im Folgenden werden einige Merkmale des Web 2.0 dargestellt, die den Unterschied zum Web 1.0 verdeutlichen sollen. Das Web 2.0 ist keine Anhäufung von Webseiten mehr, sondern vielmehr eine Plattform. Immer mehr Web-Anwendungen stehen online zur Verfügung, werden ins Web verlagert und verdrängen die herkömmlichen Client-Anwendungen auf den lokalen Rechnern.

---

[31] Vgl. Hettler 2010, S.2

[32] Vgl. www.initiatived21.de, S.61 (Stand: 20.05.2012)

[33] Vgl. www.oreilly.de, S.6 (Stand: 20.05.2012)

[34] Vgl. www.oreilly.de, (Stand: 20.05.2012)

Die Grenzen zwischen Computer und Webanwendungen schwinden, indem die Anwendungen wie z.B. eine Tabellenkalkulation kostenlos im Internet angeboten werden. Der Nutzer muss sich nicht mehr um die Pflege der Anwendungen und Aktualisierungen der Daten kümmern.[35]

Immer mehr Nutzer bedienen sich des Mediums Web 2.0. Die Bereitstellungsasymmetrie, (wenige Informationsanbieter – viele Informationskonsumenten), löst sich auf und der User entwickelt sich zum Mitproduzenten. Wenn attraktiv gestaltete Webseiten im Umlauf sind, steigt auch die Motivation, selbst aktiv zu werden. Viele Informationen und Meinungen beeinflussen den Menschen, die Einstellungen und das Konsumverhalten der Kunden. [36]

Das Web 2.0 schafft einen Mehrwert mit der Beteiligung der User durch Vernetzung, Austausch und aktives Einbringen von eigenen Inhalten. Diese von den Nutzern beigesteuerten Inhalte nennt man „user generated contents." Alle Web 2.0 Angebote sind auf die aktive Teilnahme der User angewiesen. Dahinter steht die Idee der „gemeinsamen Maximierung kollektiver Intelligenz und der Bereitstellung von Nutzwerten für die Teilnehmer durch formalisierte und dynamische Informationsteilung und -herstellung."[37] Je mehr User sich daran beteiligen, umso bessere werden die Ergebnisse.[38]

Ein weiteres Merkmal des Web 2.0 ist das „user added value". Dieses Prinzip knüpft direkt an das eben genannte Phänomen zur Nutzung kollektiver Intelligenz an. Die User sind von Anfang an in den Entstehungsprozess von Webinhalten einbezogen. Der Erfolg ist dabei stark abhängig von der aktiven Beteiligung der Nutzer. Ohne die Beteiligung gibt es keine Inhalte und somit auch keinen Wert für die User. Jeder weiterer Nutzer steigert den Wert des Produktes.

Ein weiterer Gedanke ist es, auf einfache Programmiermodelle zu setzen: Einfache Datenformate, wie **Really Simple Syndication (RSS)**, fördern die Entwicklung und die Integration von Inhalten und senken zudem auch die Kosten.

---

[35] Vgl. Hettler 2010, S.5-6

[36] Vgl. Bauer, Große-Leege, Rösger, 2012, S.6-7

[37] Vgl. Knappe, Kracklauer 2007, S.18

[38] Vgl. Hettler 2010, S.7

In der heutigen Zeit spielen mobile Endgeräte eine wichtige Rolle und gewährleisten somit eine komfortable Nutzungsmöglichkeit von Webapplikationen (App)[39]. Apps sind also Anwendungsprogramme für mobile Endgeräte oder PC´s. Das Spektrum der verschiedenen Möglichkeiten reicht von einfachen Tools bis hin zu Spielen und Businessprogrammen. Diese Apps sind in den sogenannten Appstores kostenlos oder können käuflich erworben und z.B. auf das ausgewählte Smartphone geladen werden. Die Apps sind in ihrem Umfang jedoch begrenzt.[40] Mittlerweile gibt es auch schon einige SM Apps, wie Facebook, Twitter, oder Wikipedia.

2.2.2 Nutzung vom „Mitmachweb"

Die oben genannten Merkmale des Web 2.0 können aber auch erhebliche Probleme beisteuern. „user generated content" User werden zu Sender, Konsumenten und Produzenten der Medieninhalte. Laut der ARD/ZDF-Onlinestudie 2011 waren gerade mal 12% aller Onliner daran sehr interessiert, sich aktiv im Internet einzubringen. Dies entspricht circa (ca.) 6,25 Millionen Menschen (2010-7%). Wird der Kreis nun um jene erweitert, die zumindest „etwas interessiert" sind, sich aktiv zu beteiligen, ist eine leichte Senkung des Potenzials im Vergleich zum Vorjahr zu erkennen und bleibt unter der 30% Hürde. Die stärkste aktive Teilnahme wird von den Jugendlichen getragen. 16% zeigen sich sehr interessant und weitere 27% sind etwas interessiert.[41] Insgesamt lässt sich aus der Studie erkennen, dass die aktive Einbringung auf einem niedrigen Niveau liegt.

Das Social Web wurde gerade durch das Soziale Netzwerk Facebook gefördert. Die Nutzerzahlen belegen, dass großes Potential im Bereich des SM steckt. Zum 30. Juni 2012 konnte Facebook mehr als 955 Millionen aktive Nutzer verzeichnen.[42] Aber auch die Videoplattform YouTube kann ca. 4 Milliarden Videoaufrufe am Tag nachweisen. [43] 2011 konnte Twitter ca. 200 Millionen Nutzer belegen. [44] Die Tendenz ist steigend.

---

[39] Vgl. Hettler 2010, S.5-8

[40] Vgl.www.smartmobilefactory.com (Stand: 23.05.2012) ähnlich auch gesehen bei: Vgl. www.gruenderszene.de (Stand: 23.05.2012)

[41] Vgl. www.ard-zdf-onlinestudie.de, S.360-361 (Stand: 17.05.2012)

[42] Vgl. www.spiegel.de, (Stand: 11.08.2012)

[43] Vgl. www.computerbild.de, (Stand: 11.08.2012)

[44] Vgl. www.t3n.de, (Stand: 11.08.2012)

Die Unternehmen haben dieses Potential der Entwicklung erkannt und haben auch im Bereich des SM einiges investiert. Immerhin fast die Hälfte der deutschen befragten Unternehmen, nämlich 47%, nutzen SM. 15% der Unternehmen sind noch nicht aktiv, planen aber gerade die Nutzung. Die meisten Unternehmen sind in den sozialen Netzwerken, wie Facebook, Xing und Google + vertreten. Die Unternehmen möchten eine Vielzahl von potentiellen Kunden dort erreichen, wo diese die meiste Zeit verbringen. Weit dahinter, aber auch nicht irrrelevant für die Unternehmen, sind die Videoplattformen, wie z.B. YouTube. Aber auch die Unternehmensblogs werden von vielen Unternehmen in Anspruch genommen.

3   Social Media Marketing

Im folgenden Verlauf der Arbeit wird nun gezielt auf das SMM eingegangen. Nach der Definition, Zielsetzung und den Unterschieden zwischen SMM und dem traditionellen Marketing, werden Einblicke in einzelne SM-Kanäle gewährt. Diese sollen danach den Unternehmen Aufschluss darüber geben, welche Kanäle für sie relevant wären und welche nicht, um eine SMM-Kampagne erfolgreich anzusetzen.

3.1   Was bedeutet Social Media Marketing?

Um zu verstehen, was SMM überhaupt ist und bedeutet, wird der Begriff in zwei Wortbestandteile definiert. Marketing und SMM. Marketing kann aus verschiedenen Sichtweisen definiert werden. „Marketing ist ein Prozess im Wirtschafts- und Sozialgefüge, durch den Einzelpersonen und Gruppen ihre Bedürfnisse und Wünsche befriedigen, indem sie Produkte und andere Dinge von Wert erzeugen, anbieten und miteinander austauschen."[45]

„Marketing als Maxime verkörpert eine unternehmerische Grundhaltung und Leitmaxime, die durch konsequente Ausrichtung aller unmittelbar und mittelbar den Markt berührenden Entscheidungen an dessen Erfordernissen bzw. den Bedürfnissen der Abnehmer gekennzeichnet ist."[46] Dies aus dem Blickwinkel von Meffert.

---

[45] Kotler, Schellhase 2011, S.39
[46] Hettler 2010, S. 37

„Der Begriff Social Media (soziale Medien) steht für den Austausch von Informationen, Erfahrungen und Sichtweisen mithilfe von Community-Websites und gewinnt in unserer vernetzten Welt zunehmend an Bedeutung."[47] SM bietet also den Nutzern die Möglichkeit, über zahlreiche Onlinekanäle Beiträge öffentlich wirksam zu verfassen.

SMM ist durch die eingesetzten Mittel (Instrumente) geprägt, d.h. das, „Marketing durch den zielorientierten Einsatz von Social Media bzw. den neuen Möglichkeiten im Web, nutzergenerierte Beiträge zu veröffentlichen und sich darüber auszutauschen. Social Media Marketing ist somit eine Form des Marketings, die darauf abzielt, eigene Vermarktungsziele durch die Nutzung von und die Beteiligung an sozialen Kommunikations- und Austauschprozessen mittels einschlägiger (Web- 2.0-) Applikationen und Technologien zu erreichen."[48]

3.2 Ziele von Social Media Marketing

Die Ziele, die Unternehmen mit SMM verfolgen, sind von den jeweiligen Unternehmensbranchen abhängig. Dadurch werden Unterschiede in der Zielsetzung der einzelnen Unternehmen sichtbar. Das Deutsche Institut für Marketing fand bei der Befragung von 587 unterschiedlichster Unternehmen heraus, dass trotz allem eine gewisse Affinität verschiedener Ziele zu erkennen ist. Dabei entstanden folgende Prioritäten.

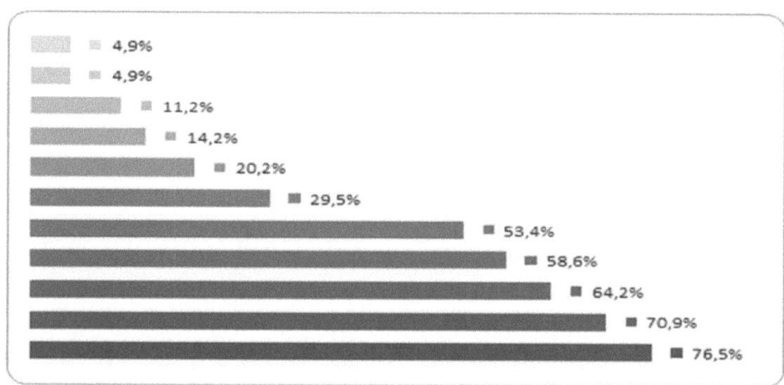

Abbildung 9: Top-Ziele des SMM[49]

---

[47] Weinberg 2010, S.1
[48] Hettler 2010, S.37-38
[49] Eigene Darstellung in Anlehnung an: www.marketinginstitut.biz, S.9 (Stand: 23.07.2012)

76,5% der Unternehmen legen großen Wert auf die Kundenbindung, die sie auch durch SMM erreichen möchten. Den Kunden ist es wichtig, dass Unternehmen die Bedürfnisse erkennen und wahrnehmen. Bestimmte Verhaltensweisen, wie Freundlichkeit, Entgegenkommen und Kompetenz, haben einen erheblichen Einfluss auf die Kundenbindung. Nur zufriedene Kunden werden sich an ein Unternehmen binden. Durch aktives zuhören und beantworten von Fragen zeigt das Unternehmen gerade durch die SMM Kanäle das Interesse an den Kunden.[50]

Eine Steigerung der Marken-/ Produktbekanntheit spielt für 70% der Befragten eine wichtige Rolle. Unternehmen die SMM Marketing effizient betreiben, können die Bekanntheit ihrer Marke oder ihres Produktes erheblich beeinflussen. Das Engagement in verschiedenen sozialen Netzwerken fördert zusätzlich die Bekanntheit einer Marke. Wenn sich jemand entscheidet ein Produkt zu kaufen, wird er sich zuvor erstmal übers Internet informieren, bevor er eine endgültige Kaufentscheidung trifft. Dabei vertrauen die User mehr auf Meinungen anderer Menschen als auf Marketingbotschaften von Unternehmen.[51]

Das Ziel der Verbesserung des Produkt-/ und Markenimages befindet sich auf Rang vier mit 58,6%. Die Reputation bzw. das Image eines Unternehmens ist entscheidend für den wirtschaftlichen Erfolg. Dieses Image beeinflusst zum größten Teil die Kundenbindung und damit indirekt auch die Umsatzentwicklung.[52]

Die Kundengewinnung steht an fünfter Stelle der befragten Unternehmen. 53,4% der Unternehmen versuchen, durch SMM Kanäle neue und potentielle Kunden zu erreichen. Das positive Image und eine starke Markenbekanntheit können dies positiv beeinflussen.

Viele Unternehmen betreiben SMM in Bezug auf die Marktforschung. Das größte Potenzial sehen die Unternehmen in der Beobachtung. Kaum ein anderes Medium als das Internet bietet Unternehmen so viele Informationen über Kunden und Kundenverhalten. Durch immer wieder neue Text-, Bild und

---

[50] Vgl. Hettler 2010, S.117
[51] Vgl. Tamar 2010, S.32
[52] Vgl. Hettler 2010, S.69

Videobeiträge unterschiedlichster Zielgruppen können Unternehmen ein Verhaltensmuster erkennen und analysieren.[53]

20,2% der befragten Unternehmen möchten mithilfe des SMM neues Personal gewinnen. Die meisten nutzen Soziale Netzwerke, um sich als attraktives Unternehmen vorzustellen und Stellenangebote auszuschreiben. Xing z.B. bietet den Unternehmen die Möglichkeit, ein eigenes Unternehmensprofil zu erstellen um dort eigene Stellenangebote zu veröffentlichen.[54]

Der Kontakt zu den Kunden spielt für 14,2% der Unternehmen eine wichtige Rolle. Die sogenannten „Social Communities" können dazu beitragen, dass Kontakte gepflegt werden. Die Unternehmen operieren in den Bereichen, in dem sich die potentiellen Kunden aufhalten. Die persönliche Bindung zwischen Unternehmen und Kunden, die dadurch entsteht, wäre durch das traditionelle Marketing nicht möglich. Dabei ist von den Unternehmen zu beachten, dass schnell auf Fragen von Usern reagiert wird und diese nicht mit standardisierten Antworten abgewimmelt werden. Unternehmen können den Konsumenten durch SMM die Möglichkeit bieten, sich aktiv an bestimmten Aktionen zu beteiligen. Damit entsteht eine noch engere Bindung zwischen Unternehmen und Konsumenten.[55]

Das Ziel der Kundeninformation befindet sich auf Rang neun mit 11,2%. Den Unternehmen ist es wichtig, Kunden über neue Produkte, Technologien etc. zu informieren. Dadurch können die Kunden eine ausführliche Recherche über Produkte führen, um in Anschluss daran das Produkt zu kaufen bzw. eine Kaufentscheidung zu treffen.

Für viele Unternehmen liegt das primäre Ziel nicht in der Netzwerkpflege. Gerade mal 4,9% der Unternehmen verfolgen dieses Ziel mit SMM.

4,9% der Befragten Unternehmen streben mit SMM eine Steigerung des Umsatzes an. Sie vertrauen dabei auf positive Empfehlungen und Kritik von Internetusern in Blogs oder Foren bzgl. der Produkte. Viele potentielle Käufer suchen vor dem Kauf eines Produktes nach Bewertungen anderer Konsumenten

---

[53] Vgl. Hettler 2010, S.81-82
[54] Vgl. Hettler 2010, S.215
[55] Vgl. www.socialmediapro.de , (Stand: 05.06.2012)

und treffen daraufhin ihre Kaufentscheidung. Der Umsatz wird ebenfalls positiv durch die Markenbekanntheit beeinflusst[56]

Das Deutsche Institut für Marketing hat gezeigt, dass Unternehmen verschiedene Ziele mit SMM verbinden. Dabei ist es wichtig, nicht alle Ziele unterschiedlich zu betrachten. Viele der oben genannten Ziele bauen aufeinander auf und resultieren aus anderen. Wenn z.B. ein unternehmen es schafft neue Kunden zu gewinnen, werden dadurch auch die Umsatzerlöse des Unternehmens steigen.

3.3 Unterschied zwischen Social Media Marketing und dem traditionellen Online Marketing

Online Marketing gehört zu einer wachstumsstarken Branche in der deutschen Wirtschaft. 2010 konnten intensive Online-Werbeaktivitäten dem Online Werbemarkt einen Zuwachs von 26% bescheren. Die Bruttowerbeinvestitionen sind im Jahr 2011 um 18% gestiegen. Das Internet stellt das zweitstärkste Werbemedium dar, direkt hinter dem TV. Der Anteil 2011 betrug 19,6%, d.h. umgerechnet rd. ein Fünftel der Bruttowerbeinvestitionen entfällt auf das Online-Medium. 2011 betrugen die Online-Werbeinvestitionen 5,37 Milliarden Euro. Die Online Werbung gehört für Unternehmen mittlerweile zu einer ganzheitlichen Kommunikation. Die hohe Transparenz und die starken Online-Werbeformate fördern diese Entwicklung weiterhin. [57]

---

[56] Vgl. Weinberg 2010, S.32-33
[57] Vgl. www.bvdw.org, S.11-13 (Stand: 18.06.2012)

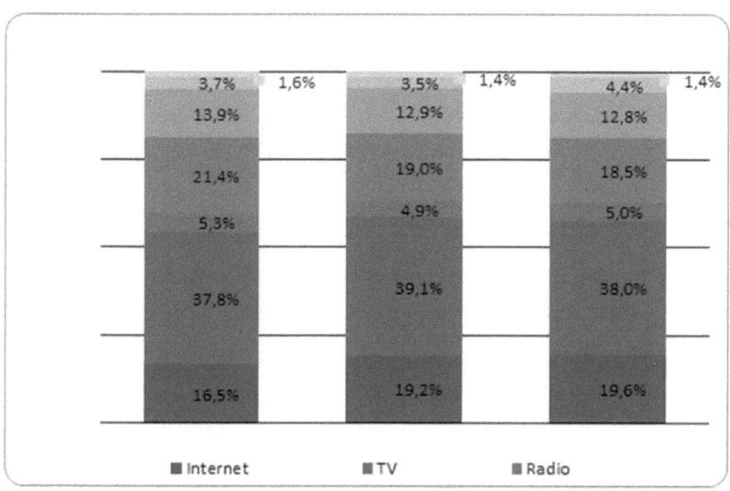

Abbildung 10: Entwicklung des Bruttowerbekuchens im Zeitvergleich (Angaben in %)[58]

Klassische Instrumente des Online Marketing Mix sind: „Display Advertising", „E-Mail Marketing", „Affiliate Marketing" und „Suchmaschinenmarketing".

Während die Kommunikation mit den Kunden beim traditionellen Marketing eher einseitig erfolgt, d.h. das Unternehmen spricht (Sender), der Kunde hört zu (Empfänger), verläuft der Dialog beim SMM beidseitig. Das Unternehmen spricht zu den Kunden, hört gleichzeitig zu, jedoch sprechen und hören auch deren Kunden. Beide Parteien agieren als Sender und Empfänger.

Beim traditionellen Marketing sind durch Werbekampagnen und Servicehotlines die Marketingmaßnahmen homogen und übersichtlich. Beim SMM werden durch Blogbeiträge, Tweets, Reaktionen auf Bewertungen, die Werbemaßnahmen unübersichtlich und verwirrend.

Die Planung von Werbemaßnahmen bedarf beim traditionellen Marketing einer langen, präzisen Vorbereitung. Beim SMM erfolgt die Planung spontan. Die Unternehmen reagieren schnell auf Kommentare und Anfragen.

Die Kommunikation mit den Kunden erfolgt nur mit reiflicher Überlegung und Besprechung. Sie findet zwischen Anbieter und Kunden statt. Beim SMM

---

[58] Eigene Darstellung, in Anlehnung an: www.bvdw.org, S.13 (Stand: 18.06.2012)

ereignet sich die Kommunikation in der Öffentlichkeit. Es erfordert eine schnelle und unmittelbare Reaktion der Unternehmen.

Unternehmen, welche traditionelles Marketing bevorzugen, sind nur innerhalb von Geschäftszeiten für die Kunden verfügbar. Unternehmen, die SMM betreiben, müssen jedoch in ständiger Bereitschaft sein, um schnell auf Konflikte, Probleme und Anfragen zu reagieren.

Die Reichweite beim traditionellen Marketing ist nur auf bestimmte Märkte und Zielgruppen ausgerichtet. Beim SMM hingegen sind keine Grenzen gesetzt. SM ist für jedermann, jederzeit abrufbar.

In Bezug auf den Sprachgebrauch wird beim traditionellen Marketing nur die Marketingsprache angewandt. Mit rechtlich abgefassten Formulierungen sichern sich die Unternehmen im Vorfeld ab. Das SMM setzt auf authentische und direkte Sprache. Es gibt keine vorgefertigten Formulierungen.

Für das traditionelle Marketing benötigen Unternehmen eine PR-Abteilung, eine Marketingabteilung und evtl. Agenturen, die speziell für Marketingmaßnahmen engagiert werden. Unternehmen die im SM aktiv sind, brauchen darüber hinaus auch eine SM Abteilung, Mitarbeiter und vor allem Internetnutzer.

Unternehmen mit traditionellem Marketing müssen sich mit dem Urheberrecht, Markenrecht und dem Wettbewerbsrecht auseinander setzen. SM-Abteilungen müssen auch über die Nutzungsbedingungen der Plattformen über das Datenschutzrecht und das Arbeitsrecht ausgebildet werden. [59]

3.4 Social Media Kanäle

SM ist ein Bereich der ständig im Wachsen begriffen und immer viel in Bewegung ist. Die Eingliederung und Abstimmung der sozialen Plattformen florieren. Facebook ermöglicht es Usern, das Hochladen von Videos und Fotos und auch Flickr gestattet mittlerweile das Hosten von Videos. Auch die Tweets existieren längst nicht mehr nur in Twitter, sondern in allen sozialen Netzwerken. Dies bedeutet, die Grenzen verwischen sich.

Des Weiteren findet ein Verdrängungswettbewerb statt. Facebook hat dem ältesten Anbieter „MySpace" den Rang abgelaufen und macht es anderen Netzwerken schwer, sich zu etablieren.

---

[59] Vgl. Schwencke 2012, S.6-7

Es ist schwierig herauszufinden, welche nun die wichtigsten SM-Kanäle sind, da sich die Nutzerzahlen immer schnell ändern und sehr viel in Bewegung ist. Des Weiteren gibt es Unterschiede in der SM-Nutzung innerhalb verschiedener Länder. Fakt ist, wer heute SMM betreiben möchte, muss auf verschiedenen Kanälen unterwegs sein um das Potential voll ausschöpfen zu können.[60]

Abbildung 11 zeigt das SM-Prisma 4.0, speziell ausgerichtet auf den deutschen Markt. Das Prisma gewährt einen Überblick über die verschiedensten Anwendungsbereiche. Es gibt 25 Kategorien, wie z.B. Video, Music, Reputation und Social Bookmarks. Im Vergleich zum SM-Prisma 3.0, vom September 2011 sind interessante neue Plattformen hinzugekommen, wie die Video Sharing Website oder der Image Hoster „Photobucket". Laut ethority hat die digitale Pinnwand bereits 17,8 Millionen Nutzer, davon 1,4 Millionen aus Deutschland.[61]

Im weiteren Verlauf der Arbeit werden nun die wichtigsten SM Kanäle mit den erforderlichen Plattformen vorgestellt.

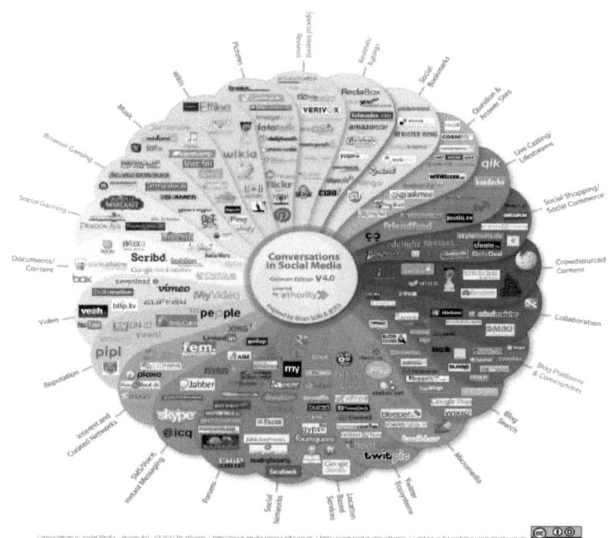

Abbildung 11: SM-Prisma[62]

---

[60] Vgl. Heymann-Reder 2011, S.105-106
[61] Vgl. www.ethority.de, (Stand: 21.06.2012)
[62] www.ethority.de, (Stand: 21.06.2012)

3.4.1 Weblogs

Eines der wichtigsten Internetpublikationen sind die Weblogs, auch kurz genannt Blog. Weblog ist eine Zusammensetzung der englischen Wörter „Web" und „Log" und wird oftmals als Tagebuch oder Logbuch bezeichnet.[63] Weblogs sind Webseiten, bei denen man leichte, kurze Artikel, auch Posts genannt veröffentlichen kann.[64] Diese Websites werden von Personen, Gruppen und sogar von Unternehmen gepflegt. Oftmals enthält ein solcher Beitrag auch Videos, Bilder, gefolgt von Kommentaren der Leser. Die Einträge werden in chronologisch absteigender Form angezeigt, sodass die aktuellsten Einträge ganz oben stehen.[65] Eine typische Funktion von Blogs sind RSS-Feeds. Mit ihnen können Inhalte in einem standardisierten Format veröffentlicht werden und mit einem Feedreader, wie „google reader" abonniert werden.[66]

Oft bestehen Blogs aus aktuellen Beiträgen und persönliche Meinungen. Im Unternehmensbereich kann ein Weblog beim Verteilen von Informationen sehr hilfreich sein, z.B. beim Vorstellen neuer Mitarbeiter, Änderungen des Zuständigkeitsbereichs, Auswertungen und Ergebnisse von Kundengespräche etc.

Das Führen eines Blogs durch einen „blogger" (Autor), bezeichnet man als „bloggen". Die Gesamtheit aller Blogs und die daran beteiligten Autoren- und Lesercommunity wird als „Blogosphäre" bezeichnet. Ziele die mit einem Blog verfolgt werden sind zum einen die Möglichkeiten der Selbstdarstellung, der Austausch von Wissen und Informationen, die Möglichkeit offen zu diskutieren, freie Meinungsäußerung und zum anderen auch die Pflege von Communities.[67]

Corporate Blog

Heutzutage ist eine gute Unternehmenskommunikation unumgänglich. Deshalb empfiehlt sich für Unternehmen das sogenannte „Corporate Blogging". In diesem Corporate Blog können Autoren des Unternehmens Beiträge verfassen. Diese können sowohl intern als auch extern zum Einsatz kommen. Intern fördern die Blogs den Informationsfluss und tragen zu einer Steigerung der

---

[63] Vgl. www.netzblogging.de, (Stand: 21.06.2012)

[64] Vgl. Zarrella 2012, S.15

[65] Vgl. Weinberg 2010, S.97

[66] Vgl. Grab, Bannour 2011, S.176

[67] Vgl. www.netzblogging.de, (Stand: 21.06.2012)

Kommunikation bei. Sie werden meistens als „schwarzes Brett" oder auch als Wissensarchiv genutzt. Wenn ein neues Mitglied ins Team kommt, kann es sich auch über diesen Blog vorstellen. Termine können angekündigt werden und auch die Kommunikation zwischen verschiedenen Hierarchieebenen wird dadurch erleichtert.

Auch im Rahmen der externen Unternehmenskommunikation kann ein Blog einen erheblichen Beitrag leisten. Der Besucher bzw. der Leser des Blogs wird nicht nur über die Produkte informiert, sondern erhält auch Informationen über die Unternehmensphilosophie. Der Leser kann Einblicke in die Unternehmenskultur und das Betriebsklima gewinnen, die auf einer normalen Unternehmens-Homepage nicht zu finden sind. Der Leser hat nun die Möglichkeit diese Artikel zu kommentieren, Fragen zu stellen, Kritik auszuüben, einfach gesagt er kann ein Feedback geben.

Aber auch das Unternehmen erhält die Möglichkeit, die Bedürfnisse der Kunden in Erfahrung zu bringen und darauf zu reagieren. Das Unternehmen hat die Chance, Know-how und Wissen nach außen zu kommunizieren, sich so von der Konkurrenz abzuheben, um so neue Kunden zu gewinnen. [68]

Abbildung 12: Screenshot Corporate Blog von Frosta[69]

---

[68] Vgl. www.foerderland.de, (Stand: 23.06.2012)

[69] www.frostablog.de, (Stand: 12.08.2012)

„Frosta ist für alle da." Der Tiefkühlkost-Hersteller schafft es, den Blog mit Witz und Charme gut zu gestalten. Humorvolle Berichte und Bilder wecken die Aufmerksamkeit der User. Die Mitarbeiter von Frosta, die den Blog führen, bloggen direkt und offen. Die Einträge erscheinen ohne vorherige Überprüfung. Die meisten internen Frosta Blogger kommen aus den Bereichen Forschung und Entwicklung, Einkauf, Marketing und Öffentlichkeitsarbeit Es werden keine Einträge von Usern gelöscht und so bleiben auch die kritischen Kommentare im Blog erhalten. Viel wird natürlich auch über die Ernährung diskutiert. [70] Frosta kann rund 400 Leser täglich verzeichnen. Die Zahl der Leser ist dabei nicht unwesentlich. Mittlerweile recherchieren auch viele Journalisten im Frosta Blog, um weitere Informationen zu erhalten. [71] Abbildung 12 zeigt hier einen Eintrag von Frosta, die darauf hinweisen, dass ihre Shrimps frei von Chemie und Antibiotika sind und deshalb das Marine Stewardship Council Siegel (MSC) tragen. Die User können jetzt direkt diesen Inhalt kommentieren. Hier haben 20 Leser ihre Kommentare zu diesem Thema abgegeben.

Trotz vieler Vorteile bringen Blogs auch einige Nachteile mit sich.

Weblogs können schnell eine Eigendynamik entwickeln die nicht mehr kontrollierbar ist. Es können vertrauliche Informationen in die Öffentlichkeit gelangen, die das Image des Unternehmens negativ beeinflussen. Auch besteht ein großer Imageschaden, wenn sogenannte Ghostwriter eingesetzt werden, die bewusst positive Inhalte veröffentlichen. Meistens kann dies über einen längeren Zeitraum nicht vor der Öffentlichkeit verheimlicht werden. Das Blog sollte immer professionell geführt werden und auf Aktualität überprüft werden.[72]

Hettler unterscheidet 3 Einflussarten des Weblogs. „Die **persuative Kommunikation**, dient der Durchsetzung eigener Interessen durch die Nutzung von emotionalen Bindungen und bestehenden Präferenzen. Die **argumentative Kommunikation** zielt in erster Linie darauf ab, einen gemeinsamen Klärungsprozess in Gang zu setzen, dessen Ausgang eine Entscheidung aufgrund einer Überzeugung ist. Bei der **informativen Kommunikation** bleibt die Einflussnahme weitestgehend unbestimmt. Sie dient hauptsächlich der

---

[70] Vgl. www.frostablog.de, (Stand: 12.08.2012)
[71] Vgl. Roebers 2010, S. 170
[72] Vgl. www.ethority.de, (Stand: 22.06.2012)

unabhängigen Informationsvermittlung.[73] Des Weiteren werden nun einige Corporate Blogs vorgestellt.

Unternehmen können Informationen über ihre Produkte und Dienstleistungen anbieten. Mercedes-Benz z.B. gewährt mit seinem Corporate Blog „www.blog.daimler.de" Einblicke in die Produkt- und Markenwelt. Die Autoren sind Mitarbeiter von Daimler, die ihre persönliche Ansichten und nicht die offizielle Unternehmensmeinung preisgeben.

Das Serviceblog bietet den Kunden die Möglichkeit, Probleme zu diskutieren, ihre Erfahrungen über die Produkte zu posten und können zeitgleich an Problemlösungen mitwirken.

Das CRM-Blog dient in erster Linie dazu, bestehende Kunden weiterhin zu binden und eine Community aufzubauen. Das Unternehmen stellt neben Informationen zu eigenen Produkten, auch Informationen zum Markt, Designstudien und Nachrichten in einen CRM Blog, um so Mitteilungen direkt zu verbreiten, um nicht den Umweg über konventioneller Medien wie Zeitung, Magazine oder Radio gehen zu müssen.

Kampagnen Blogs werden meistens genutzt um auf Messen und/oder Events hinzuweisen. Sie dienen auch der Kundengewinnung und können Basis für öffentliche Aufmerksamkeit sein. Gerade für Unternehmen die zuvor noch nie einen Blog eingerichtet haben, eignet sich dieser besonders gut, da das Kampagnen Blog nur über einen bestimmten Zeitraum läuft, also so lange wie die Kampagne angesetzt ist

Krisen Blogs kommen bei Produktmängeln oder Störfällen zum Einsatz und versuchen durch eine schnelle, umfassende und direkte Kommunikation die Unternehmenskrise zu umgehen. Empfehlenswert ist es, wenn die Weblogkommunikation schon im Voraus stattfindet, um Krisen gar nicht erst entstehen zu lassen.[74]

Folgende Tabelle zeigt die Chancen und Herausforderungen eines Corporate Blogs.

---

[73] Hettler 2010, S.178
[74] Vgl. Hettler 2010, S.178-180

Vorteile	Herausforderungen
Einfache, schnelle und kostengünstige Konzeption und Inbetriebnahme	Laufende Betreuung des Blogs ist erforderlich
Aktuelle Meldungen und sofortige Kommentare können abgegeben werden	Interessante Inhalte für Leser sind oft nicht einfach zu finden; Zeitaufwand, Texte zu erstellen
Unverzerrte und ungefilterte Kommunikation mit den Rezipienten ist möglich	Zeitnahe Kommunikation nicht immer möglich und Authentizität nicht immer vermittelbar
Einfache Möglichkeiten für Feedbacks und Kommentare	Leserkommentare werden oft nicht beachtet, Notwendigkeit eines Monitorings
Besonders glaubwürdige Kommunikation durch persönliche Ansprache	Rechtliche Rahmenbedingungen müssen eingehalten werden
Blogs sind prinzipiell jederzeit und weltweit erreichbar	Zielvorgaben und Einbindung in den Kommunikationsmix sind erforderlich
Enorme Reichweite durch virale Multiplikatoreffekte der Blogo-sphäre	Rolle des Autors (als Privatperson oder als Firmenangestellter) muss deutlich werden
Struktur und Inhalte können jederzeit editiert, gelöscht und angepasst werden	Personengebundene Blogs verlieren evtl. an Glaubwürdigkeit, wenn der Autor wechselt
Im Suchmaschinenranking häufig auf vorderen Plätzen dargestellt	Gewinnung und Bindung von Lesern kann sich als schwierig erweisen
Verkörperung eines modernen und offenen Kommunikationsstils	Regelmäßige Erfolgskontrolle ist erforderlich

Abbildung 13: Chancen, Herausforderungen und Risiken von Corporate Blogs[75]

---

[75] Hettler 2010, S.185

Vor der Nutzung eines Weblogs sollte das Unternehmen ihre Kommunikationsziele definieren und sich auf eine Zielgruppe spezialisieren. Die Inhalte spielen dabei eine wesentliche Rolle. Aktualität, Qualität und die Anzahl der Beiträge sind ausschlaggebend. Regelmäßige neue Einträge stellen eine weitere Voraussetzung dar. Je aktueller und interessanter, desto attraktiver sind die Einträge auch für den Leser. Kontinuierliche Beiträge tragen zur Aufmerksamkeit beim Leser bei. Die Inhalte sollten genau geplant und nicht zu groß sein, um den Leser nicht zu überfordern. Das Unternehmen sollte auf Ehrlichkeit und Glaubwürdigkeit setzen. Wal-Mart engagierte eigens für den Blog einen Blogger, um positive Kommentare über das Unternehmen zu bloggen. Als dies bekannt wurde, trug das Unternehmen einen Imageschaden davon und konnte sich vor negativer Publicity kaum retten.[76]

3.4.2 Microblogs

Microblogs stellen eine bestimmte Form von Weblogs dar. Diese beschränken sich aber nur auf kurze, SMS-ähnliche Textnachrichten Die Zeichenanzahl pro Post ist mit 140 bis maximal 200 Zeichen begrenzt. Die Posts sind für private oder öffentliche Nutzer zugänglich und werden auch wie beim Blog in einer chronologisch abwärts sortierten Liste dargestellt.

Der berühmteste Microblogging-Dienst mit den meisten Nutzerzahlen ist Twitter. Mittlerweile wird das Microblogging auch von Sozialen Netzwerk Plattformen wie Facebook und Xing angeboten. User können ihren Freunden Textnachrichten mit begrenztem Umfang senden und zeigen. Twitter wurde 2006, mit Sitz in San Francisco, gegründet. Seit 2009 ist dieser Dienst auch auf Deutsch verfügbar. Die tatsächliche Nutzerzahl ist jedoch schwer zu errechnen, da auch viele User den Dienst über das Handy nutzen. 45 Millionen Besucher konnte „Twitter.com" im Juni 2009 verzeichnen, davon 3 Millionen deutsche Nutzer. Die Mobilfunknutzung zeigt eine ähnlich hohe Affinität auf und so werden viele Nachrichten auf dem iPhone gelesen.

Twitter kann auch als „Gezwitscher oder „Geschnatter" übersetzt werden. Die Handhabung ist einfach und die Verbreitung von eigenen Nachrichten, auch „Tweets" genannt erfolgen über Echtzeit. User können anderen folgen und werden als „Follower" bezeichnet. Man erhält Nachrichten von den Personen denen man folgt, auch „following" genannt. Diese Nachrichten können sofort

---

⁷⁶ Vgl .Hettler 2010, S.186-187

kommentiert oder in Form eines „ReTweet" gleich weitergeleitet werden. Dies führt zu einer schnelleren Verteilung im eigenen Netzwerk. Ebenfalls kann ein schneller Austausch und eine schnelle Erstellung von Mitteilungen gewährleistet werden.[77]

Corporate Twitter

Um ein breites Publikum anzusprechen, ist Twitter für Unternehmen besonders gut geeignet. Twitter ist mittlerweile der beliebteste SM Kanal deutscher Unternehmen. Mit Twitter haben Unternehmen die Möglichkeit ihren Umsatz zu steigern, können den Kundendienst verbessern, die Marken des Unternehmens bekannt machen oder neue Kunden gewinnen.

Ein gutes Beispiel um zu zeigen, dass man mit Twitter Geld verdienen kann, ist das Unternehmen Dell. Dell machte seine Kunden über Twitter auf Angebote aufmerksam und erreichte so einen Umsatz von rund 3 Millionen Dollar über diese Plattform. Dell zeigte starke Präsenz in Bezug auf Neuigkeiten, Communities und Angebote. Auch Vertreter aus Abteilungen wie Vertrieb oder der Unternehmenskommunikation sind aktiv.[78]

Abbildung 14: Screenshot Dell Twitter Account[79]

---

[77] Vg. Hettler 2010, S.45-47

[78] Vgl. Weinberg 2010, S.145-146

[79] www.twitter.com, (Stand: 11.08.2012)

Dell hat zum Zeitpunkt des Screenshots 2.066 Twets und 42.816 Follower. Dell nutzt Twitter um neue Informationen bezüglich (bzgl.) Produkte und Services an Interessenten weiterzugeben, Feedback in Echtzeit zu sammeln und Beziehungen zu Kunden, Partnern und einflussreichen Persönlichkeiten aufzubauen.

Auch im Bereich des Kundendienstes kann Twitter für das Unternehmen einen erheblichen Beitrag leisten. Durch sofortiges Feedback der Kunden findet das Unternehmen schnell heraus, was die User über die Produktangebote und Serviceleistungen denken. Aber auch kritische Kommentare sollten dabei nicht außer Acht gelassen werden.

Mithilfe von Twitter kann der Bekanntheitsgrad eines Unternehmens gesteigert werden. Dafür ist starkes Engagement Grundvoraussetzung.

Kunden lassen sich dann über Twitter akquirieren, wenn man die Wettbewerber und dessen Branche als Suchbegriffe einrichtet, wenn man vorsichtig in Diskussionen einsteigt und Hilfe anbietet. Wichtig hierbei ist vor allem das Zuhören.

Nicht nur die oben genannten Unternehmensziele können mit Twitter verfolgt werden. Unternehmen können Kontakte mit Geschäftspartnern aufnehmen, sofortiges Feedback in dringenden Angelegenheiten erhalten und eine persönliche Marke aufbauen. Dabei spielen regelmäßige und interessante Tweets eine wichtige Rolle. Twitter ist der mächtigste Feedbackkanal des Internets und sollte deshalb von Unternehmen nicht ignoriert werden. Die Chancen, Kontakte zu knüpfen und den Einfluss auszuweiten, könnten durch Nichtteilnahme verpasst werden.[80]

3.4.3 Podcasts

Das Wort „Podcasting" setzt sich aus dem Namen des berühmten MP3- Players „iPod" von Apple und dem Wort „Broadcasting", was Sendung oder Übertragung bedeutet zusammen.

Podcasts verfolgen das Ziel der regelmäßigen Verbreitung von Informationen. Podcasting beschränkt sich im Gegensatz zum Blog, bei dem das geschriebene Wort kommuniziert wird, nur auf Audiodateien und Videodateien.

---

[80] Vgl. Weinberg 2010, S.145-156

Audiodateien sind sogenannte Audio-Podcasts oder einfach Podcasts genannt. Spricht man von Video-Podcasts oder „Videocast“, bedeutet dies das Anbieten von Videos. Meistens bestehen die Inhalte der Audio Podcasts aus Beiträgen wie Interviews, Vorträge, Hörspiele oder Musik. Video-Podcasts dienen dazu, digitale Filme zu verbreiten. Podcast können wie bei Blogbeiträgen über RSS-Feeds abonniert werden.

Die in Deutschland angebotenen Podcast-Seiten sind „podster.de“, „podcast.de“ oder „wiki.podcast.de“. Das weltweitgrößte Podcastangebot ist „iTunes“. Die genannten Anbieter werden meistens von Medienhäusern, Unternehmen oder auch von Privatpersonen regelmäßig versorgt und bieten ein weites Spektrum an. Die Nutzer können die für sie interessante Podcast Veröffentlichungen einfach herunterladen.[81]

Laut der ARD/ ZDF-Online-Studie führen Podcasts nur ein Nischendasein. 2011 nutzten gerade mal 2% der Onliner mindestens einmal wöchentlich Audio-und Video-Podcasts.[82]

Corporate Podcast

Corporate Podcasts werden meistens von großen Firmen wie BMW oder dem Computerkonzern IBM verwendet. Die Verbreitung eines Corporate Podcasts erfolgt durch das Abonnieren eines interessierten Kunden. Dieser erwartet aber auch regelmäßige Sendungen. Wichtig für den Erfolg sind regelmäßige Veröffentlichungen von Beiträgen, wofür ein Sendeprogramm, aktuelle Themen und Studiogäste benötigt werden. Die Themenvielfalt spielt hierbei eine wichtige Rolle. Sie muss genau geplant werden, um neue Nutzer gewinnen zu können, die dann auch den Podcast abonnieren.

BMW betreibt seinen Video-Podcast unter dem Namen „BMW.tv.de“ und informiert über aktuelle BMW-Themen, wie Autoinnovationen, Neuheiten die auf technologischer Basis erfolgen und über Veranstaltungen. Die Inhalte sind seit einiger Zeit nur noch über iTunes verfügbar.

---

[81] Vgl. Hettler 2010, S.52
[82] Vgl. www.ard-zdf-onlinestudie.de, (Stand: 11.07.2012)

Abbildung 15. Screenshot Video-Podcast von BMW[83]

Ein Laptop oder Rechner, ein Mikrofon und eine geeignete Software, wie z.B. Audacity genügen, um einen Podcast zu erstellen. Für lange und ausführliche Beiträge, die über andere Medien nicht realisiert werden können, eignen sich Podcasts besonders gut.

Die Anzahl der Downloads geben jedoch keine Auskünfte über die Abonnenten. Deshalb besteht die Möglichkeit, den Nutzer zu bitten, auf Fanpages oder ähnliches (o.ä.) ein Feedback zu geben. Podcasts können auch in einen Blog onlinegestellt werden, um eine direkte Kommentation zu erhalten.[84] Ein wichtiges Kriterium für den Erfolg eines Podcast ist die Regelmäßigkeit der Beiträge. Auch ein inhaltlich durchdachtes Konzept sollte Grundvoraussetzung sein, um Anreize für interessierte Rezipienten zu schaffen.

Ein großer Vorteil von Podcasts sind die geringen Streuverluste. Die Zielgruppe wird zu fast 100% erreicht, denn nur die Interessenten werden sich auch ein Video- oder eine Audiodatei downloaden oder abonnieren. Auch ist es für Unternehmen ein Leichtes, Emotionen zu vermitteln, da ein gesprochenes Wort immer authentischer und emotionaler wirkt, als geschriebene Nachrichten oder

---

[83] www.bmw.de, (Stand: 12.08.2012)
[84] Vgl. Grabs, Bannour, 2012, S.393-394

Appelle. Themenvielfalt und Aktualität sind die zentralsten Kriterien bei der Auswahl eines Angebotes.[85]

3.4.4 Fotoplattformen

Foto-Plattformen, auch Foto-Sharing genannt, erlauben Usern, Fotos auf einer Internetseite zu publizieren und mit der Community zu teilen. Die User erhalten einen Account mit einer gewissen Menge an Datenspeicher zur Verfügung gestellt. Die Fotos können hochgeladen, kommentiert, beschriftet und weiterverarbeitet werden. Der Konkurrenz entgehen diese Plattformen nicht und deshalb ist es mittlerweile sogar möglich, in sozialen Netzwerken wie Facebook Fotos hochzuladen und diese der Öffentlichkeit oder Freunden zu zeigen. Trotzdem ist es ratsam, Bilder in Fotoplattformen zu veröffentlichen. Eine wichtige Rolle spielt hierbei die Suchmaschinenrelevanz. Denn mithilfe gewisser Suchmaschinen wie „Google", „Bing" oder „Yahoo" können Bilder gefunden werden, aber nur, wenn sie richtig beschriftet und für alle öffentlich zugänglich sind. Fotoplattformen sind ebenfalls Suchmaschinen. Viele greifen direkt auf diese Plattform zu und suchen gezielt nach Inhalten. Mit Fotoplattformen erreicht man ebenfalls eine höhere Reichweite und Sichtbarkeit der Bilder. Fotoplattformen bieten Nutzern Funktionen an wie Alben, Kategorien etc., um so die Fotos leichter zu finden und zu sortieren. Fotoplattformen sind für jedermann zugänglich und größtenteils kostenlos. Oftmals ist nur eine Registrierung erforderlich und der Upload kann gestartet werden. Sie ermöglichen das Anlegen einer Biografie mit Verweis auf die Webseite. Folglich weiß dann jeder User, von wem die Bilder stammen.

Es besteht auch die Möglichkeit Fotos in einen Blog zu integrieren, diese in soziale Netzwerke einzuspeisen, zu veröffentlichen oder auch einfach mit den Freunden zu teilen.

Eines der wohl bekanntesten Fotoplattformen ist Flickr. Die Yahoo Tochter ging zur selben Zeit wie Facebook online und konnte bis jetzt einen Download von 4 Mrd. Dateien nachweisen. [86]

---

[85] Vgl. Hettler 2010, S.216-220
[86] Vgl. Grabs, Bannour 2012, S.363-367

Corporate Flickr

Flickr eignet sich nur für Unternehmen, die etwas zu zeigen haben. Für Rechtsanwälte wäre es unsinnig in Flickr aktiv zu sein, aber Friseurgeschäfte haben zum Beispiel die Möglichkeit, Bilder von Frisuren hochzuladen, Mode Boutiquen könnten eine neue Kollektion vorstellen, Feinkostläden Geschenkverpackungen und Präsentkörbe zeigen und Architekten die neuesten Häuser präsentieren.[87]

Flickr ist ein Foto-Sharing-Portal. Es enthält Elemente eines sozialen Netzwerks mit integrierten Community-Funktionalitäten. Flickr erlaubt den Usern nicht nur die Verbreitung von Fotos, sondern auch in bestimmten Umfang Videos (2-mal pro Monat, maximal 90 Sekunden lang).

Die Übertragung der Fotos in das Portal kann über das Web, per E-Mail oder auch vom Handy aus erfolgen. Mit einer integrierten Software können die hochgeladenen Bilder bearbeitet und mithilfe von Tags sortiert werden. Die Bilder können privat oder auch öffentlich vergeben werden. Private Bilder stehen nur für Freunde und Familie zur Verfügung, während die öffentlichen Bilder für jeden zugänglich sind. Ca. 80% der Bilder werden öffentlich vergeben. In der Foto-Community können sich Gruppen zusammenschließen, diesen beitreten oder auch in eine Mitgliedschaft eingeladen werden.

Voraussetzung für den Foto Dienst ist das Anlegen eines eigenen Profils. Darauf aufbauend können neue Beziehungen geknüpft werden. Diese können entweder als Freunde oder Familie gekennzeichnet werden und erlauben es ihnen, direkt bei der Fotoorganisation mit zuarbeiten. Freunde können direkt Nachrichten hinterlassen die erst bei Mauskontakt sichtbar werden. Bilder können unterhalb mit Kommentaren versehen werden. .[88]

Der Daimler-Konzern hat diese Vorteile der Fotoplattform erkannt und hat aus den bereits über 200.000 Fotos von Mercedes Autos aus der Flickr Community ein Buch der besten Fotos zusammengestellt. Weltweit wurden über 100.000 Bücher an Kunden verschickt, die damit nicht gerechnet haben, umso positiver war das darauffolgende Feedback. [89]

---

[87] Vgl. Heymann-Reder 2011, S.211
[88] Vgl. Hettler 2010, S.62-63
[89] Vgl. Heymann-Reder 2011, S.211

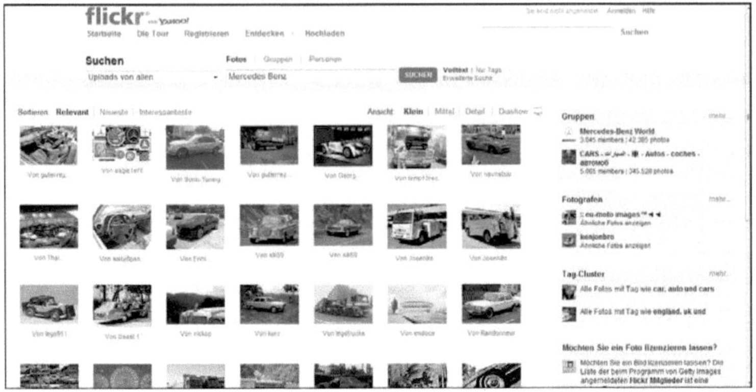

Abbildung 16: Screenshot Mercedes-Benz auf Flickr[90]

3.4.5 Videoplattformen

Videoplattformen sind bei vielen Usern mittlerweile sehr beliebt und so sind 65% der deutschen Onliner auf Videoplattformen unterwegs. Die durchschnittliche Verweildauer beträgt 15 Minuten. Anstelle eines Videos auf der eigenen Webseite kann man auf Videoplattformen mit einem interessanten Video mehr User generieren. Die meisten Plattformuser sind ebenfalls mit anderen Netzwerken wie Facebook vernetzt, sodass die User dort ihre Videos weiterempfehlen können, um die Reichweite auszubauen. Die Reichweite kann gemessen werden anhand von Views, die angeben, wie oft ein Video angesehen wurde. Sinnvoll wäre, im Video einen Link zu versehen, der direkt auf die eigene Webseite hinweist. Die meisten Videouploads und Registrierungen sind für die User kostenlos.

Im Gegensatz zu Foto- und Textinhalte bereiten Videos mehr Aufmerksamkeit bei den Usern, gerade durch die Eigendynamik und Beweglichkeit. In kürzester Zeit ist es möglich, interessante Inhalte zu verbreiten und zu veröffentlichen. Umso wichtiger ist es, die User innerhalb der ersten 10-15 Sekunden an das Video zu fesseln. Das Video sollte auf keinen Fall länger als 90 Sekunden sein.

Die meisten Videoportale werden zur Unterhaltung genutzt. Im Gegensatz zum Fernseher wählt der User selbst sein Programm. In der Altersgruppe zwischen 14 und 19 Jahren nutzen täglich 90% Videoplattformen. Dabei geht es den meisten Usern nur um eine kurze Unterhaltung und dient eher als Zeitvertreib.

---

[90] www.flickr.com (Stand: 12.08.2012)

Mittlerweile spielen auch die mobilen Endgeräte eine wichtige Rolle. So schauen sich viele Nutzer, Videos über das Smartphone an. Die Videos können jederzeit und überall angesehen werden. Auch das Hochladen eines Videos über das Smartphone ist in der heutigen Zeit nichts Neues mehr und für viele selbstverständlich.[91]

Die kostengünstige Anschaffung von Videokameras, die niedrigen Gebühren sowie die starke Streuung sind Gründe, weshalb auch Unternehmen, Videoplattformen nutzen sollten. Die wohl bekannteste Videoplattform ist „youtube.com". Weitere Videoplattformen sind z.B. „Clipfish" und „my video"[92]

YouTube Brand Channel

YouTube ist neben Facebook und Wikipedia das meist genutzte Angebot im Web 2.0.[93] Im Januar 2012 veröffentlichte Google neue Nutzerzahlen von YouTube. Bis Dato wurden täglich bis zu 4 Milliarden Videos angeschaut. Die Views sind innerhalb der letzten 8 Monate um 25% gestiegen. Der jährliche Umsatz von YouTube beträgt 5 Milliarden US-Dollar.[94] Seit der Übernahme von YouTube durch Google im Oktober 2006 ist YouTube an das Werbesystem „Google AdSense" gekoppelt und ermöglicht eine zielgruppenspezifische Werbung, in Form von Werbebannern, die vor oder nach Wiedergabe eines Videos erscheinen. Unternehmen können mittels Videos auf die eigenen Produkte aufmerksam machen.[95] Unternehmen, die auf YouTube aktiv werden, können viel im Hinblick auf Sichtbarkeit und Information ihrer Marke beitragen. Die meisten YouTube Nutzer verwenden das Medium mehr als Unterhaltungswert und weniger als Informationswert. Deshalb sollten Unternehmen genau überlegen, welche Inhalte veröffentlicht werden.[96]

In YouTube können die Benutzer Videoclips ansehen, in andere Webseiten integrieren sowie eigenen Beiträge hochladen. Die Videos können bewertet, als Favoriten gekennzeichnet und kommentiert werden. Auch das weiterladen an andere SM-Kanäle ist mit YouTube möglich. Die User schalten einen

---

[91] Vgl. Grabs, Bannour 2012, S.343-346

[92] Vgl. Grabs, Bannour 2012, S.343-346

[93] Vgl. Heymann-Reder 2011, S.196

[94] Vgl. www.blog.xeit.ch (Stand: 09.07.2012)

[95] Vgl. Hilker 2010, S.42

[96] Vgl. Heymann-Reder 2011, S.198

kostenlosen Account frei und können die Videos im eigenen Kanal als Favoriten hinzufügen.

Kanäle sind nichts anderes als Userkonten. Diese Favoriten können von anderen Nutzern gesehen werden. Die Kanäle können ebenfalls abonniert werden.[97]Um den Erfolg weiter zu steigern, ist ebenfalls die virale Verbreitung der Videos von großer Bedeutung. Es empfiehlt sich, dass Videos durch Einbindung in die eigene Homepage publik gemacht werden und Links auf andere SM Kanäle eingebettet werden, auf denen man aktiv ist.[98]

Abbildung 17 zeigt den YouTube Kanal von Audi Deutschland. Zum Zeitpunkt des Abrufs konnte Audi Deutschland 15.074.772 Videoaufrufe und 99.236 Abonnenten verzeichnen.

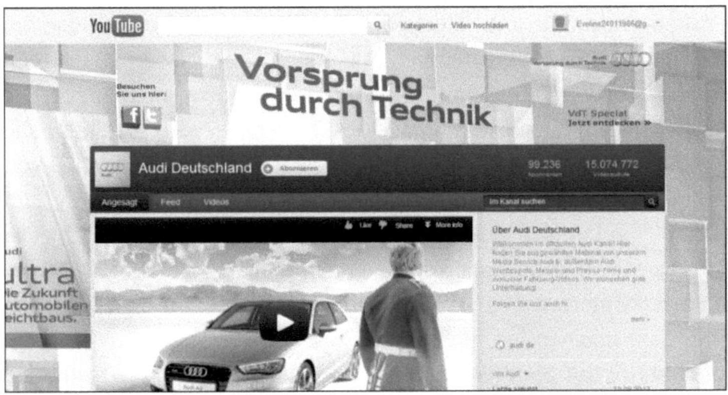

Abbildung 17: Screenshot YouTube Channel von Audi Deutschland[99]

3.4.6 Wikis

Unter einem Wiki, auch „WikiWikiWeb" oder „WikiWeb" genannt, versteht man eine Ansammlung von Webseiten, die von jedermann, zu jederzeit und von jedem Ort aus bearbeitet werden können. Dabei wird es den Besuchern nicht nur ermöglicht, Inhalte auf einer Webseite hinzuzufügen, sondern auch die Inhalte anderer Besucher zu editieren. In den meisten Fällen ist noch nicht mal eine

---

[97] Vgl. Hettler 2010, S.63

[98] Vgl. Heymann-Reder 2011, S.202-203

[99] www.youtube.com, (Stand: 11.08.2012)

Registrierung nötig, sodass jeder Besucher eines Wikis sofort den Inhalt ändern kann.[100]

Wikis zeichnen sich durch den geringen Editieraufwand aus. Die einzelnen Artikel und Einträge sind durch einen Link miteinander verknüpft, wodurch eine schnelle Schlagwortrecherche möglich ist. Wikis sind eigene Formen von Content Management–Systemen .Es gibt sogenannte öffentliche Wikis, die jeder ohne Benutzeraccount bearbeiten kann und eingeschränkte Wikis, die nur für registrierte Benutzer Schreibrechte einräumen.

„Wikipedia" ist wohl eine der bekanntesten Wikis mit über 250 Sprachen. Der Begriff Wikipedia setzt sich aus dem haiwainischen Namen „wiki", was „schnell" bedeutet und „pedia" aus dem amerikanischen „encyclopedia" zusammen. 2011 nutzten 29% aller Onliner regelmäßig (zumindest wöchentlich) Wikipedia. Nur wenige Nutzer verfassen oder bearbeiten Artikel. 97% der Wikipedia Benutzer sind wegen der Informationsbeschaffung dort. Die deutschsprachige Ausgabe der Onlineenzyklopädie ist nach der englischen Ausgabe die umfangreichste Sammlung. Der Erfolg von Wikipedia erstreckt sich also nicht über die aktive Mitwirkung und Einstellung von Inhalten sondern über die gut auffindbaren Informationen.[101]

Corporate Wikis

Wikis sind in Bezug auf Kundenbindung und Produktfeedback ein wichtiger SM-Kanal. Wikis werden von den meisten Unternehmen als Informationsportale eingerichtet und sind somit eine zentrale Anlaufstelle für Kunden. Wikis können Informationen über Produkte enthalten. Das Unternehmen hat dadurch die Möglichkeit gezielt Kundenwünsche und Anregungen zu erfassen. Auch ist das Einbinden von Know-how der Kunden möglich. Wichtig ist hierbei die ständige Beobachtung der Wikis durch Unternehmensmitarbeiter. Diese sollten auch bei Anfragen regelmäßig Antworten geben, um so die Kundenbindung zu steigern. Durch die Transparenz kann das Unternehmen von den Informationen und Hinweisen profitieren. Auch im Bereich der Produktentwicklung kann ein Wiki nützlich sein. Das Unternehmen kann neueste Informationen in Bezug auf Produktentwicklung und möglicher Produkte bekannt geben, um so schon einmal zum frühestmöglichen Zeitpunkt ein Feedback der User zu erhalten.

---

[100] Vgl. Hettler 2010, S.41
[101] Vgl. www.ard-zdf onlinestudie.de, S.362-363 (Stand: 25.06.2012)

Dadurch können Kosten für eine evtl. Marktforschung eingespart werden. Hierbei ist das Unternehmen aber auch sehr stark abhängig von der Motivation der User und der aktiven Mitgestaltung. Die Kunden bringen neue Ideen und eigene Vorstellungen mit ein, wodurch die Produkte nach deren Kundenwünsche gestalten werden können. Dies führt in den meisten Fällen zu einer Steigerung der Kundenzufriedenheit. Wikis unterstützt viele Bereiche der Teamarbeit, gerade im Bereich der Kreativität.[102]

3.4.7 Verbraucher bzw. Bewerterportale

Aufgrund des medialen Hype um Facebook, YouTube und Twitter werden oft die Bewertungsportale und Foren vergessen. Diese sind die Anfänge des SM.[103] Bewertungsportale verbinden Bewertungs- und Shopping-Funktionen. Verbraucher vergleichen auf den Bewertungsportalen Preise und geben Bewertungen über Produkte und Leistungen ab. Diese können von allen Usern gelesen werden. Auch Ebay und Amazon stellen solche Bewertungsportale dar. Neben den Bewertungsportalen, wie „Qype", „dooyoo" und „Ciao" gibt es noch weitere Portale die sich auf bestimmte Produkte, Branchen oder Regionen spezialisieren. [104].

Verbraucher haben die Möglichkeit auf Bewertungsportalen selbst Bewertungen abzugeben oder mithilfe der Suchfunktion, Produkte, Unternehmen, Orte oder Dienstleistungen auffindbar zu machen und nachzulesen, wie andere Benutzer die Produkte etc. bewertet haben.

Um selbst Beurteilungen abzugeben, ist es notwendig, eine Registrierung vorzunehmen, um sich vor anonymen Nutzern zu schützen, die eine Gefahr des Missbrauchs darstellen könnten. Durch Implementierung von Algorithmen ist es möglich, Betrugsfälle ausfindig zu machen. Trotz allem schaffen es viele Unternehmen mit illegalen Mitteln, ihre Bewertungen zu verbessern. Dies geschieht meistens mit der Bezahlung von Freunden und Familienmitgliedern. Dies führt bei Enttarnung zu einem Imageschaden für das Unternehmen. Wenn aufgrund einer falschen positiven Bewertung ein Produkt gekauft wird, erwartet der Kunde, dass das Produkt auch dieser Bewertung entspricht. Wenn dies nicht der Fall ist, wird er das Produkt zurückgeben und seinen Missmut äußern.

---

[102] Vgl. Hettler 2010, S.222-223
[103] Vgl. Grabs, Bannour 2011, S.151
[104] Vgl. Heymann-Reder 2011, S.145

Deshalb sollten negative Bewertungen akzeptiert und nicht ignoriert bzw. unterbunden werden.

Der Nutzer hat die Möglichkeit, beim Bewerten eines Unternehmens, bis zu 5 Sterne an Unternehmen zu vergeben und zusätzlichen noch einen Kommentar zu verfassen. Es wird der Mittelwert der Sterne ermittelt und somit ergibt sich die Gesamtwertung. Je höher die Anzahl der Bewertung desto aussagekräftiger ist die Gesamtwertung. Es fehlt an Aussagekraft, wenn nur sehr gute und sehr schlechte Bewertungen vergeben werden.[105] Bewertet werden heute vor allem Hotels, Städte, Computer Dienstleistungen und mittlerweile sogar Lehrer. In der Tourismusbranche und Unterhaltungselektronik fanden die Bewertungsportale ihre Anfänge. Die Tourismusbranche erzielt mittlerweile beträchtliche Umsätze übers Internet.

Das Bewerterportal „Holidaycheck" ist das führende Meinungsportal für Hotelbewertungen. Aufgrund einer großen Anzahl von Bewertungen können gezielte Bewertungen über Regionen, Reiseveranstalter und Hotel gelesen werden.[106]

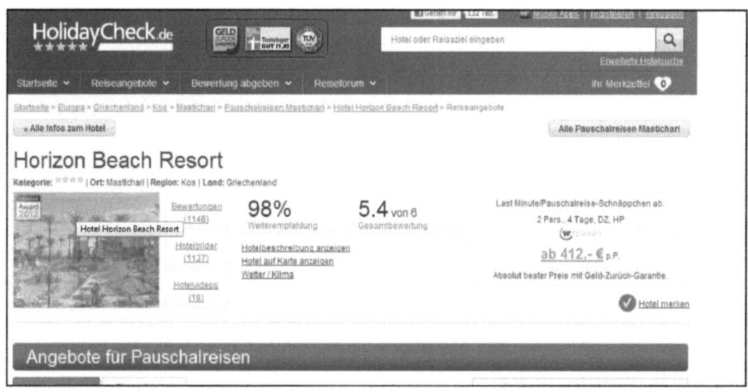

Abbildung 18: Screenshot Hotelbewertung auf Holidaycheck[107]

Abbildung 18 zeigt einen Ausschnitt aus den Bewertungen des Hotel „Horizon Beach Resort" in Kos. Das Hotel wurde zum 30.06.2012 mit 98%

---

[105] Vgl. Heymann-Reder 2011, S.145-148, 163
[106] Vgl. Hettler 2010, S.60
[107] www.holidaycheck.de, (Stand: 30.06.2012)

weiterempfohlen. Bisher nahmen 1132 Personen an einer umfangreichen Bewertung teil.

3.4.8 Foren

Die meisten fachbezogenen Diskussionen finden nicht in Blogs sondern in Internetforen statt. Sie setzen Schwerpunkte auf bestimmte Themen. Die Themen sind im Regelfall in Unterthemen bzw. Unterforen unterteilt. Das Themenangebot ist sehr vielfältig und besonders beliebt sind die Internethilfeforen, die Ratschläge zu einzelne Themen geben. Die Teilnehmer verfassen sogenannte Postings (Diskussionsbeiträge), auf die andere User antworten können. Dafür ist eine Registrierung erforderlich. Durch die Registrierung werden die Teilnehmer zu Mitgliedern einer Online-Community. Foren sind meistens in Webseiten eingebunden, sind aber auch in Sozialen Netzwerken wie Xing sehr beliebt.[108]

Da Forenbeiträge in Suchmaschinen nicht erfasst werden, eignen sie sich nur bedingt für Unternehmen, die ihr Image und ihre Reichweite verbessern wollen. Unternehmen müssen sich an Forumsdiskussionen, vor allem durch Einbringen von Fachwissen beteiligen. Sie müssen als kompetent und hilfsbereit wahrgenommen werden. Des Weiteren müssen Unternehmen die relevanten Foren durchforsten, in denen über ihre Markte bzw. ihre Angebote gesprochen wird um dann schnell in den Dialog mit einzusteigen.[109]

Abbildung 19. Screenshot Hornbach Stammtisch Forum[110]

---

[108] Vgl. Hettler 2010, S.93
[109] Vgl. Heymann-Reder 2011, S.159
[110] www.hornbach.de, (Stand: 11.08.2012)

Ein Beispiel, wie man ein Forum nutzen kann, zeigt Abbildung 19. Der Hornbach Stammtisch bietet Hobbygärtnern und Heimwerkern eine Plattform mit vielen Diskussionsforen rund um das Thema Bauen und Gärtnern.

3.4.9 Soziale Netzwerke

„Freunde, Fans und Follower sind die neuen Begriffe für virtuelle Beziehungen zwischen Menschen. Soziale Netzwerke sind in den letzten Jahren zum zentralen Ort des Informationsaustauschs geworden. Für Unternehmen gilt deshalb, in jenen Räumen Platz zu nehmen, in denen sich die (potenziellen) Kunden bewegen."[111]

„Der Begriff soziales Netzwerk bezeichnet eine Struktur, die aus miteinander durch Kommunikation und Interaktion verbundenen Knoten besteht. Die Knoten sind im Allgemeinen Personen oder Organisationen Das soziale Netzwerk drückt aus, inwiefern und wie stark die einzelnen Knoten miteinander verbunden sind."[112] Soziale Netzwerke sind in fast allen Bereichen vertreten. "Im Kontext von Social Media fasst man unter sozialen Netzwerken Plattformen und Onlinepräsenzen zusammen, die darauf abzielen, den Aufbau und die Pflege von Beziehungen und den damit zusammenhängenden Informationsaustausch und die Kommunikation mit den Beteiligten im Internet zu erleichtern."[113] Dies gilt sogar für Familien, Firmen bis hin zu Nationen

Es werden zwei Typen von sozialen Netzwerken bzgl. Ihrer inhaltlichen Ausrichtung unterschieden.

Zum einen gibt es die sozialen Netzwerke im engeren Sinne, auch Beziehungs- und Kommunikationsnetzwerke genannt, wie z.B. Facebook, MySpace oder Xing. Hier geht es vor allem um soziale Beziehungen zwischen Personen und um die Kommunikation zwischen Freunden und Familien und einfach Leuten, die man kennt. Die Vernetzung ist symmetrisch, d.h. man geht eine Beziehung mit jemanden ein und erhält Einblicke in dessen Aktivitäten und umgekehrt.

Zum anderen gibt es die Soziale Netzwerke im weiteren Sinne, auch Publikationsnetzwerke genannt, wie z.B. Twitter.com, YouTube.com etc. Hier geht es um die publizierten Inhalte des Senders, die in der Regel öffentlich sind.

---

[111] Grabs, Bannour 2011, S.263

[112] Hettler 2010, S.54

[113] Ebenda

Die Vernetzung ist asymmetrisch, d.h. man folgt Teilnehmer, um seine verbreiteten Informationen zu sehen.

Facebook.com ist das weltweit größte soziale Netzwerk. Weitere soziale Netzwerke, wie das Business Netzwerk Xing, MySpace.com und die VZ-Netzwerke wie SchuelerVZ.de oder StudiVZ.de sind in Deutschland ebenfalls vertreten.

Laut einer Bitkom-Umfrage vom Januar 2012 sind 74% der Deutschen Onliner in mindestens einem sozialen Netzwerk angemeldet. Davon sind 66% aktive Nutzer. Die Altersgruppe unter den 30 Jährigen sind sogar mit 92% vertreten, davon 85% aktiv. 59% der Nutzer sind täglich in ihrem sozialen Netzwerk anzutreffen. Ca. 48% sind bis zu 2 Stunden am Tag aktiv und ungefähr 11% zählen zu den sogenannten „heavy Usern", die über 2 Stunden das soziale Netzwerk nutzen.[114]

„Das primäre Ziel von sozialen Netzwerken ist Menschen in Form von Netzgemeinschaften zusammenzubringen und eine direkte Kommunikation der Mitglieder der jeweiligen Community zu ermöglichen."[115]

Dafür ist eine Anmeldung mit Erstellung eines eigenen Profils über Angaben von Namen, Beruf, Alter, etc. Voraussetzung. Das Profil kann ganz nach dem Belieben des Mitglieds gestaltet werden und zeigt die Eigendarstellung des Users bzw. sagt aus, wer man ist und wie man gerne gesehen werden möchte.[116]

Um wahrgenommen zu werden und damit andere am virtuellen Leben teilhaben können, braucht man Kontakte. Es entsteht dann ein Netzwerk wenn sich 2 oder mehrere Personen gegenseitig kontaktieren. Diese Kontakte müssen nicht unbedingt durch persönliche Nachrichten bestehen sondern können auch durch indirekten Kontakt miteinander verbunden sein, z.B. durch öffentliche Informationen und Nachrichten, die über ein Profil geteilt werden.

Das soziale Netzwerk ist ein wichtiger Teil von SM. Wenn ein Unternehmen in einem sozialen Netzwerk aktiv ist, kann es als Ansprechpartner dienen, Fragen beantworten, Kompetenzen zeigen und bietet gleichzeitig noch einen Ort an, in dem der Kunde seine Zufriedenheit zum Ausdruck bringen kann. Die

---

[114] Vgl. www.bitkom.org, S.4 (Stand: 02.07.2012)
[115] Hettler 2010, S.56
[116] Vgl. Hettler 2010, S.57

Verweildauer in den sozialen Netzwerken ist wesentlich größer als auf anderen Webseiten, sodass der Austausch von Informationen und Inhalten sich schneller verbreiten lässt. Dies kann für ein Unternehmen stark von Vorteil sein.[117]

Des Weiteren werden Vorteile vorgestellt, die sich für Unternehmen als sinnvoll erweisen, in sozialen Netzwerken aktiv zu beteiligen.

Das Unternehmen hat die Möglichkeit mehr über den Kunden und seine **Verhaltensmuster herauszufinden**. Dabei spielt das Einholen und Akzeptieren eines Feedbacks eine wesentliche Rolle. Die meisten Menschen verbringen ihre Zeit in sozialen Netzwerken und genau dort befinden sich auch die potentiellen Kunden. Die User nutzen die sozialen Netzwerke nicht nur, um mit Freunden und Bekannten zu kommunizieren, sondern unterhalten sich auch über und mit Unternehmen. Ungefähr 30% der deutschen Unternehmen schreiben freie Stellen in sozialen Netzwerken aus. Die Bitkom-Umfrage hat gezeigt, dass neben den Internetjobbörsen und der eigenen Homepage das soziale Netzwerk sich als drittes Online Medium etabliert hat.[118] Das **Werben neuer Produkte** stellt ein weiteres Potential für Unternehmen dar. Durch die hohe Anzahl von Profildaten aber auch durch das Teilen von Informationen und Videos wird es Unternehmen ermöglicht, die Zielgruppen genauer zu definieren. So werden Streuverluste durch gezieltes werben vermieden. Die Konkurrenz schläft dabei nicht und somit steigt die Anforderung an eine Werbekampagne stetig. Die Werbekampagnen sollten viele Emotionen schaffen, um sich von der Konkurrenz abzuheben.[119] Die meisten sozialen Netzwerke sind **kostenlos** und können uneingeschränkt genutzt werden. Xing ermöglicht nur die Nutzung durch eine monatliche Gebühr. Man kann selbst entschieden, welche **Inhaltselemente** öffentlich gemacht werden. So kann man für jede einzelne Freundschaftsbeziehung definieren, wie viele Informationen man über sich preisgeben möchte. Ebenfalls können **Multimediafunktionen** genutzt werden, wie z.B. das Hochladen von Bildern, Videos und Funktionen wie Bildverlinkungen.

Facebook ist für Unternehmen deshalb sinnvoll, da sich viele User innerhalb dieses Netzwerkes bewegen, viel Zeit darin verbringen, viele Inhalte

---

[117] Vgl. Grabs, Bannour 2011, S.265,266,268
[118] Vgl. www.bitkom.org, (Stand: 02.07.2012)
[119] Vgl. Grabs, Bannour 2012, S.270-271

konsumieren und dabei aktiv sind. Mit über 955 Mio.[120] Nutzern hat es noch keine andere Plattform geschafft innerhalb von 8 Jahren so viele Mitglieder zu gewinnen. Facebook ist dann für Unternehmen interessant, wenn sie sich auch global engagieren. Viele Facebook-Mitglieder geben viele Informationen über sich, über das Konsum- und Freizeitverhalten auf Facebook mehr oder weniger unbewusst preis. Deshalb ist es für Unternehmen ein leichtes, die Zielgruppe genau zu definieren und exakt zu orten. Viele User beobachten nur in Facebook, einige posten und kommentieren viele Bilder und Inhalte und andere lesen eher. Die Wahrscheinlichkeit ist groß, dass Unternehmen für viele User interessant sind. Auch mobile Endgeräte verwenden mittlerweile mehr als 350 Mio. User. Über 10 Mio. User klicken den Button „gefällt mir" täglich auf den Facebook-Seiten.

Die Facebook-Seiten, auch bekannt als „Facebook-Page" oder „Facebook-Fanpage", stehen Unternehmen zur Verfügung und werden auch gestärkt von diesen genutzt. Die Facebook-Seiten sind komplett offen für Suchmaschinen und somit auch für nicht angemeldete User. Dadurch wird die Reichweite weiter verstärkt. Jeder Internetuser hat die Chance, ein potenzieller Besucher der Facebook-Seite zu sein, wenn er die URL kennt oder auf Google einen Suchbegriff eingibt, der auf der Facebook- Seite wiederzufinden ist.[121]

Das Anlegen und Verwalten einer Facebook-Seite ist kostenlos. Wenn die Seite angelegt ist, bietet sie dem Unternehmen ähnliche Funktionen wie bei privaten Profilen. Durch das Klicken des „gefällt mir" Buttons können die Facebook-Nutzer sich mit einem Unternehmen verbinden und „Fan" werden. Auf Basis dieser Verbindung erfolgt nun die Kommunikation zwischen Nutzer und Unternehmen.[122]

---

[120] Spiegel.de, (Stand: 11.08.2012)
[121] Vgl. Grabs, Bannour 2012, S.273, 275
[122] Vgl. www.allfacebook.de (Stand: 30.06.2012)

Abbildung 20: Facebook- Fanseite von Coca Cola[123]

Abbildung 20 zeigt die Facebook-Fanseite von Coca Cola. Das Unternehmen kann über 47 Mio. „Gefällt mir" Klicks nachweisen. Auf der Coca Cola-Fanpage steht das Produkt im Vordergrund und die User können Erfahrungen, Anregungen und Ideen veröffentlichen. Coca Cola kann entscheiden, ob sie die Texteinträge mit allen Fans teilen oder nur für Fans in einem bestimmten Land oder in einer bestimmten Sprache bereitstellt. Die Fans erhalten diese Beiträge dann auf ihrer Startseite unter Neuigkeiten. Die täglich über 100 Pinnwandeinträge sind meistens mit Fotos oder Links versehen.

Auch gibt es zum Teil verschiedene Gründe, weshalb man Fan einer Marke auf Facebook sein möchte. 32,9% gaben an, dass es für sie wichtig ist, Fan einer Marke zu sein. 36,9% der Befragten sind Fans, die über exklusive Angebote informiert werden wollen. Über interessante Inhalte informiert zu werden, sehen 18,2% als Anlass, Fan zu werden.[124] Viele User sind daran interessiert, über Unternehmen und vor allem mit Unternehmen zu kommunizieren.

Nicht nur große Unternehmen erwecken auf Facebook Aufmerksamkeit, sondern auch KMU´s (Kleine und Mittelständische Unternehmen) haben die gleiche Möglichkeit. Wenn es Unternehmen gelingt, dass die Kunden zufrieden sind, die Facebook-Seite interessant gestaltet ist und die User den „gefällt mir"

---

[123] www.facebook.com, (Stand 12.08.2012)
[124] Vgl. Hettler 2010, S.201-203

Button klicken, bindet das Unternehmen den potentiellen Kunden an sich. Der entsprechende Freundeskreis wird ebenfalls informiert.

Facebook finanziert sich über Werbemaßnahmen und ermöglicht den Unternehmen den idealen Rahmen in Facebook aktiv zu sein und durch Applikationen und Funktionen mit der relevanten Zielgruppe in Kontakt zu treten.[125] Applikationen sind zusätzliche Anwendungen und Programme, die in die Facebook-Seite integriert werden können.

Eine sehr ansprechende Integration von Produkte in eine Applikation, ist die des Schmuckherstellers Pandora.

Die Facebook-App "Pandora Bracelet Designer" erlaubt es den Kunden, ihre Armbänder selbst zusammenzustellen und die von anderen Usern zusammengestellte Armbänder zu kommentieren und bewerten zu lassen. Auch die Weiterempfehlung jedes Armbandes ist möglich.[126]

Abbildung 21: Pandoras Page on Facebook[127]

Alleine die Fanzahlen sind keine Garantie für einen SM-Erfolg eines Unternehmens. Die Quantität der Fans spielt eine eher unwesentliche Rolle. Die Qualität ist entscheidend. Keinem Unternehmen nützt es, tausende von Fans zu

---

[125] Vgl. Grabs, Bannour 2012, S.275-281
[126] Vgl. Grabs, Bannour 2012, S.295
[127] www.apps.facebook.com (Stand: 30.06.2012)

haben, wenn niemand an dem Unternehmen oder dessen Produkten interessiert ist. Wichtig am Anfang sind deshalb die Mitarbeiter und die bestehenden Kunden. Diese sollen ihre Freunde auf Facebook erreichen und informieren. Dafür müssen Freunde eingeladen werden. Ebenfalls sollte die Facebook-Seite auch offline bekannt gemacht werden. Für Kunden ist es wichtig, zu sehen, wie das Unternehmen auf Facebook aktiv ist. Bei 950 Mio. Usern ist die Wahrscheinlichkeit groß, dass sich auch angehende Kunden darunter befinden.

Für 81% der Fans einer Facebook-Seite sind laufende, aktuelle Inhalte und Neuigkeiten von hoher Bedeutung. 66% erwarten eine lebendige Community und genauso viele die persönliche Ansprache. Mithilfe einer Facebook-Gruppe kann die Markenkommunikation verstärkt werden. Facebook-Gruppen bieten die Möglichkeit, Anwendern, Befürwortern und Bewunderern einer Marke eine Austauschplattform zu bieten. Ebenfalls kann ein gegenseitiger Austausch von Empfehlungen, Kritik und Anwendertipps erfolgen. Es sind sowohl geschlossene als auch offene Gruppen möglich. Geschlossene Gruppe müssen erst durch Zustimmung der Administrationen bestätigt werden. Geheime Gruppen sind nur über Einladungen möglich. Diese sind besonders geeignet für den Austausch mit Unternehmensmitarbeitern.

Mithilfe von Facebook-Seiten kann auch die Verkaufsförderung eines Unternehmens gesteigert werden. So wirbt z.B. die Firma Adobe auf der Fanseite „Adobe students" für die preisreduzierte Studentenversion ihrer Produkte. Es werden Gratisproduktangebote und nützliche Applikationen aufgelistet. Sie suchen auch den Kontakt zu den Fans und beantworten Fragen zu Produktkäufen und geben ausführlich Auskunft über Produktfragen.

Im Bereich Personalmarketing kann eine Facebook-Seite ebenfalls von Nutzen sein. Die „Tectum Group" z.B. hat auf der eigenen Facebook-Seite eine Kategorie „Jobs" eingerichtet, in der freie Stellen angeboten werden. Auch nutzt dieses Unternehmen Facebook, um sich als attraktiver Arbeitgeber zu präsentieren.[128]

3.4.10 Social Bookmarking

„Social Bookmarks (selten auch in der übersetzten Form: *„Soziale Lesezeichen")* sind Internet-Lesezeichen, die von mehreren Nutzern gemeinsam auf einem Server im Internet oder im Intranet abgelegt werden, sodass sie

---

[128] Vgl. Hettler 2010, S.203-216

gemeinsam darauf zugreifen können, um die Lesezeichen untereinander auszutauschen."[129]

Viele User speichern interessante Links als Lesezeichen im Browser auf dem lokalen Computer ab. Dadurch erreicht man einen Schnellzugriff auf eine Website und kann damit verhindern, dass man sie eine Seite später nicht mehr wiederfindet. Das wesentliche Problem liegt darin, dass die Lesezeichen auf dem Computer gespeichert werden und bei einem Crash oder wenn der Computer kaputt geht, die gespeicherten Links verloren gehen und nicht wieder zu finden sind. Viele User nutzen das Internet nicht nur von zu Hause aus, sondern sind ständig unterwegs. Daher ist die Mobilität auch keine Ausnahme mehr und ein Verzicht auf mobile Endgeräte ist fast unmöglich. Die Lesezeichen sollen für die User auf allen Geräten erreichbar sein. Da die Bookmarks auf den Servern der Anbieter gespeichert werden, ist ein Verlust der Bookmarks bei einem Festplatten Crash nicht mehr möglich. Auch entsteht schnell eine Unübersichtlichkeit der Lesezeichen, je mehr man gesammelt hat. Jeder Link, den man selbst gesetzt hat, ist mit eigenen Gedanken verbunden. Die gleiche Vorgehensweise trifft auch auf andere User zu. Umgekehrt kann es natürlich auch sein, dass andere User selbst Links setzen, die für mich selbst interessant wären. Da sie aber nie geteilt wurden, sind sie für mich nicht ersichtlich. Diese Problematik kann zu einem Verlust der Informationsbewertung und des relevanten Know-how führen, da mehrere User eigentlich davon profitieren könnten.

Genau hier setzten die sogenannte Social Bookmarking Dienste an. Die relevanten Links werden nicht mehr auf dem eigenen Computer gespeichert sondern werden online abgelegt. So hat man die Möglichkeit, die Links jederzeit und überall wiederzufinden. Auch können andere User gezielt darauf zugreifen. Die Lesezeichen können von den Nutzern bewertet, gelöscht oder ergänzt und mit Schlagwörtern, sogenannten (sog.) Tags versehen werden. Alle Webseiten mit dem gleichen Tag werden miteinander verbunden und sind so leicht auffindbar. Um einen Social Bookmarking Service in Anspruch zu nehmen, muss man sich lediglich registrieren. Die privaten Lesezeichen sind Passwortgeschützt und dann auch nur für die jeweilige Person sichtbar, d.h. die Social Bookmarking Dienste bieten die Möglichkeit, jeden Link entweder privat oder öffentlich zu speichern. Um ein Social Bookmark zu speichern, muss man

---

[129] www.wikipedia.org, (Stand: 01.07.2012)

sich einloggen. Die meisten Links werden jedoch öffentlich verwendet und gespeichert.

Eines der bekanntesten Social Bookmarking Dienste in Deutschland ist „Delicious“, folgend von dem Portal „Mister Wong“, das im deutschsprachigen Raum neben Delicious das am weitest verbreitet ist. Über 150 Millionen Bookmarks stellt Delicious zur Verfügung. 2003 wurde der Social Bookmarking Dienst als del.icio.us gegründet. Delicious bietet den Usern an, Lesezeichen zu setzen und mit Tags zu versehen.[130]

Das gemeinsame vergeben von Tags wird auch als „Folksonomy“ bezeichnet und beschreibt die Klassifikation durch viele. Solche Tag-Sammlungen werden in ein Stichwortsystem umgewandelt, das zur Orientierung, Bewertung und Empfehlung dient. Es entstehen sogenannte „Tag Clouds“ (Wortwolken) wobei die am häufigsten genutzten Tags größer hervorgehoben werden. Ein Beispiel hierfür zeigt Abbildung 22.

Abbildung 22: Tag Cloud[131]

Diese Tags können auch in anderen SM-Kanälen Anwendung finden. Jedoch sind mit der Kategorisierung auch einige Nachteile verbunden. Jeder interpretiert Tags unterschiedlich. Wenn man nach einem bestimmten Begriff sucht, kann es vorkommen, dass Ergebnisse angezeigt werden, die inhaltlich nicht übereinstimmen.[132]

---

[130] Vgl. Grabs, Bannour 2012, S.375-377, 379
[131] www.socialnetworkingsandiego.com, (Stand: 11.08.2012)
[132] Vgl. Hettler, S.58-60

4 Nutzen und Herausforderungen einer vernetzten Umwelt: Chancen und Risiken für Unternehmen

Die Machtverhältnisse haben sich verschoben. Die Macht zwischen Unternehmen und Konsumenten wird neu verteilt und auch Konsumenten können Einfluss auf den Unternehmenserfolg ausüben. Diese Verschiebung hat Auswirkungen auf die Kommunikation- und die Marketingstrategien. Aber auch die Machtverhältnisse der Mitarbeiter haben sich verschoben. Ein unzufriedener Mitarbeiter kann dem Image eines Unternehmens nachhaltig Schaden zufügen, indem er öffentlich seinen Missmut über das Unternehmen mitteilt.[133] Für Unternehmen ergeben sich Herausforderungen, die mit Risiken aber auch mit neuen Chancen verbunden sind. Die nachfolgende Tabelle soll einen kurzen Überblick über die Chancen und Risiken von SMM widergeben.

Chancen	Risiken
• „Zuhören": Erkennen und Verstehen, was Kunden wirklich wollen durch „Zuhören" in Blogs, Communities und Foren	• Ängste der Unternehmer, User an der Produktgestaltung teilhaben zu lassen
• Marktforschung: Überblick über Märkte, Kunden, Mitbewerber durch systematische Suche in den sozialen Netzwerken	• Nutzen für Unternehmen von Zielkunden, Branche und Produkt abhängig
• Weltweite Verbreitung, hohe Aktualität und Schnelligkeit von Informationen	• Gezielte Streuung von Falsch-Informationen möglich
• Branding: Verstärkte Wahrnehmung von Marken, Unternehmen, Personen, Produkten	• Kontrollverlust: Unternehmen verlieren Macht über ihre Markenführung
• Virale Marketing Effekte beispielsweise durch weitergeleitete Tweets (Beiträge in Twitter) oder Webvideos	• Return of Invest: Erfolge sind schwer messbar
	• Angst, an den Pranger gestellt zu werden, weil man gegen unbekannte Regeln verstoßen hat

---

[133] Vgl. Knappe, Kracklauer 2007, S 65-67

• Positive Reputation durch Image-Arbeit • Etablierung des Expertenstatus, zum Beispiel durch fachliche Beiträge in Blogs • Kundenbeziehungsmanagement, beispielsweise durch Twitter • Neue Potenziale zur Gewinnung neuer Mitarbeiter, insbesondere jüngerer • Kunden „mitmachen" lassen durch Aufruf zur aktiven Gestaltung von Produkten • Zeit und Reisekosten sparen: Mit Webkonferenzen Abstimmungen ökonomisch durchführen	• Negative Reputation: Nicht wünschenswerte Informationen über Personen, Produkte und Unternehmen werden verbreitet • Zeitverschwendung durch „Zeitdiebe": viele Tools, viele Zugangsdaten, unterschiedliche Netiquetten (Benimmregeln im Internet) • Konzentrationsmangel durch Aufmerksamkeit auf zu viele Tools (Multitasking) • Informationsmüll: zu viele banale, unsinnige Nachrichten • Suchtpotenzial und Realitätsverlust • Datenschutz/Kriminalität, beispielsweise Datendiebstähle von hinterlegten Adress- und Bankdaten

Abbildung 23: Chancen und Risiken von SMM[134]

4.1 Chancen von Social Media Marketing

Mit dem SMM öffnen sich für Unternehmen Chancen, die mit traditionellen Marketingaktivitäten nicht möglich gewesen wären. Unternehmen sollten deshalb die Vorteile erkennen und die Chancen nutzen, die ihnen das SM bietet. Viele Unternehmen sind bereits in SM aktiv und können schon positive Erfolge verzeichnen. Einige Chancen, die das SMM bietet wurden in Abb. 23 gezeigt und werden nun im folgenden Verlauf der Arbeit erläutert.

Gerade die aktive Kommunikation der Kunden untereinander können Unternehmen nutzen, um zuzuhören. Sie können sehen, was potentielle Kunden über das Unternehmen und über die Produkte und Dienstleistung denken und

---

[134] Hilker 2010, S.24

schreiben. Nur wer dabei auch zuhört, kann daraus lernen und gegebenenfalls Verbesserungen vornehmen bzw. Fehler korrigieren. Das SM bietet Unternehmen die Chance einen unzufriedenen Kunden zu einem zufriedenen Kunden zu machen. Dies ist natürlich nur durch Zuhören und schnelles Reagieren möglich.[135]

Das SM schafft Unternehmen eine Grundlage für die Marktforschung, auf Basis der hohen Useranzahl. Wenn genügend Daten vorhanden sind, können implizierte Informationen erhoben werden und speziell für das Marketing angewendet werden.[136]

„Die Marktforschung zielt darauf ab, Marketingentscheidungen durch die systematische Beschaffung, Aufbereitung und Analyse von marktrelevanten Informationen zu unterstützen."[137] Es ist zu unterscheiden zwischen Sekundärforschung und Primärforschung. Die Informationsgewinnung bei der Sekundärforschung auch „desk research" genannt, erfolgt über die Auswertung bereits erhobener Daten. Erhält das Unternehmen keine ausreichenden Informationen und Erkenntnisse über die Sekundärforschung, besteht die Möglichkeit der Primärforschung. Bei der Primärforschung auch „field research" bezeichnet, erhebt das Unternehmen eigene Daten mittels Befragung, Beobachtung oder Panelerhebung.

Die Befragung kann mittels eines Online Fragebogens durchgeführt werden. Auch kurze Abstimmungen und Votings können dem Unternehmen helfen, Daten zu gewinnen.

SM-Kanäle bieten Unternehmen die Möglichkeit, durch aktives beobachten in Foren und sozialen Netzwerken Erkenntnisse zu gewinnen, die zum Zwecke der Marktforschung dienen. Durch immer neu hinzukommende Beiträge erhält das Unternehmen eine Reichhaltigkeit an Informationen.

Eine Panelerhebung kann z.B. online mit Online Kunden durchgeführt werden. Bei der Panelerhebung wird ein bestimmter Personenkreis über einen gleichen Untersuchungsgegenstand befragt. Die Erhebung findet in der Regel zweimal, manchmal auch mehrmals statt, wobei zwischen jeder Befragung ein gewisser

---

[135] Vgl. www.oreilly.de, (Stand: 18.06.2012)
[136] www.online-investorrelations.de, (Stand: 18.06.2012)
[137] Hettler 2010, S.81

Zeitabschnitt liegt.[138] Das Unternehmen erhält durch die Erhebung den Vorteil, dass es Veränderungen bzgl. Meinungen der Personen beobachten kann.[139]

Mit SM kann die Verbreitung von Inhalten im Vergleich zu anderen Medien schneller erfolgen. Diese Inhalte können sich global ausbreiten und in Bezug auf die Aktualität gesichert werden. Die Informationen werden über die SM-Kanäle, wie z.B. über Twitter, Facebook und Blogs verbreitet. Diese Verbreitung wird von den Unternehmen meist bewusst geplant, so dass die Abonnenten, Follower und Freunde diese Information aufgreifen und verzweigen. Aus diesem Grund spricht man auch von viraler Verbreitung.[140] Die spannendsten und aktuellsten Neuigkeiten verbreiten sich wie ein Lauffeuer im Internet. Das virale Marketing ist ein Schneeballprinzip, das entsteht wenn ein User Gefallen an einem Inhalt hat und diesen wiederum an Freunde oder Bekannte weiterreicht. Diese werden wiederum bei Interesse den Inhalt an ihre Freunde und Bekannte weitergeben.[141] Nachfolgende Abbildung verdeutlicht nochmal das Prinzip der digitalen Mundpropaganda.

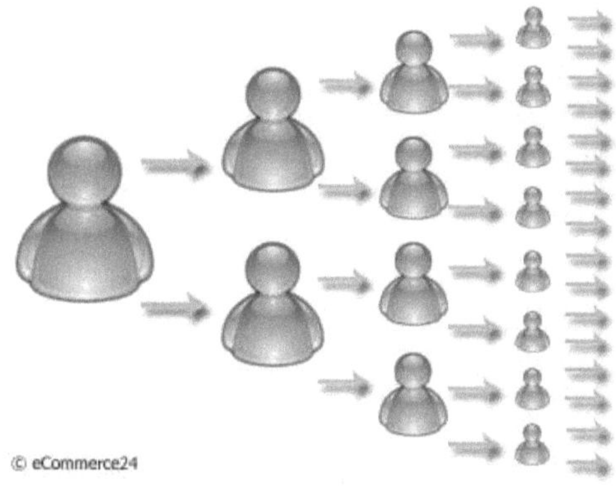

Abbildung 24: Digitale Mundpropaganda[142]

Ist die digitale Mundpropaganda einmal in Gang gesetzt, ist die Verbreitung kaum noch aufzuhalten. Wenn eine Person ein Produkt an 2 Freunde weiterempfiehlt und diese das Produkt wiederum an 2 vorschlagen, dann könnte

---

[138] Vgl. Hettler 2010, S.81

[139] Vgl. www.innovationsmethoden.info, (Stand: 18.07.2012)

[140] Vgl. www.onlinemarketing-praxis.de, (Stand: 05.07.2012)

[141] Vgl. Heymann-Reder 2011, S.31

[142] Vgl. www.onlinemarketing-praxis.de, (Stand: 18.06.2012)

das Unternehmen schon 8 potentielle Kunden erreichen. In der nächsten Stufe wären es dann schon 16 mögliche Kunden. Noch nie war es für Unternehmen einfacher, so schnell potentielle Kunden zu gewinnen.[143]

Mittels SM kann das Unternehmen die Wahrnehmung von Marken, Personal und Produkten verstärken .Dies ist vor allem aufgrund der aktiven Teilnahme der User zurückzuführen, die ihre Meinungen und Empfehlungen äußern und die Produkte bewerten.

Um im Gedächtnis der Kunden zu bleiben, ist es für Unternehmen wichtig, den Schwerpunkt auf die potentiellen zukünftigen Kunden zu setzen. Spezielle SMM-Kampagnen können dies unterstützen.

Durch aktive Imagearbeit auf den einzelnen SM-Seiten kann die Reputation positiv gefördert werden. SM unterstütz das Reputationsmanagement auf zwei Weisen.

Zum einen sollte das Unternehmen am Meinungsaustausch teilnehmen, Inhalte selbst gestalten und dadurch beeinflussen. Wenn die Stimmung im Netz eher negativ ist, kann das Unternehmen teilnehmen, in dem es offen, konstruktiv und persönlich mit Kritik bzw. Beschwerden umgeht. Nur so kann das Vertrauen der Kunden zurückgewonnen werden, das letztendlich das Image des Unternehmens verbessern wird.

Zum anderen sollte die Erstellung von SM-Profilen die Reputation von Unternehmen positiv beeinflussen. Die Unternehmen können in verschiedenen SM-Portalen unter bestimmte Markennamen tätig sein, diese beobachten und dadurch das Suchmaschinenranking erhöhen.[144]

Wenn das Unternehmen über genügend Wissen verfügt und andere Menschen nach diesem Wissen suchen, kann SM helfen, den Expertenstatus zu erreichen. Dies ist abhängig vom Grad der Vernetzung, d.h. von der Bekanntheit des Blogs, der Anzahl der Facebook-Freunde etc. Als Experte genießt das Unternehmen Vertrauen bei seinen Usern und erlangt dadurch ein hohes

---

[143] Vgl. Langner 2007, S.15
[144] Vgl. Weinberg 2010, S.94-95

Ansehen im Netz. Es können Geschäftsbeziehungen aufgebaut werden aber auch Freundschaften geschlossen werden.[145]

„Kundenbeziehungsmanagement beinhaltet umfassende Aktivitäten zur Gestaltung von Kundenbeziehungen. Kundenbeziehungsmanagement hat als Ziel die möglichst optimale Gestaltung der Beziehung zu den Kunden eines Unternehmens."[146] Das klassische CRM befasst sich mit der Beziehung zwischen den Kunden und den Unternehmen. Die Kunden im Web 2.0 kommunizieren mit anderen Kunden und/oder Unternehmen jedoch heute per Twitter, Blog oder auch per Facebook. Die User berichten über ihre Vorlieben und Bedürfnisse. Betreibt ein Unternehmen Social CRM, ergänzt sich das traditionelle CRM um die Kundenkonversationen und erhält so Informationen über die Abnehmer, die das Unternehmen ohne das SM nicht erhalten würde. Das Unternehmen kann so Stimmungslagen und Probleme frühzeitig erkennen und gezielt darauf reagieren.[147]

SM bietet Unternehmen die Chance zukünftiges Personal zu rekrutieren. Gerade jüngere Nachwuchskräfte sind täglich im SM aktiv und informieren sich vor einer Bewerbung übers Internet bzw. im Web 2.0 über das Unternehmen.[148] Das SM unterstützt die Unternehmen beim Employer Branding. „Employer Branding ist der strategische Aufbau einer Arbeitgebermarke. Die Arbeitgebermarke richtet sich nach innen und nach außen: An Mitarbeiter und an potenzielle Bewerber. Ziel des Aufbaus einer Arbeitgebermarke ist es, von diesen als attraktiver Arbeitgeber wahrgenommen zu werden."[149] Gerade durch die SM-Kanäle wie Xing, Twitter etc. bietet es sich für Unternehmen an, in diesen nach neuen Mitarbeitern zu suchen. Noch nie war es einfacher Kontakte zu anderen Menschen zu knüpfen. Das Unternehmen hat die Option durch die Internetpräsenz potentielle Bewerber zu ködern, kennenzulernen und zu rekrutieren. Durch die Arbeitgeberattraktivität wird die Mitarbeiterfluktuation verringert und die Leistungsbereitschaft gesteigert.[150]

---

[145] Vgl. Weinberg 2010, S.34, ähnlich gesehen bei: Vgl. Grabs, Bannour 2011, S.44

[146] www.kundenbeziehungsmanagement.sugesto.de, (Stand: 18.06.2012)

[147] Vgl. www.computerworld.ch, (Stand: 18.06.2012)

[148] Vgl. www.online-recruiting.net, S.1 (Stand: 18.06.2012)

[149] www.top-arbeitgebermarke.de, (Stand: 18.06.2012)

[150] Vgl. www.socialmediaballoon.de, (Stand: 18.06.2012)

Beim Crowdsourcing werden Prozesse und Aufgaben aus dem Unternehmen ins Internet ausgelagert und dort durch eine Community bearbeitet. Der Kunde arbeitet freiwillig, meist aus Motivation und Spaß an der Aufgabe und wird nicht zu seiner Mitarbeit gezwungen. Das Unternehmen kann das Wissen, die Kompetenzen und die Ideen der Internetuser nutzen, was einen erheblichen Vorrat an Ressourcen mit sich bringt. Ebenfalls können mithilfe von Crowdsourcing auch innovative Ideen und Lösungen für ein Produkt gefunden werden. Durch die aktive Beteiligung der Kunden ist das Risiko eines Scheiterns des Produkts sehr gering. Ebenfalls kann durch die freiwillige Mitarbeit Kosten eingespart werden. Mit dem Crowdsourcing kann es dem Unternehmen gelingen eine enge soziale Bindung zu den Kunden zu knüpfen und eine größtmögliche Aufmerksamkeit zu erzeugen.[151]

4.2 Risiken von Social Media Marketing

Angesichts der vielen und umfangreichen Chancen stellt sich nun die Frage weshalb Unternehmen noch zögern, aktiv SMM zu betreiben

Obwohl die Nutzung von SM viele positive Aspekte beinhaltet, sollte auch die Nachteile, die SM mit sich bringt nicht außer Acht gelassen werden. Nachfolgend werden die Risiken von SMM erklärt.

So Vorteilhaft das Crowdsourcing auch für Unternehmen ist, birgt es jedoch auch einige Risiken und Herausforderungen, die es von Unternehmen zu bewältigen gilt. Die Offenheit spielt dabei eine wesentliche Rolle. Die Unternehmen profitieren zwar von der offenen Haltung der Kunden, jedoch bedeutet dies auch für Unternehmen, den Kunden bestimmte Unternehmensinformationen mitzuteilen. Gerade durch offene Diskussionen läuft das Unternehmen Gefahr, dass Produktschwächen offen gelegt werden und somit ein Imageschaden entsteht. Außerdem werden dadurch Informationen und Firmengeheimnisse preisgegeben, die die Konkurrenz für sich profitabel einsetzen kann. Eine große Herausforderung für Unternehmen besteht in der Motivation und diese aufrecht zu erhalten, um qualitativ hochwertige Beiträge zu erlangen. Deshalb muss es Unternehmen gelingen, die Nutzer von einem Projekt zu überzeugen und diese dafür zu gewinnen. Effektiv wäre es, eine „win-win-Situation" aller Beteiligter zu erwirken. Je größer der Nutzen für den User ist, desto höher ist auch die Wahrscheinlichkeit weitere User für das

---

[151] Vgl. Hettler 2010, S.237, 241-243

Projekt zu begeistern. Viele Unternehmen befürchten auch die rechtlichen Risiken, die es beim Crowdsourcing zu beachten gibt. Werden z.B. bewusst oder auch unbewusst Rechte Dritter verletzt, können diese Forderungen wegen Unterlassung oder Schadensersatzansprüche geltend machen.[152]

Ein hervorragendes Image ist die beste Reklame für ein Unternehmen. Dabei können vielseitige Kommunikationsangebote des Web. 2.0 behilflich sein, diese können jedoch auch den Ruf schädigen, wenn sich z.B. ein Mitarbeiter seinen ehemaligen Chef verbal angreift oder die Kunden sich im Netz negativ über Produkte oder das Unternehmen äußern bzw. in verschiedenen Kanälen falsche Informationen verbreiten. Auch die Konkurrenz kann gezielt falsche Aussagen über ein Unternehmen veröffentlichen, um sich dadurch einen Wettbewerbsvorteil zu verschaffen.[153] Für Unternehmen kann es dann zum Verhängnis werden, wenn falsche Informationen veröffentlicht werden. Kommentare und Tweets verbreiten sich in kürzester Zeit so schnell, dass Schäden entstehen, entweder dadurch, dass das Unternehmen gar nichts von den Falschinformationen weiß oder es ist ihm nicht mehr möglich, die Inhalte zu steuern. Unternehmen haben dann nur noch die Chance zu versuchen, den Schaden so gering wie möglich zu halten.

Viele Unternehmen haben Angst davor, Internetuser an der Produktentwicklung teilhaben zu lassen. Das Risiko für Unternehmen besteht darin, dass gerade durch die Eigendynamik von SM sie nicht mehr die Macht über ihre Marke in der Hand haben und so einen Kontrollverlust zu verzeichnen haben. In der Generation Web. 2.0 lässt sich die Partizipation der Kunden jedoch nicht vermeiden und gerade durch diese aktive Beteiligung können SMM Aktivitäten erst funktionieren. Die Unternehmen haben nicht mehr die Macht die Inhalte selbst zu erstellen und zu gestalten, jedoch haben Sie dadurch auch die Chance sich an der Kommunikation von Kunden und potentiellen Kunden zu beteiligen.[154]

---

[152] Vgl. Hettler 2010, S.252,254
[153] Vgl. www.deinguterruf.de, (Stand: 08.08.2012)
[154] Vgl. Hettler 2010, S.76-77

„Der ROI gibt wieder, in welchem Verhältnis Investition und Gewinn stehen. Er drückt also den prozentualen Anteil aus, den der Gewinn an einer Investition hat – und zeigt auf diese Weise, welcher Wert aus einer Investition zurückfließt."[155]

Deshalb ist der ROI eine wichtige Kennzahl für Firmen, wenn es um die Abschätzung von Investitionsvorhaben geht. Die Ermittlung des ROI kann sich unter Umständen als schwierig herausstellen. Um den ROI zu ermitteln braucht das Unternehmen z.B. Verkaufszahlen.[156] Die Kommunikation und deren Wirkung sind jedoch schwer quantitativ messbar.[157]

Unternehmen müssen sich über verschiedenen Regeln und Bestimmungen die die einzelnen Plattformen vorgeben informieren. Dies ist oftmals mit sehr viel Zeit verbunden. Die Unternehmen müssen beachten, dass jeder Tweet, jedes Posting oder Eintrag ein Geschäftsvorgang ist, für den ein Unternehmen haftbar gemacht werden kann. Die Unternehmen müssen in allen Ländern, in denen sie tätig sind, die aktuellen gesetzlichen Regelungen kennen.[158]

z.B. gibt Facebook vor, dass jedes Unternehmen sein Impressum in einem Facebook-Account zu sehen sein muss, da es ansonsten wegen Verletzung des Wettbewerbsrechts abgemahnt werden kann.[159]

Auch spielt die Zeitverschwendung für viele Unternehmen eine Rolle, weshalb sie nicht in SMM investieren. SM beinhaltet einige Zeitdiebe, wie z.B. viele Tools und Zugangsdaten, die Unternehmen benötigen. Außerdem haben Unternehmen bestimmte Benimmregeln, sogenannte Netiquetten einzuhalten und anzuwenden. Durch die Vielfältigkeit und das große Angebot von Anwendungen kann für Unternehmen die Gefahr bestehen, dass User die Konzentration auf das Angebot der jeweiligen Unternehmen verlieren.

Durch SMM Maßnahmen können viele unnötige, banale Informationen im Netz verbreitet werden. Gerade auf den Fanpages können User Inhalte veröffentlichen, die in keinerlei Zusammenhang mit dem Unternehmen und dessen Produkte stehen. Viele andere User könnten durch diese banalen,

---

[155] www.foerderland.de, (Stand: 08.08.2012)
[156] Vgl. Grabs, Bannour 2011, S.47
[157] Vgl. Weinberg 2012, S.407
[158] Vgl. www.compliancemagazin.de, (Stand: 08.08.2012)
[159] Vgl. www.teletalk.de, (Stand: 08.08.2012)

nichtrelevanten Inhalte und Kommentare genervt reagieren und dies auch im Netz öffentlich verbreiten.

Für viele Unternehmen ist der Datenschutz ein entscheidendes Risiko, weshalb sie nicht in SM aktiv werden. Die Stiftung Warentest fand heraus, dass Facebook und andere SM Kanäle erhebliche Mängel in Bezug auf Datenschutz aufweisen. Vielen Hackern gelingt es auf persönliche Daten der Nutzer zuzugreifen. Aber auch die ungeklärten Fragen über Datenschutz werfen einige Zweifel bei den Verbrauchern auf.[160]

5 Social Media Marketing Strategie

Eine gut geplante und durchdachte Strategie ist ein wesentlicher Erfolgsfaktor des SMM. Deshalb sollten Unternehmen nicht ohne vorherige Planung im Social Web aktiv werden. Unternehmen, die klare Ziele definieren und Kriterien im Vorfeld erarbeiten, können später den Erfolg einer SMM Kampagne messen. Für eine SMM-Strategie gibt es keine einheitliche Vorgehensweise. Eine Strategie sollte unternehmensspezifisch geplant und angepasst werden. Die folgende Abbildung veranschaulicht die einzelnen Schritte mit den dazugehörigen Maßnahmen einer SMM-Strategie. Das Schaubild ist also nur ein grobes Gerüst und eignet sich als möglicher Ansatz einer erfolgreichen SMM-Strategie.

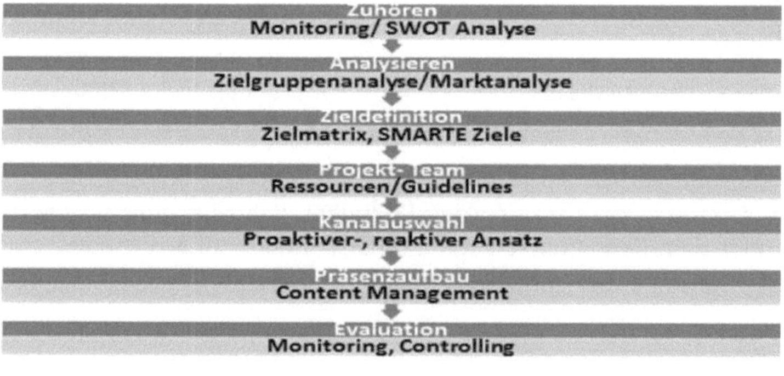

Abbildung 25: Möglicher Ansatz einer SMM-Strategie[161]

---

[160] Vgl. www.test.de, (Stand: 17.06.2012)
[161] Eigene Darstellung

5.1 Zuhören

Bevor überhaupt eine Strategie formuliert werden kann, sollte das Unternehmen wissen, welche Stärken und Schwächen, Chancen und Risiken vorhanden sind. Diese braucht ein Unternehmen, um Aufschluss über eine mögliche Umsetzung einer SMM-Strategie zu erhalten. Dafür eignet sich besonders eine SWOT-Analyse. Dafür muss das Unternehmen eine Stärken Schwächen-Analyse (Strengths-Weakness) und eine Chancen Risiko-Analyse (Opportunites-Threats) durchführen. Die Ergebnisse der internen Prozesse (Stärken und Schwächen) und die Ergebnisse der externen Einflussfaktoren (Chancen und Risiken) werden zusammengefasst. Daraufhin wird überprüft ob die Strategie mit den Umwelteinflüssen überhaupt erfolgsversprechend ist.[162] Das Unternehmen kann hier die SWOT Matrix als Hilfestellung anwenden.

Bei der Umweltanalyse werden die Chancen und Risiken, die durch Außenwirkung gekennzeichnet sind und die sich aus Veränderungen am Markt ergeben, besonders Technologien und Medien analysiert. Bei der Unternehmensanalyse beziehen sich die Stärken und Schwächen auf das Unternehmen und ergeben sich daraus, wie sich das Unternehmen selbst sieht hinsichtlich der SMM-Aktivitäten. Danach wird versucht den Nutzen aus Stärken und Chancen zu maximieren und die Verluste aus Schwächen und Risiko zu minimieren.[163]

5.2 Analysieren

Nachdem die SWOT-Analyse vom Unternehmen durchgeführt wurde, kann im Anschluss daran der Markt analysiert werden um dann eine gezielte Segmentierung vorzunehmen. Das Unternehmen kann dadurch die Zielgruppe festlegen und Targeting einsetzen. Targeting ist das fokussierte Ansprechen einer Zielgruppe. Das Unternehmen darf bei der Marktanalyse einige Bereiche nicht außer Acht lassen, wie z.B. das Marktvolumen, das Aufschluss über die Größe des Marktes gibt. Des Weiteren sollte man sich über die Konkurrenz und deren Aktivitäten informieren. Die Marktverteilung zeigt dem Unternehmen die Verteilung der Marktanteile der Zielgruppe an. Zusätzlich kann das Unternehmen herausfinden wie hoch die Chance ist, durch die spezifischen Fähigkeiten, Marktanteile hinzuzugewinnen.

---

[162] Vgl. www.inventool.de ,S.1 (Stand: 04.08.2012)

[163] Vgl. www.controlling-wiki.com (Stand: 04.08.2012)

Das Unternehmen sollte außerdem die Marktentwicklung genauestens beobachten. Gerade in Bezug auf die Konkurrenz und die Marktentwicklung können die sozialen Netzwerke sehr nützlich sein. Damit ein Unternehmen seinen Markt definieren kann muss es wissen, wo seine Stärken liegen, wer die Nachfrager sind, welche Zielgruppe anvisiert wird und was die Wettbewerber machen.

Ist das Unternehmen im Business-to-Consumer (B2C) Marketing tätig, bietet es sich an, Massenmarketing zu betreiben, um möglichst viele potentielle Kunden zu erreichen. Die Massenmedien: YouTube, Twitter und Facebook können dem Unternehmen dabei helfen im Massenmarketing die Reputation einer Marke zu bekräftigen und gleichzeitig Aufmerksamkeit zu erzeugen.

Wenn das Unternehmen im Business-to-Business (B2B) Marketing tätig ist bietet es sich an, Individualmarketing zu betreiben. Dabei stehen die individuelle Preisgestaltung, die individuelle Kundenansprache, die Betreuung der Kunden und die Informationen über Produkte im Vordergrund.[164] Nach der genauen Analyse kann nun der Markt segmentiert und die Zielgruppe definiert werden.

Marktsegmentierungskriterien im B2C Marketing sind die Eigenschaften der konsumentengeografischen, -demografischen, -sozioökonomischen und -psychografischen Kriterien sowie das Kauf- und Verwendungsverhalten der Konsumenten.[165]

Marktsegmentierungskriterien im B2B Marketing sind, die Branche, die Beschaffungsstrukturen innerhalb der ausgewählten Zielgruppe, regionale Kriterien und Merkmale die von den Unternehmen angesprochen werden möchten, wie Umsatz oder Mitarbeiterzahl.[166]

5.3 Zieldefinition

Im nächsten Schritt sollte das Unternehmen anhand der zuvor vorgenommenen Zielgruppenanalyse die Ziele klar definieren, die es mit einer SM-Kampagne erreichen möchte. In Kapitel 3 wurden schon einige Ziele vorgestellt, die Unternehmen mit SMM verfolgen.

---

[164] Vgl. Heymann-Reder 2011, S.86-92
[165] Vgl. www.teialehrbuch.de, (Stand. 06.08.12)
[166] Vgl. Heymann-Reder 2011, S.87

Zur Konkretisierung der Ziele bietet es sich an, einen Workshop einzuführen, bei dem eine Zielmatrix erstellt werden kann. Abbildung 26 zeigt beispielhaft eine mögliche Zielmatrix. In der ersten Zeile werden die möglichen Ziele aufgelistet und in der ersten Spalte die Abteilungen innerhalb des Unternehmens. Danach erfolgt eine ABC-Priorisierung, bei der die Meinungen der Abteilungen mit den jeweiligen Zielen bewertet werden. A steht für besonders wichtig, B für wichtig und C für weniger wichtig.

	Mehr Traffic auf Homepage	Verbessertes Suchmaschinenranking	Reputationsmanagement	Mehr Umsatz für Produkte/ Leistungen	Meinungsführerschaft erlangen	Weitere Ziele ...
GF	A	C	B	B	B	...
Marketing	A	A	A	A	A	
PR	A	B	A	C	B	
Vertrieb	A	B	A	B	C	
Außendienst	A	C	A	A	B	
Mitarbeiter	...	...	...	...	...	
...	...					

Abbildung 26: Zielmatrix[167]

Um ein Ziel richtig ableiten zu können bietet es sich für Unternehmen an, die Perspektive der Kunden einzunehmen und dadurch herauszufinden, was der Kunde möchte. Deshalb sollten zuerst die qualitativen Ziele definiert werden im Sinne eines Dialogaufbaus und Fragen wie:[168]

- Haben Ihre Kunden schon einmal im Social Web über Ihr Produkt gesprochen?

- Gibt es hohen Kommunikationsbedarf?

- Existieren bereits spezielle Foren oder Seiten über Ihr Produkt? Worüber tauschen sich die User dort aus?

- Gibt es Meinungsführer, Markenliebhaber und Influencer? Was schreiben oder kritisieren sie?

- Was halten die Kunden von Ihrem Kundenservice?

- Wo kaufen Ihre Kunden Ihre Produkte online?[169]

---

[167] Vgl. www.social-network-marketing.info, S.71 (Stand: 06.08.2012)
[168] Vgl. Grabs, Bannour 2011, S.64-65
[169] Grabs, Bannour 2011, S.65

Nachdem man sich mit den qualitativen Zielen beschäftigt hat, folgen nun die quantitativen Ziele. Die SMART-Methode kann dem Unternehmen bei der Zielsetzung helfen. SMART ist eine Abkürzung, jeder Buchstabe steht für ein Merkmal. Die Ziele müssen

S – spezifisch

M – messbar

A – akzepticrt

R – realisierbar

T – terminierbar

sein. Dies bedeutet, dass die Ziele eindeutig definiert sein müssen, und nicht nur andeutungsweise. Es muss deutlich werden, was mit den Zielen beabsichtig wird. Des Weiteren müssen die Ziele messbar und von den Empfängern akzeptiert werden, d.h. auch attraktiv und anspruchsvoll sein. Die Ziele müssen umsetzbar und auch bis zu einem gewissen Zeitpunkt erreicht sein.[170]

5.4   Projektteam

Nachdem nun das Unternehmen die Ziele definiert hat folgt im weiteren Schritt die Frage nach der Umsetzung der SM-Aktivitäten in Bezug auf die Ressourcen bzw. der Mitarbeiter. Dabei hat das Unternehmen die Möglichkeit, die Aktivitäten mit den eigenen Mitarbeitern durchzuführen oder aber zu outsourcen.[171]

Unternehmen können nun einen internen SM-Koordinator einsetzen, der den kompletten Einsatz des SM-Engagements im Überblick hat. Er übernimmt die Organisation im Internet, kontrolliert die Arbeiten und überprüft die Ergebnisse. Darüber hinaus können Unternehmen einen SM-Berater einsetzen, die von vielen Agenturen zur Verfügung gestellt werden. Dieser hilft bei der Strategieentwicklung, bei der Zusammenstellung der SM-Kampagne und bei der richtigen Auswahl von Tools. Auch im Bereich des Monitorings sind SM-Berater aktiv. Empfehlenswert wäre es, die SM-Aktivitäten selbst durchzuführen, denn meistens geht die Einstelllung eines SM-Beraters zur

---

[170] Vgl. www.b2b-social-media-marketing.de, (Stand: 06.08.2012)
[171] Vgl. Weinberg 2010, S. 58

Lasten der Authentizität.[172] Das Unternehmen sollte auf keinen Fall auf Schulungen verzichten und die Mitarbeiter auf die SM-Aktivitäten vorbereiten. Auch ist ein Training bei externen Beratern nötig, denn jedes Fehlverhalten kann zum Imageschaden führen und erhebliche Kosten verursachen.[173]

Deshalb sollten sogenannte SM-Guidelines (Spielregeln) für die Mitarbeiter festlegelegt werden, damit diese wissen, was erlaubt ist und was nicht. Diese Guidelines klären die Mitarbeiter über mögliche Rechte und Pflichten auf. Wie oben erwähnt, ist es gerade am Anfang wichtig neben diesen Guidelines auch Schulungen für die Mitarbeiter durchzuführen und sie auch über Datenschutz und Urheberrecht aufzuklären.[174]

5.5 Kanalauswahl

Wenn die Ziele festgelegt sind und die SM-Strategie in groben Zügen steht ist es nun an der Zeit die richtige Auswahl der geeigneten Plattform zu treffen. Abhängig von der SM-Strategie gibt es drei verschiedene Ansätze, den **reaktiven**, den **proaktiven** und den **passiven Ansatz**. Der proaktive Ansatz verspricht dabei den längerfristigen Erfolg und ermöglicht es SM in viele Unternehmensbereiche, wie Marktforschung, Verkauf aber auch Kundenservice einzubinden. Beim proaktiven Ansatz bemüht sich das Unternehmen aktiv und freiwillig eine Beziehung zu den Kunden durch soziale Netzwerke oder einen Firmenblog aufzubauen. Proaktiv bedeutet ebenfalls, den Kunden in den Produktionsprozess einzubeziehen und aktiv daran zu beteiligen (Crowdsourcing). Beim reaktiven Ansatz hingegen reagiert das Unternehmen nur bei Bedarf und ist eher durch ein zurückhaltendes Verhalten gekennzeichnet. Das Unternehmen reagiert auf Meinungen und Inhalte und versucht negative und Aussagen und Inhalte zu verhindern. Der reaktive Ansatz eignet sich deshalb nur für die ersten Anfänge im Bereich des SM. Der passive Ansatz dient nur zur Beobachtung und ist kein eigenständiges Strategiekonzept. Damit soll die Kommunikation kontrolliert werden und bei Negativaussagen evtl. ein Eingriff vorgenommen werden.[175]

---

[172] Vgl. Grabs, Bannour 2011, S.70,76,78-79,

[173] Vgl. Weinberg 2010, S. 85

[174] Vgl. www.online-marketing-silbermann.de, (Stand. 07.08.2012)

[175] Vgl. Grabs, Bannour 2011, S.66-68

Nachfolgende Tabelle zeigt einen Vergleich der ausgewählten SM Kanäle zur Erreichung des Ziels der proaktiven Kommunikation.

Instrumente	Zielstellung			
	Streuung von Informationsinhalten	Tiefergehende Informations-vermittlung	Vermittlung von Emotionen	Nutzerengagement und -integration
Mikroblog	+ + +	+	+	+ +
Weblog	+	+ + +	+ +	+ +
Soziale Netzwerke	+ +	+	+ +	+ + +
Podcast	+	+ + +	+ + +	+
Audioplattformen	+	+ + +	+ + +	+ +
Social Bookmarking	+ + +	+	+	+ +
Wiki	+	+ + +	+	+ + +

Abbildung 27: SMM-Kanäle zur Erreichung eines Ziels[176]

+ + + sehr gut möglich

+ + gut möglich

+ möglich

Der Twitter Kanal und die Einbeziehung von Social Bookmarking eignen sich besonders gut, wenn das Ziel die Streuung von Informationsinhalten ist. Steht die tiefergehende Informationsvermittlung im Vordergrund, eignet sich der Einsatz von Weblogs, Podcasts oder auch die Videoplattformen, die z.B. der Erstellung eines eigenen YouTube Channels dient. Auch die Einrichtung eines Wikis wäre sehr gut möglich. Möchte das Unternehmen Emotionen vermitteln ist die Nutzung von Audioplattformen vorteilhaft, auch Video-Podcasts können

---

[176] Eigene Darstellung in Anlehnung an: Hettler 2010, S.176

sehr gut Emotionen hervorrufen. Demzufolge kann zum Einen persönliche Bindung und menschliche Nähe zu den Konsumenten hergestellt werden und zum Anderen die Marke gestärkt werden. Für Unternehmen die sich als Ziel gesetzt haben, dass User eigene kreative Inhalte veröffentlichen, ergeben sich viele Möglichkeiten in den sozialen Netzwerken, wie z.B. auf einer Marken Fanseite. In Bezug auf das Nutzerengagement eignen sich auch besonders Wikis.

5.6 Präsenzaufbau

Im nächsten Schritt sollte nun die Planung der Inhalte vorgenommen werden Diese Phase der SM-Strategie wird auch als Content–Management bezeichnet. Wichtig dabei ist, dass der Inhalt dem Anbieter einen Mehrwehrt und einen Nutzen verschafft. Der Nutzer muss ebenfalls von den Inhalten profitieren, wenn er sich dem Inhalt als Fan, Follower oder Leser erweist. Dabei sollte der Inhalt keinen reinen Werbecharakter darstellen.[177] Das Unternehmen muss folgende Fragen beantworten:

- Welche Art von Inhalten will man publizieren?

- Mit welchen Themengebieten beschäftigt sich das Unternehmen?

- Wann und wie oft will man die Inhalte veröffentlichen?

- Wer ist für die Inhalte zuständig?

- Wie ist die Verteilung der Inhalte organisiert?[178]

Das Unternehmen muss den Nutzern gute Inhalte bieten, denn gerade die junge Generation bevorzugt eher witzige und humorvolle Inhalte in Form von Bildern und Videos während der Anwalt wohl eher Untersuchungsberichte lesen wird. Deshalb ist es wichtig, die Inhalte nach den Präferenzen der User zu verbreiten. Der Empfängernutzen und das Erreichen der eigenen Kommunikationsziele sollten vorrangig sein.[179]

Zum Schluss erfolgt dann noch die Erfolgskontrolle, die im nächsten Kapitel ausführlich erläutert wird.

---

[177] Vgl. Hettler 2010, S. 153, 175-177

[178] Vgl. Scott 2010, S.195-197

[179] Vgl. Weinberg 2010, S.42

6   Social Media Monitoring und Controlling

Oftmals wird das SM-Monitoring in den Unternehmen vernachlässigt. Dabei ist das Social Monitoring ein bedeutsamer Abschnitt einer SMM-Strategie. Das SM-Monitoring kann sowohl von kleinen als auch von KMU´s oder Großunternehmen durchgeführt werden. Damit das Unternehmen frühzeitig korrigierend eingreifen kann, sollte das SM-Monitoring nicht nur am Anfang einer SM-Aktivität, sprich bei der Zielgruppenanalyse und am Ende, zur Überprüfung der Zielerreichung stattfinden, sondern auch jeden Schritt der Strategie laufend begleiten. Daher stellt das Social Monitoring einen laufenden Prozess dar.[180] Beim SMM-Monitoring geht es um die Beobachtung von Kommunikation zwischen Usern und Meinungen im Social Web. Das Social Monitoring wird auch als Web Monitoring bezeichnet und beschäftigt sich mit dem Analysieren und Erheben von Daten, die aus der Kommunikation der einzelnen User im Internet gewonnen werden. Es wird einem Unternehmen nicht gelingen, durch allgemeines Web Monitoring diese Daten zu analysieren und auszuwerten, deshalb bietet sich hierfür das spezielle Web Monitoring für soziale Netzwerke an.

Ein Unternehmen kann mit dem Monitoring herausfinden, was die Mitarbeiter, die Geschäftspartner und auch die Konkurrenz über das Unternehmen und die Produkte denken. Auch die Erfolgsmessung der Internetaktivitäten können mithilfe des Monitorings überprüft werden. Es erkennt rechtzeitig PR Krisen und hilft, diese zu lösen. Auch im Bereich der Marktforschung kann das Monitoring hilfreich sein.

In Bezug auf die Forschung, das Beobachten und Analysieren sollte das Monitoring jedoch von Experten durchgeführt werden, um auch evtl. die richtigen Konsequenzen ziehen zu können. Aus der Informationsflut die wichtigsten Informationen herauszufiltern, stellt für die Unternehmen eine Herausforderung dar. Kostenfreie und kostenpflichtige Tools können dabei das Unternehmen unterstützen.[181]

Einige kostenfreie Tools werden nun vorgestellt.

Mithilfe der Verwendung von Suchmaschinen wie bspw. Google, Yahoo oder Bing und die damit verbundene Suche mithilfe von Keywords, wie

---

[180] Vgl. Grabs, Bannour 2011, S. 101
[181] Vgl. www.socialmedia24.eu, (Stand: 06.08.2012)

Markennamen, Produkt oder Branche haben die Unternehmen die Chance die Anzeige der Treffer und die Rangfolge für das Monitoring zu verwenden.

Mit Google Alerts kann sich das Unternehmen einen Überblick darüber verschaffen, auf welchen Seiten über das Produkt oder das Unternehmen gesprochen wird. Durch die Eingabe von Begriffen, und Firmennamen wird das Web durchsucht und das Unternehmen wird per Mail über neue Veröffentlichungen informiert. Wichtig hierbei ist, dass der Suchbegriff eng gefasst wird, um nicht von vielen unnötigen Informationen überflutet zu werden.

Ein weiteres Tool ist **Google Trends**, das grafisch anzeigt, wie viel nach einem Begriff gesucht wurde. Dieses Tool ist besonders hilfreich bei der Analyse von Marken und Produkten des Unternehmens oder auch beim Analysieren der Wettbewerber. Durch diese direkten Vergleiche der Suchbegriffe, kann das Unternehmen schnell Trends erkennen und Zusammenhänge zwischen den Begriffen herleiten.

Google Insights ist eine Erweiterung von Google Trends. Google Insights ermöglicht es Unternehmen für Begriffe, denen mehrere Bedeutungen zugemessen werden, einen Suchfilter zur Verfügung zu stellen und ermöglicht dadurch genauere Ergebnisse.

Wenn Unternehmen speziell in den Sozialen Netzwerken suchen möchten, dann bietet sich das sogenannte **Social Mention** an. Die Ergebnisse werden aufgelistet und das Verhältnis zwischen positiven und negativen Einschätzungen angezeigt.

Mit der Eingabe von Markennahmen, durchsucht **Social News** die Onlinenachrichten, nach Relevanz oder nach Datum.[182]

„Facemeter.de" vergleicht verschiedene Fanseiten. Das Wachstum der Fans und deren Wechselbeziehung werden kategorisiert und analysiert.[183] Wenn man bei „topsy.com" ein Keyword eingibt, dann liefert die Twitter Suchmaschine Ergebnisse mit jenen Twitter Beiträgen. Die Strukturierung erfolgt nach Tweets und Links.[184] Den Unternehmen werden noch mehrere Tools zur Verfügung

---

[182] Vgl. Hettler 2010, S.84-89
[183] Vgl. www.netzkommunikation.net, (Stand: 06.08.2012)
[184] Vgl. Grabs, Bannour 2011, S.108

gestellt. Die eben vorgestellten stellen nur einen kleinen Überblick der wichtigsten dar.

Neben den kostenlosen Tools, ist es für Unternehmen unumgänglich auf professionelle kostenpflichtige Tools zurückzugreifen. „Die Vorteile dieser Tools liegen meistens in der größeren Vielfalt an Filtern, der besseren Aufbereitung der Daten und in umfangreicheren Statistiken. Dadurch können Themen und Meinungsführer besser identifiziert, die Online-Reputation von Personen im Unternehmen ermittelt und die Reichweite von Autoren genau gemessen werden."[185] Mithilfe dieser Tools können Unternehmen Meinungsführer identifizieren, Das Image des Unternehmens überprüfen und die Reichweite von Autoren exakt bestimmen. Einige der kostenpflichtigen Tools bieten eine Testversion an, damit die Unternehmen eine gründliche Entscheidung vor dem Kauf treffen können. Einige Tools sind z.B. **buzzstream.com, www.radian6** und **massklusive.com.**[186]

Für Unternehmen wird es schwer sein, den Einsatz und das Engagement in den sozialen Medien zu messen und auch quantitativ darzustellen. Um den Erfolg einer Aktivität messen zu können, müssen die Unternehmen Ziele definieren. Mithilfe von Kennzahlen können diese Ziele gemessen werden. Die Kennzahlen werden Key Performance Indicator (KPI) genannt und ermöglichen dadurch den Erfolg durch den ROI (Return On Investment) einer SMM-Aktivität zu schätzen. Einige KPI´s werden nun im Folgenden vorgestellt.

Die Reichweite eines Projekts kann mit dem Share of Voice (SOV) = Markenerwähnungen / Gesamterwähnungen {Marke + Konkurrent A, B, C…n} erreicht werden. Dieser vergleicht die in einer SM-Kampagne erreichten Kontakte, mit den Kontakten der Konkurrenz. Er gibt also den prozentuellen Anteil der Kontakte einer Marke oder eines Produktes an.[187]

Über die Anzahl der Kommentare in Bezug auf die Artikel und die weitergesendete Links gibt Audience Engagement (Zielgruppenmanagement) = {Anzahl der Kommentare + Shares + Links} / Anzahl der Views Auskunft.[188]

---

[185] Grabs, Bannour 2011, S.112-113
[186] Vgl. Grabs, Bannour 2011, S.113
[187] Vgl. Grabs, Bannour 2011, S.97-98
[188] Vgl. www.social-media-monitoring.blogspot.de, (Stand: 06.08.2012)

Die Diskussionsreichweite (Conversation Reach) beschreibt das Verhältnis der aktiven Nutzer zu der Gesamtzahl aller Nutzer.[189] Mithilfe eines Monitoringprogramms kann das Unternehmen in Bezug auf **Traffic** Informationen darüber erhalten, wie viele Klicks man auf der Webseite in einem Zeitraum im Vergleich zu einem anderen Zeitraum erzielt hat.[190]

Die Kennzahlen Aktive Markenfans (Active Advocates) = Anzahl der aktiven Markenfans (letzten 30 Tage) / Summe aller Markenfans, Einfluss der Markenfans (Advocate Influence) = einmaliger Einfluss von Markenfans/ Summe aller Einflüsse von Markenfans, Markenfan-Effekt (Advocacy Impact) = Anzahl aller von Markenfans initiierten Diskussionen / Summe aller Markenfans, Stimmungs-Barometer (Sentiment Ratio) = {Positive : Neutrale : Negative Markenerwähnungen) / Summe aller Markenerwähnungen und der Ideen-Effekt (Idea Impact) = Summe aller positiven Kommentare, Erwähnungen, Teilungen, Likes / Summe aller Kampagnendiskussionen, Erwähnungen, Teilungen, Likes geben Auskunft darüber ob im Internet genügend über das Unternehmen gesprochen wurde und die Kommunikation einen positiven Verlauf zu verzeichnen hat.[191]

Des Weiteren sollten die Conversions und Transactions nicht außer Acht gelassen werden. Diese geben Auskunft darüber, ob sich ein User nachdem er die Webseite besucht hat, sich zu einem Käufer entwickelt hat. Es kann gemessen werden, wie viele User z.B. Newsletter bestellt haben (Conversions) und wie viele direkt einen Kauf durchgeführt haben (Transactions).[192]

Als Werkzeug der Erfolgsmessung eignet sich die Social Media Balance Scorecard (SMBC). Neben den finanziellen werden auch die nicht- finanziellen Aspekte eines Unternehmens beleuchtet. Zu diesen zählen die Zufriedenheit der Kunden und Mitarbeiter und das Image. Zu den klassischen Perspektiven der Balance Scorecard werden nun die Perspektiven des SMM hinzugenommen.[193] Mithilfe der SMBC können die in der SMM-Strategie aufgestellten Ziele kontrolliert werden. Dafür benötigt man neben der finanziellen Perspektive auch die Kundenperspektive. Mit der dritten Perspektive werden Prozesse erstellt. In

---

[189] Vgl. Grabs, Bannour 2011, S.98
[190] Vgl. www.mba-berlin.de, Seite 28 (Stand: 06.08.2012)
[191] Vgl. Grabs, Bannour 2011, S.98
[192] Vgl. www.mba-berlin.de, Seite 28 (Stand: 06.08.2012)
[193] Vgl. Heymann-Reder 2011, S.95-96

der letzten Perspektive konzentriert man sich auf das Lernen und Entwickeln. Das Unternehmen muss für jede Perspektive Ziele formulieren und mit den dazugehörigen KPI´s ergänzt werden.[194] Die nachfolgende Tabelle zeigt die mögliche Umsetzung von Strategischen Zielen in Kennziffern. Nach der Zielsetzung kann aus dieser Tabelle dann eine Balance Scorecard erstellt werden

Strategische Ziele	Maßnahmen	KPI´s	Berechnungsformel der KPI´s
Markenpflege und- präsenz	Den Dialog beleben	Anteil eines bestimmten Themas am Gesamtvolumen der Konversationen (Share of Voice) in % pro Periode	Brand Mentions / (Total Mentions (Brand + Competitor A,B,C…n))
		Interaktionsgrad pro Beitrag (Audience Engagement)	Comments and Shares and Trackbacks) / Total Views
		Aktive (interagierende) Nutzer im Verhältnis zur Gesamtanzahl erreichter Nutzer der (Conversation Reach)	Total People Participating / Total Audience Exposure
	Förderung von Markenbotschaftern (Promote Advocacy)	Aktive Markenbotschafter pro Periode (Active Advocates)	n of Active Advocates (past 30 days) / Total Advocates
		Einfluss der Markenbotschafter (Advocate Influence)	Unique Advocate's Influence / Total Advocate Influence

---

[194] Vgl. www.scribd.com, S. 5-7 (Stand: 09.08.2012)

		Wirkungsgrad der Markenbotschafter (Advocacy Impact)	Number of Advocacy Driven Conversions / Total Volume of Advocacy Traffic
Kundenzufrie denheit garantieren	Kundendienst vereinfachen (Facilitate Support)	Anzahl der gelösten Kundendienstanfragen/ Zeiteinheit (Resolution Rate)	Total # Issues Resolved Satisfactorily/ Total # Service issues
		Dauer, bis Kundendienstanfrage gelöst wurde (Resolution Time)	Total inquiry Response Time/ Total # Service Inquiries
		Grad der Kundenzufriedenheit (Satisfaction Score)	Customer Feedback (input A,B,C,…n)/ All Costumer Feedback

Abbildung: 28: Umsetzung von strategischen Zielen in Kennziffern[195]6   Social Media Marketing Kampagnen in der Praxis

7   Social Media Marketing Kampagnen in der Praxis

Im folgenden Kapitel werden SMM-Kampagnen von Unternehmen vorgestellt, die unterschiedlicher nicht sein könnten. Viele Unternehmen versuchen mittlerweile, im SMM aktiv zu sein. Dies lässt sich auch an Hand der positiven Erfolge zahlreicher Unternehmen bestätigen. Es gibt aber auch Unternehmen, die den Schritt des SMM gewagt haben, aber trotzdem gescheitert sind. Deshalb sollte man sich gut vorbereiten und informieren, bevor man SMM gezielt einsetzt.

---

[195] Eigene Darstellung in Anlehnung an: www.mba-berlin.de, S.14-15 (Stand: 06.08.2012)

Das Positivbeispiel zeigt, welche Erfolge ein Unternehmen mit einer SMM-Strategie erzielen kann. Das SMM eignet sich sowohl für Großunternehmen als auch für KMU´s. Starbucks hat in Bezug auf SMM große Erfolge zu verzeichnen. Starbucks bedient sich vieler SM-Angebote auf Facebook, Twitter, und Flickr und führen auch einen eigenen Blog, namens „My Starbucks Idea".

Starbucks, einer der größten Kaffeehersteller, legt großen Wert auf die Bedürfnisse, Wünsche und Vorlieben seiner Kunden. Starbucks stärkt zum einen die Kundenbindung und gewinnt immer neue Kunden dazu.

Starbucks nutz einen umfangreichen SM-Mix. Das Unternehmen engagiert sich in den USA auf sieben SM-Plattformen. Starbucks setzte zuerst Crowdsourcing ein und ermöglichte durch die Eröffnung des Blogs „My Starbucks Idea" den Usern eigene Vorstellungen und kreative Ideen einzubringen und Verbesserungsvorschläge über Produkte zu geben. Diese können dann von anderen Nutzern bewertet und verbessert werden. Die beliebtesten Ideen werden dann von den Starbucks Mitarbeitern auf Umsetzbarkeit überprüft.

Danach engagierte sich Starbucks in Facebook, wurde zu einer der erfolgreichsten Marke und verzeichnet heute über 25. Mio. US-Facebook-Fans, die gerade durch die SM-Aktionen profitieren. Der Erfolg von Starbucks auf Facebook ist zum einem dem internationalen Auftritt zu verdanken und zum anderen Kampagnen, wie die Halloween Kampagne oder auch wie die Starbucks Gift Card.

Starbucks bedient sich neben Facebook auch an zwei Twitter-Accounts. Diese Twitter-Accounts werden hauptsächlich für Kundenanfragen und Beantwortung genutzt. Auch ist Starbucks auf YouTube mit einem eigenen Kanal („Starbucks Coffee") vertreten und ist mit einer nicht unbeträchtlichen Anzahl an Seitenaufrufen und Downloads sehr erfolgreich.

Bedeutung gewinnen zurzeit auch die Starbucks Apps, die z.B. den Usern zeigen, wo sich die nächste Filiale befindet und ob diese noch Mitarbeiter sucht. Starbucks nimmt auch an Umweltschutzaktionen teil und im „Shared Value Blog" geht es um Themen wie Umwelt, Gemeinschaft und Nachhaltigkeit. Starbucks möchte weniger das Produkt bewerben sondern eher die Beziehung zu den Kunden aufbauen und diese fördern. Viele Pinnwandeinträge sind deshalb weniger produktbezogen, sondern eher mit Beiträgen aus dem täglichen Leben, wie Liebe, Freundschaft, Umwelt u.s.w. gefüllt. Für das Weihnachtsgeschäft 2011 hatte Starbucks eine mobile App, namens „Cup Magic" angeboten, bei der der Nutzer die Chance hatte an einem Gewinnspeil teilzunehmen. Die Kunden von Starbucks glauben an die Marken und das Unternehmen. Dies zeigt auch die verdoppelte Umsatzsatzsteigerung von 2009 bis 2012 auf 946 Millionen Dollar. Grund für den Erfolg lautet „Authentizität und Kundenbindung".

Die folgende Abbildung zeigt den Marketingkreislauf von Starbucks auf Facebook.[196]

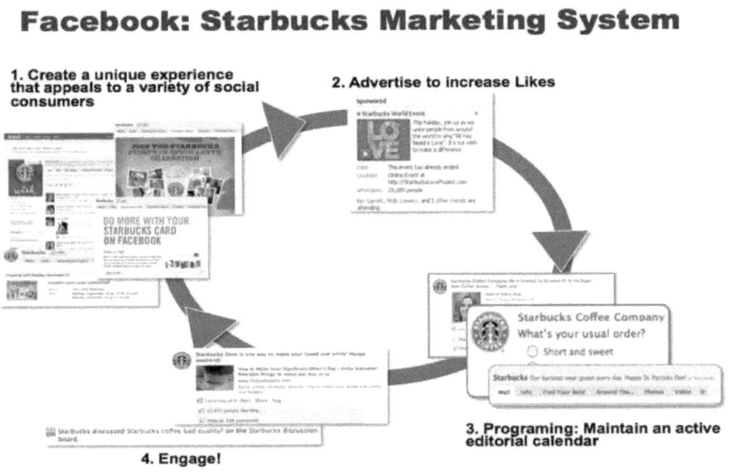

Abbildung 29: Starbuck Circle von Brian Solis[197]

1. Durch interessante und attraktive Aktionen werden die Fans auf die Seite angesprochen

2. Die Likes steigern durch gezielte Werbeanzeigen

3. Die profitabelsten und die von den Usern beliebtesten Inhalte werden veröffentlicht. Somit werden die User animiert Empfehlungen zu geben

4. Die Fans kommunizieren miteinander, kommentieren Beiträge und nehmen an Diskussionen teil

---

[196] Vgl. www.mba-berlin.de, S.32-33 (Stand: 08.08.2012), ähnlich gesehen auch bei: Vgl. www.socialmedia24.eu, S.9-12 (Stand: 08.08.2012)
[197] www.write2starostin.typepad.com, (Stand: 08.08.2012)

Dieses System hat ebenfalls zum Erfolg von Starbucks beigetragen. Nur Facebook, Coca Cola und YouTube können mehr Fans als Starbucks verzeichnen.

7.2 Social Media Marketing Negativbeispiel: Nestlé

Die SMM-Strategie von Nestlé zeigt im Gegensatz zu Starbucks, wie ignorantes Verhalten in Bezug auf unzufriedene Kunden einem Unternehmen zum Verhängnis werden kann.

2010 veröffentlichte die Umweltschutzorganisation Greenpeace auf YouTube ein schockierendes Video „Give orang utans a break", eine Parodie auf den KitKat Schokoriegel Slogan „Have a break have a kitKat", das Nestlé wegen Beteiligung an der Zerstörung des indonesischen Regenwaldes durch den Kauf von Palmöl in die Schranken weisen sollte. Es wurde kritisiert, dass durch die Herstellung mit Palmöl der für die vom Aussterben bedrohten Orang Utans lebenswichtig sind. Das in YouTube gestellte Video zeigte einen Büroarbeiter, der einen KitKat Riegel isst. Der Riegel sieht allerdings aus wie ein Affenfinger und ist kein Schokoriegel. Mit dem Video wollte Greenpeace Nestlé dazu bewegen, kein Palmöl mehr von einem indonesischen Lieferanten zu beziehen.

Greenpeace erreichte mit dieser Kampagne sehr schnell viel Aufmerksamkeit und Nestlé konnte sich vor negativen Kommentaren in YouTube und anderen Plattformen nicht retten. Der Protest fand nicht nur Online statt sondern wurde auch auf der Straße weitergeführt.

Nestlé hingegen hatte auf diese Vorwürfe und Entsetzungen nicht angemessen reagiert. Die Firma ließ aufgrund von Urheberrechtsverletzungen das Video auf YouTube entfernen und erreichte auch die Löschung der Kommentare auf den anderen Plattformen. Die erfolgreiche Löschung des Videos führte jedoch dazu, dass erst recht die Verbreitung der Videos und Kommentare rapide zunahm. Insbesondere die Facebook-Seite von KitKat wurde von negativen Kommentaren nur so überhäuft. Auf Twitter reagierte das Unternehmen in keinster Weise. Nestlé löschte daraufhin die negativen Kommentare. Daraufhin verstärkten sich immer mehr die Proteste. Dieser Verlauf wird auch als Streisand Effekt bezeichnet. Wenn ein Unternehmen Inhalte und Kommentare im Netz löscht und die Verbreitung von Inhalten verhindert, bewirkt dies eher den gegenteiligen Effekt und die gelöschten Inhalte werden noch viel interessanter. Auch der Moderator der Fanpage von Nestlé reagierte unangemessen, ging nicht auf die Kommentare der User ein und beharrte auf der Richtigkeit des

Vorgehens von Nestlé. Binnen 2 Monaten unterstützten eine viertel Million Menschen die Kampagne von Greenpeace. Es wurde Demonstrationen vor den Büros von Nestlé auf den Straßen organisiert. Nestle entschied sich daraufhin, mit den Fans in Diskussionsforen zu sprechen, entschuldigte sich auf der offiziellen Fanpage bei den Nutzern und stellte einen Plan gegen die Abholzung und für einen nachhaltigen Palmölanbau vor.

Dieses Beispiel zeigt, dass Nestlé die Verbreitung von Videos und Nachrichten vollkommen unterschätzt hat. Das schlechte Management der sozialen Medien, das Nichtkommunizieren mit den Usern und das ignorante Verhalten, haben zumindest über einen kurzen Zeitraum das Image des Unternehmens erheblich geschadet. Durch das Löschen der Kommentare, hat Nestlé die Fans nur noch wütender gemacht und trieb sie dazu, noch mehr Videos und Kommentare zu verbreiten.[198]

8   Fazit und Ausblick

Überall wo man hinschaut findet man heute soziale Netzwerke. Nicht nur unter privaten Personen ist SM ein Thema, auch immer mehr Unternehmen setzen SMM gezielt ein. Vor einigen Jahren fragte man Personen noch nach Handy-Nummern, heute wird gefragt: „Bist du in Facebook oder WKW?" Für Unternehmen ist dies eine große Chance, sich dort zu präsentieren, wo sich die meisten potentiellen Kunden aufhalten.

SMM ist keine kurzfristige Kampagne, sondern ein langwieriger Prozess, der einer speziellen Planungsvorbereitung bedarf. Das Unternehmen muss zuhören, analysieren, Ziele definieren und die Kanäle auswählen, die für sie in Frage kommen. Es muss ein Team zusammengestellt werden (Mitarbeiter, Beratungsagenturen, Management), das langfristig an die neue Kommunikationsstrategie herangeführt wird. Auch die Erfolgskontrolle und -messung ist ein entscheidender Faktor, der sich jedoch als äußerst schwierig herausstellt.

Einem Unternehmen, das sich für SM entscheidet, muss klar sein, dass es einen Kontrollverlust hinzunehmen hat. In der heutigen Zeit übernehmen die Kunden

---

[198] Vgl. Grabs, Bannour 2011, S.49-50, ähnlich gesehen bei: Vgl. www.mba-berlin.de, S.33-34 (Stand: 08.08.2012)

die Macht, sie entscheiden, bewerten und kommentieren. Deshalb sollten Unternehmen die Chancen und Risiken genau abwägen. SM kann die Personalrekrutierung steigern, die Reputation fördern, die Markenbekanntheit erhöhen etc. Trotzdem sollten auch die Nachteile, wie Datenkriminalität, die Verbreitung von Falschinformationen und die negative Reputation nicht außer Acht gelassen werden. Unternehmen sind oftmals negativer Kritik ausgesetzt. Mit angemessener Reaktion und Stellungnahme kann ein Unternehmen dieser entgegenwirken. Unternehmen müssen strategisch vorgehen, sich explizit auf die Kundenwünsche einlassen, sich im Web transparent zeigen und einen Mehrwert für die Zielgruppe schaffen.

Viele Unternehmen haben mittlerweile den Schritt in den SM-Dschungel gewagt, die einen erfolgreich, die anderen mit mäßigem Gelingen. Mit Sicherheit werden auch weitere Unternehmen SM in ihren Unternehmensalltag integrieren und gezielt Marketing betreiben. Unternehmen setzen sich mit Chancen, aber auch mit Risiken auseinander, die bewältigt werden müssen. Je eher Unternehmen diese erkennen und verstehen lernen, desto einfacher wird es sein, dem unglaublich schnellen Fortschritt folgen zu können. Das Potential sehen viele Unternehmen vor allem in den mobilen Endgeräten, insbesondere in den Smartphones, die noch lange nicht ausgeschöpft sind. Diese werden die Verbreitung von SM noch mehr beschleunigen, da viele User die sozialen Netzwerke von unterwegs gerne nutzen. SM ist schon lange kein Trend mehr, der von vielen Kritikern vorhergesagt wurde. SM ist ein mächtiger Kommunikationskanal der ständig am Wachsen ist.

Natürlich kann es auch sein, dass die eine oder andere SM-Plattform in ein paar Jahren nicht mehr existieren wird, aber das Bedürfnis nach Kommunikation und Information wird weiter wachsen.

Literaturverzeichnis

Printquellen

Bauer, Hans H.; Große-Leege, Dirk; Rösger, Jürgen: Interactive Marketing im Web 2.0+. Konzepte und Anwendungen für ein erfolgreiches Marketingmanagement im Internet. 2. Auflage.: Franz Vahlen, 2012

Grabs, Anne; Bannour, Karim-Patrick:Media Marketing. Strategie-Maßnahmen für Facebook, Twitter, XING und Co. 1. Aufl. Bonn: Galileo Press, 2011

Grabs, Anne; Bannour, Karim-Patrick: Follow me! Erfolgreiches Social Media Marketing mit Facebook, Twitter und Co. 2. Aufl. Bonn: Galileo Press, 2012

Hettler, Uwe: Social Media Marketing. München: Oldenbourg, R/CVK, 2010

Heymann-Reder, Dorothea : Social-Media-Marketing. Erfolgreiche Strategien für Sie und Ihr Unternehmen. München, Boston, Mass. [u.a.]: Addison-Wesley, 2011

Hilker, Claudia: Social Media für Unternehmer. Wie man Xing, Twitter, Youtube und Co. erfolgreich im Business einsetzt. Wien: Linde, 2010

Knappe, Martin; Kracklauer, Alexander H.: Verkaufschance Web 2.0. Dialoge fördern, Absätze steigern, neue Märkte erschliessen. 1. Aufl. Wiesbaden: Gabler, 2007

Kotler, Philip; Schellhase, Ralf: Grundlagen des Marketing. 5. Aufl. München [u.a.]: Pearson Studium, 2011

Langner, Sascha: Viral-Marketing. Wie Sie Mundpropaganda gezielt auslösen und Gewinn bringend nutzen. 2. Aufl. Wiesbaden: Gabler, 2007

Roebers, Frank: Web 2.0 im Unternehmen. Theorie & praxis – Ein Kursbuch für Führungskrafte. [S.l.]: Tredition Gmbh., 2010

Schwencke, Thomas: Social Media, Marketing & Recht. 11, 1., neue Ausg. Köln: O'Reilly, 2012

Scott, David Meerman : Die neuen Marketing- und PR-Regeln im Web 2.0. Wie Sie im Social-Web news releases, blogs, podcasting und virales Marketing nutzen, um Ihre Kunden zu erreichen. 2. Aufl. Heidelberg, München, Landsberg, Frechen, Hamburg: mitp., 2010

Weinberg, Tamar: Social media marketing. Strategien für Twitter, Facebook & Co. Beijing [u.a.]: O'Reilly Germany, 2010

Zarrella, Dan : Das Social-Media-Marketing-Buch. 2. Aufl. Beijing, Cambridge, Farnham, Köln, Sebastopol, Taipei, Tokyo: O'Reilly, 2012

PDF

http://www.ard-zdf-onlinestudie.de/fileadmin/Online11/07082011_Busemann_Gscheidle.pdf (Stand: 25.06.2012)

http://www.ard-zdf-onlinestudie.de/fileadmin/Online11/EimerenFrees.pdf (Stand: 14.06.2012)

http://www.bitkom.org/files/documents/BITKOM_Publikation_Netzgesellschaft .pdf. (Stand: 17.06.2012)

http://www.bitkom.org/files/documents/SozialeNetzwerke.pdf, Seite 4 Zuletzt aktualisiert, (Stand: März 2012), Geprüft: (Stand: 02.07.2012)

http://bvdw.org/fileadmin/bvdw-shop/ovk_report2012_1.pdf, zuletzt aktualisiert (Stand: 19. 03.2012), geprüft (Stand: 18.06.2012)

http://www.initiatived21.de/wp-content/uploads/2011/07/NOnliner2011.pdf., Zuletzt aktualisiert, (Stand: Juli 2011), Geprüft, (Stand: 17.06.2012)

http://www.inventool.de/Tools/407%20SWOT-Analyse%20T.pdf, (Stand: 04.08.2012)

http://www.marketinginstitut.biz/media/studie_social_media_marketing_in_unte rnehmen.pdf, Zuletzt aktualisiert, (Stand: Dezember 2011), Geprüft (Stand: 23.06.2012)

http://www.mba-berlin.de/fileadmin/doc/Working_Paper/WP_58_online.pdf., Zuletzt aktualisiert, (Stand: Dezember 2010). Geprüft, (Stand: 08.08.2012)

http://www.online-
recruiting.net/images/Artikel+Social+Media+Personalmarketing.pdf,   (Stand:
17.06.2012)

http://socialmedia24.eu/wp-content/uploads/2012/03/Claudia-Hilker_Social-
Media Strategien_Leseprobe.pdf, (Stand: 08.08.2012)

http://social-network-
marketing.info/sites/default/files/Kapitel%203%20%E2%80%93%203.4.2%20F
ormulierung%20geeigneter%20Ziele.pdf, (Stand: 06.08.2012)

http://www.tns-
infratest.com/presse/pdf/presse/tns_infratest_kaufentscheidung_deutschland_i.p
df., (Stand: 17.06.2012)

Onlinequellen

http://www.agof.de/aktuelle-studie.583.de.html, (Stand: 17.06.2012)

http://allfacebook.de/einfuehrung-ueberblick. (Stand: 02.07.2012)

http://apps.facebook.com/pandorajewelry/, (Stand: 30.06.2012)

http://www.ard-zdf-onlinestudie.de/index.php?id=289, (Stand: 16.06.2012)

http://www.ard-zdf-onlinestudie.de/index.php?id=onlinenutzunganwend0,
(Stand: 11.07.2012

http://www.bitkom.org/de/themen/36444_66561.aspx, (Stand: 02.07.2012)

http://blog.xeit.ch/2012/01/google-veroffentlicht-neue-nutzungs-zahlen-zu-
youtube-und-google/., (Stand: 09.07.2012)

http://www.bmw.de/de/de/general/bmw_tv/bmw_tv.html, (Stand: 12.08.2012)

http://b2b-social-media-marketing.de/?p=121, (Stand: 06.08.2012)

http://www.compliancemagazin.de/markt/hinweise-tipps/iron-
mountain130312.html., (Stand: 08.08.2012)

http://www.computerbild.de/artikel/cb-Aktuell-Internet-YouTube-Nutzer-
schauen-taeglich-vier-Milliarden-Videos-7187808.html., (Stand: 11.08.2012)

http://www.computerworld.ch/businesspraxis/artikel/soziales-kundenbeziehungsmanagement-57050/, (Stand: 18.06.2012)

http://www.controlling-wiki.com/de/index.php/SWOT-Analyse. (Stand: 04.08.2012)

htttp://www.deinguterruf.de/zielgruppen/unternehmen.aspx., (Stand: 08.08.2012)

http://www.einzelhandel.de/pb/site/hde/node/1483142/Lde/index.html?QUERYSTRING=Online+shops, (Stand: 17.06.2012).

http://www.ethority.de/weblog/social-media-prisma/, (Stand: 21.06.2012)

http://www.ethority.de/weblog/2005/04/25/neue-untersuchung-chancen-und-risiken-von-corporate-weblogs/, (Stand: 22.06.2012)

http://www.facebook.com/cocacola., (Stand: 12.08.2012)

http://www.flickr.com/search/?w=all&q=Mercedes+Benz&m=text, (Stand: 12.08.2012)

http://www.foerderland.de/2061.0.html, (Stand: 23.06.2012)

http://www.foerderland.de/2118.0.html, (Stand: 23.06.2012)

http://www.frostablog.de/bloginfo/warum-wir-bloggen, (Stand: 12.08.2012)

http://www.frostablog.de/category/produktion-und-anbau, (Stand: 12.08.2012)

http://www.gruenderszene.de/lexikon/begriffe/app, (Stand: 23.05.2012)

http://www.holidaycheck.de/hotel-Reiseangebote-Pauschalreisen+Hotel+Horizon+Beach+Resort-ch_ra-hid_35435.html, (Stand: 30.06.2012)

http://www.hornbach.de/cms/de/de/mein_hornbach/stammtisch/stammtisch.html?page=https://forum.hornbach.de/forum/index.php?guestlanguageid=2, (Stand: 11.08.2012)

http://www.innovationsmethoden.info/methoden/panelerhebung, (Stand: 18.07.2012) http://kundenbeziehungsmanagement.sugesto.de/, (Stand: 18.06.2012)

http://netzblogging.de/wordpress-was-ist-ein-weblog/921/, (Stand: 21.06.2012)

http://netzkommunikation.net/facemeter-die-fan-charts-auf-facebook/, (Stand: 06.08.2012)

http://www.online-investorrelations.de/2011/07/07/risiken-der-social-media-nutzung-in-der-unternehmenskommunikation/, (Stand: 18.06.2012)

http://www.onlinemarketing-praxis.de/social-media/seeding-strategie-virale-verbreitung-durch-mitarbeiter, (Stand: 05.07.2012)

http://www.online-marketing-silbermann.de/social-media/social-media-integration, (Stand: 07.08.2012)

http://www.oreilly.de/artikel/2010/03/socialmediamarketing.html., (Stand: 18.06.2012)

http://www.oreilly.de/artikel/web20.html., (Stand: 20.05.2012)

http://www.radiozentrale.de/site/714.0.html (Stand. 16.06.2012), (Stand: 16.06.2012)

http://de.scribd.com/doc/34043649/Facebook-Marketing-Controlling-Die-Social-Media-Balanced-Scorecard-SMBC, (Stand: 09.08.2012)

http://smartmobilefactory.com/wissen/was-genau-ist-eine-app.html oder auch., (Stand: 23.05.2012)

http://socialmedia24.eu/worauf-es-beim-social-media-monitoring-ankommt/, (Stand: 06.08.2012)

http://www.socialmediaballoon.de/employer-branding/197/, (Stand: 18.06.2012)

http://social-media-monitoring.blogspot.de/2010/07/die-sache-mit-den-kennzahlen.html, (Stand: 06.08.2012)

http://www.socialmediapro.de/social-media-marketing/der-social-media-marketing-prozess/erweiterte-nutzungsmoglichkeiten/kundenkontakt., (Stand: 05.06.2012 http://www.socialnetworkingsandiego.com/wp-content/uploads/2009/03/image006.jpg, (Stand: 11.08.2012)

http://www.spiegel.de/netzwelt/web/facebook-quartalsbericht-955-millionen-nutzer-im-jahr-2012-a-847809.html, (Stand: 11.08.2012)

http://t3n.de/news/twitter-facts-viele-aktive-user-hat-twitter-wirklich-304322/., (Stand: 11.08.2012)

http://www.teialehrbuch.de/Kostenlose-Kurse/Marketing/15216-Marktsegmentierungskriterien-im-B2C-Marketing.html, (Stand: 06.08.2012)

http://www.teletalk.de/nachrichten/detail/av/2012/09/january/ac/vorsicht-abmahnung/, (Stand: 08.08.2012)

http://www.test.de/Soziale-Netzwerke-Datenschutz-oft-mangelhaft-1854798-1855785/, (Stand: 17.06.2012)

http://www.tns-infratest.com/presse/presseinformation.asp?prID=823, (Stand: 17.06.2012)

http://www.top-arbeitgebermarke.de/was_ist_employer_branding, (Stand: 18.06.2012)

http://twitter.com/Dell, (Stand: 11.08.2012)

http://www.webagency.de/infopool/e-commerce-knowhow/ak981021.htm, (Stand: 16.06.2012)

http://de.wikipedia.org/wiki/Social_Bookmarks, (Stand: 01.07.2012)

http://write2starostin.typepad.com/.a/6a0133f2535341970b013489578d1f970c-800wi, (Stand: 08.08.2012)

http://www.youtube.com/user/audi?feature=results_main, (Stand: 11.08.2012)

Thomas Löhr:

Social Media im Marketingprozess – Wirkungsweise und Erfolgskontrolle

2012

1   Einleitung – Zielsetzung dieser Masterarbeit

Immer wieder wird man in Funk und Fernsehen mit der „Marketing-Wunderwaffe" Social Media konfrontiert – verständlich, dass immer mehr Unternehmen davon profitieren wollen.

Oftmals werden junge Mitarbeiter oder Praktikanten, die mit den Social Media-Plattformen wie Facebook und Twitter bereits privat in Berührung gekommen sind, beauftragt, diese für das Unternehmen zu erschließen. Schnell ist eine Unternehmensseite eingerichtet. Dann wird der Erfolg des Social Media-Auftritts durch die bislang üblichen Kennzahlen, `Anzahl der Fans` und `Zielgruppenengagement` gemessen. Aber reicht das zur Beurteilung der Wirksamkeit tatsächlich aus? Und wie vergleicht man diese online Werbung mit der der klassischen Kanäle? Solche Fragen stellte sich auch der Autor.

Ähnlich erging es auch dem Autor dieser Masterarbeit, der als Vertriebsleiter der regionalen Wirtschaftsentwicklungsgesellschaft *hannoverimpuls GmbH* die Aufgabe übernahm, den Bekanntheitsgrad des Unternehmens vor allem bei jungen, gut ausgebildeten Personen zu erhöhen. Eine bereits existierende Facebook-Seite, die bis dahin aber lediglich als ein weiterer Werbekanal genutzt und mit denselben Botschaften bestückt worden war, wie die klassischen Kanäle, erschien ihm dafür ein geeignetes Werkzeug. Durch einen ersten Redaktionsplan und interne Absprachen zu Zeitabständen und Inhalten der veröffentlichten Beiträge konnte der Firmenauftritt eine Entwicklung von unter 100 auf über 2000 Fans machen. Diese Entwicklung ist insofern zufriedenstellend, da die Anzahl von Existenzgründern, die in der Region Hannover ein Unternehmen gründen wollen, begrenzt ist. Bei einer durchschnittlichen Selbstständigenquote von 4% der arbeitenden Bevölkerung, von denen zu den Existenzgründer nur jene zählen, die nicht länger als drei Jahre am Markt sind, ist dieses nur eine kleine Zielgruppe mit weniger als 10.000 Personen. (vgl. Brix, U./ Hundt, C./ Sternberg, R. (2010).31)

Außerdem werden weiterhin Anzeigen in den lokalen Tageszeitungen geschaltet und für diese Werbeaktionen im Verhältnis zu dem Social Media-Budget viel Geld ausgegeben.

Wie kann man nun die volle Wirkung des Social Media-Marketings erzielen und welche Kriterien zur Messung des Erfolgs gibt es?

Genau dieser Fragestellung wird in dieser Masterarbeit nachgegangen.

Das erste Kapitel will ein grundsätzliches Verständnis für Marketing, welches sich vom englischen „to market" (Handel treiben, Märkte besuchen), hergeleitet vom Lateinischen „mercatus" (Markt),gebildet hat, schaffen (vgl. Duden (2003), 846). Außerdem wird ein Überblick über den Wandel der Bedeutung und Aufgaben in den letzten Jahrzehnten gegeben.

Im folgenden Abschnitt wird auf die Definition von Social Media, die Veränderungen des Werbemarktes und die daraus resultierenden Erfolgschancen für Social Media im Marketingprozess eingegangen. Ebenfalls thematisiert werden das veränderte Nutzerverhalten sowie die technischen Innovationen, die maßgeblich für den Erfolg sozialer Netzwerke sind. Auch werden die zehn populärsten Social Media-Plattformen in diesem Kapitel vorgestellt.

Im vierten Kapitel werden die Veränderungen des Werbemarktes und der Akzeptanz von Werbebotschaften sowie die Wirkungsweise von Social Media-Marketing vorgestellt.

Der nächste Abschnitt gibt eine Anleitung für die Entwicklung einer Social Media-Strategie.

Im sechsten Kapitel wird zuerst auf Grundlagen der Erfolgsmessung und dann auf Kennzahlen der Massenmedien sowie des Online-Marketings eingegangen. Zum einen soll so die Unterschiedlichkeit der Kennzahlen verdeutlicht und zum anderen eine Argumentationshilfe für Gespräche mit Entscheidern gegeben werden. Bei den Verantwortlichen in den Unternehmen kann man nämlich oft weder Kenntnisse über die Wirkungsweise noch über die Aussagekraft der Kennzahlen voraussetzen. Die Bedeutung der Kennzahl „Return of Investment" ist jedoch in den meisten Führungsetagen ein Begriff, weshalb der sechste Abschnitt mit Darstellungsmöglichkeiten dieser Kennziffer endet.

Best Practice Beispiele von Dell, Blendtec, Starbucks und Red Bull runden die Masterarbeit im letzten Kapitel ab und sollen potenziellen Lesern als Ideengeber für das eigene Social Media-Engagement dienen.

2 Definitionen und Erläuterungen zu Marketing

2.1 Definition von Marketing

Zum besseren Verständnis der Definition des Begriffs Marketing wird zunächst auf die historische Entwicklung des Begriffs eingegangen.

Es kann davon ausgegangen werden, dass die Entwicklung neuer Produkte zur Befriedigung von Kundenbedürfnissen oder preisbezogener Entscheidungen bereits vor mehreren Jahrhunderten eine Rolle spielten. Eine wissenschaftliche Auseinandersetzung mit Marketing erfolgte jedoch erst seit Beginn des 20. Jahrhunderts, weshalb nur diese Zeitspanne berücksichtigt wird. Am Anfang wurde Marketing mit dem Verkauf gleichgesetzt und so die Aufgabe des Marketings lediglich als Absatz von Produkten auf den Märkten verstanden.

In den 20er Jahren wurde das Verkaufsverständnis des Marketings in der US-amerikanischen Literatur um den Aspekt der Werbung erweitert.

Die folgenden beiden Jahrzehnte führten vor dem Hintergrund der Weltwirtschaftskrise und des zweiten Weltkriegs nur zu einer eingeschränkten Weiterentwicklung des Marketingverständnisses.

In den 50er und 60er Jahren konnten durch die Belebung der Wirtschaft neue Impulse gesetzt werden. Es entwickelte sich der sogenannte Marketing-Mix, welcher bis heute seine Bedeutung beibehalten hat. Der Marketing-Mix bezeichnet eine umfassendere Systematik der Marketingaktivitäten, die über Werbung und Verkauf hinausgehen.

Im Kern des Marketing-Mixes stehen die sogenannten vier Ps:

- Product (Produktpolitik)

- Price (Preispolitik)

- Promotion (Kommunikationspolitik – integriert den Teilbereich Werbung)

- Place (Vertriebspolitik – integriert den Teilbereich Verkauf).

Die erfolgreiche Anwendung der Marketing-Mix-Instrumente hängt zum einen von der Ausgestaltung, zum anderen auch von der unternehmensinternen Umsetzung ab. Deshalb wurde eine stärkere Implementierung des Marketings in unternehmensinterne Prozesse notwendig.

Im Rahmen dieses Prozesses, der zunächst lediglich die Teilbereiche eines Unternehmens, die mit Marketingaufgaben betraut sind, betraf, entwickelte sich in den 80er Jahren die Fragestellung, inwieweit ein Unternehmen als Ganzes marktorientiert geführt werden muss. Parallel dazu rückte die Kundenbeziehung stärker in den Mittelpunkt des Marketings, da durch den Aufbau und den Erhalt einer langfristigen Kundenbindung von einer für den Anbieter profitableren Kundenbeziehung auszugehen ist. In diesem Zusammenhang wird auch von Relationship Marketing gesprochen. Anstelle einer Fokussierung auf einzelne Transaktionen rückte nun eine Betrachtung der gesamten Geschäftsbeziehung mit den Kunden in den Mittelpunkt (vgl. Homburg, C/ Krohmer, H. (2003), 7 ff.).

Vor dem Hintergrund haben sich unterschiedliche Definitionen für den Marketingbegriff gebildet, welche sich im Kern in drei Richtungen unterscheiden lassen:

1. Aktivitätsorientierte Definitionen

verstehen Marketing im Kern als Bündel von marktgerichteten Aktivitäten der Anbieter und bleiben im Begriffsverständnis eng mit dem Konzept des Marketing-Mixes verbunden.

2. Beziehungsorientierte Definitionen

betonen die Zielsetzung eines langfristigen Beziehungsaufbaus und -erhalts und sind mit dem Relationship Marketing verbunden. Anzumerken ist, dass diese Betrachtungsweise die der aktivitätsorientierten Definition ergänzt. Sie geht spezifischer auf die Zielsetzung des Marketings ein, aber bleibt im Hinblick auf die Aktivitäten, die zur Zielerreichung führen sollen, recht vage.

3. Führungsorientierte Definitionen

stellen die Unternehmensführung in den Mittelpunkt. Es geht um die Frage, inwieweit die Entscheidungen im Unternehmen von marktgeprägten Überlegungen geleitet sind. Dies schafft die Grundlage für die Berücksichtigung der Marketingimplementierung und der konsequenten Ausrichtung des Unternehmens an die Marktbedingungen. Die führungsorientierten Definitionen setzen einen deutlich breiteren Rahmen und umfassen damit die beiden erstgenannten Definitionen. Allerdings beinhalten sie wenig Konkretes zu den Aktivitäten und den Zielsetzungen des Marketings (vgl. Homburg, C/ Krohmer, H. (2003), 9 f.).

Heutzutage werden diese drei Ansätze nicht als substitutiv sondern komplementär angesehen. Auch wenn sie unterschiedliche Schwerpunkte setzen, sind sie dennoch alle relevant.

Homburg/Krohmer definieren Marketing wie folgt:

„Marketing hat eine unternehmensexterne und eine unternehmensinterne Facette.

a) In unternehmensexterner Hinsicht umfaßt Marketing die Konzeption und Durchführung marktbezogener Aktivitäten eines Anbieters gegenüber Nachfragern oder potenziellen Nachfragern seiner Produkte [...]. Diese marktbezogenen Aktivitäten beinhalten die systematische Informationsgewinnung über Marktgegebenheiten sowie die Gestaltung des Produktangebots, die Kommunikation und den Vertrieb.

b) Marketing bedeutet in unternehmensinterner Hinsicht die Schaffung der Voraussetzungen im Unternehmen für die effektive und effiziente Durchführung dieser marktbezogenen Aktivitäten. Dies schließt insbesondere die Führung des gesamten Unternehmens nach der Leitlinie der Marktorientierung ein.

c) Sowohl die externen als auch die internen Ansatzpunkte des Marketings zielen auf eine im Sinne der Unternehmensziele optimale Gestaltung von Kundenbeziehungen ab" (Homburg, C/ Krohmer, H. (2003), 10 f.)

Die Autoren vertreten damit eine engere Auffassung, als in der Literatur üblich. Im Fokus ihres Marketingverständnisses steht die Erreichung der Unternehmensziele im Sinne von Profitabilitäts- und Marktanteilssteigerung mit dem Ziel, den Fortbestand des Unternehmens zu sichern. Sie schließen dadurch lieferanten-, mitarbeiter-, personalbeschaffungs- und stakeholdergerichtete Aktivitäten aus.

In Zeiten des Fachkräftemangels, kann der eben erläuterten engen Marketingdefinition von *Homburg/Krohmer* nicht gefolgt werden, da der Fortbestand eines Unternehmens durchaus von dem Erfolg der Personalbeschaffungsaktivität abhängig sein kann. Des Weiteren kann auch eine langfristige und strategische Lieferantenbindung zu Lieferfähigkeit und / oder Imagegewinnen führen und so die Überlebensfähigkeit des Unternehmens gesteigert werden.

Eine weitere Definition des Marketingbegriffs, bei der sämtliche Austauschprozesse des Unternehmens mit den bestehenden Bezugsgruppen – also auch personalbeschaffungs-, stakeholdergerichtete Aktivitäten usw. einbezogen werden, vertritt *Bruhn*. Er beschreibt Marketing als:

> „[…] unternehmerische Denkhaltung. Sie konkretisiert sich in der Analyse, Planung, Umsetzung und Kontrolle sämtlicher interner und externer Unternehmensaktivitäten, die durch eine Ausrichtung der Unternehmensleistungen am Kundennutzen im Sinne einer konsequenten Kundenorientierung darauf abzielt, absatzmarktorientierte Unternehmensziele zu erreichen" (Bruhn, M. (2009), 14).

Der Grundgedanke des Marketings ist demnach die konsequente Ausrichtung des gesamten Unternehmens an den Bedürfnissen des Marktes, wodurch das Fortleben des Unternehmens gesichert werden soll. Durch die Marketingaktivitäten sollen nicht nur Produkte abgesetzt, sondern auch Informationen für die Entwicklung neuer Produkte gesammelt und die Produktion sichergestellt werden.

2.2 Märkte als Bezugs- und Zielobjekte des Marketings

Der Begriff Marketing ist abgeleitet von „market" (englisch für Märkte bzw. Handel treiben / Märkte besuchen) (vgl. Duden (2003), 846). Dieser Ursprung belegt die große Bedeutung von Märkten für das Marketing. Als Markt wird ein realer (z.B. Supermarkt, Verkaufsmesse) oder virtueller Ort (z.B. Internet, Telefon) beschrieben, an dem Angebot und Nachfrage aufeinander treffen. Durch das quantitative Verhältnis zwischen Angebot und Nachfrage bilden sich an Märkten Preise für Produkte und Dienstleistungen (vgl. Homburg, C/ Krohmer, H. (2003), 2).

In der weiteren Arbeit sollen der Einfachheit halber mit Produkten sowohl Produkte als auch Dienstleistungen bezeichnet werden.

Auf Märkten handeln primär Nachfrager und Anbieter. Einfluss auf die Märkte haben außerdem staatliche Einrichtungen, Interessenvertretungen sowie Vertriebspartner. Hierdurch ergibt sich eine bestimmte Machtverteilung. Ist die

Nachfrage größer als das Angebot bzw. liegt ein Angebotsdefizit vor, spricht man von einem Verkäufermarkt.

Heute liegt auf den meisten Märkten jedoch ein Käufermarkt vor. Dieser ist gekennzeichnet durch einen Angebotsüberhang. Der Käufer ist somit in der Lage, aus einem Überangebot jenes Produkt auszuwählen, das ihm am meisten nützt (vgl. Homburg, C/ Krohmer, H. (2003), 5).

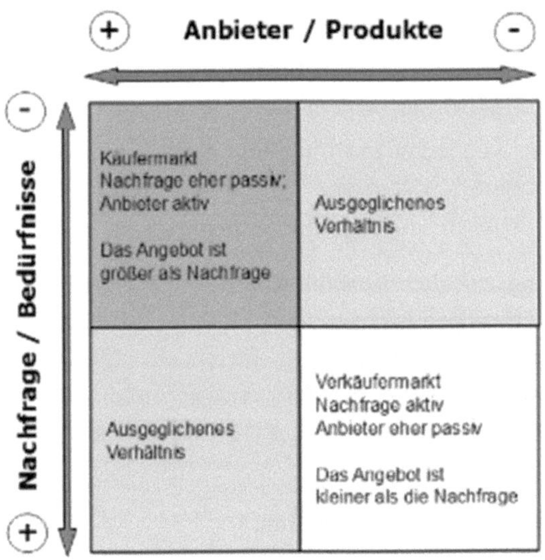

Abbildung 1: Marktart nach Machtverhältnissen (eigene Grafik nach Becshriebung von Homburg/Krohmer (2003, 5)

Betrachtet man die Bedeutung der Märkte für das Marketing, können zwei sich ergänzende Sichtweisen unterschieden werden.

- Märkte stellen für das Marketing Bezugsobjekte dar, weil sie die Rahmenbedingungen für das Marketing setzen und sich an ihnen die Handlungsspielräume durch die Marktteilnehmer wie Kunden, Wettbewerber und sonstige Akteure für das Marketing herausbilden.

- Märkte stellen für das Marketing Zielobjekte dar, weil Unternehmen im Rahmen ihrer Marketingaktivitäten die Veränderung und Gestaltung der Märkte in ihrem Sinne anstreben (vgl. Homburg, C/ Krohmer, H. (2003), 2).

2.3 Entwicklungsphasen des Marketings

Wie aufgezeigt, hat sich der Marketingbegriff im Laufe der Zeit verändert. Die Veränderungen seit den 50er Jahren lassen sich wie folgt zusammenfassen:

Phase der Produktionsorientierung (1950er Jahre)

Nach dem zweiten Weltkrieg bestand in den am Kriegsgeschehen unmittelbar beteiligten Ländern durch zerstörte Produktionsanlagen und einen eklatanten Fachkräftemangel ein Nachfrageüberhang/ ein Angebotsdefizit. Die zentrale Aufgabe bestand darin, die Herstellung von Produkten zu gewährleisten. Es handelte sich in dieser Phase um einen typischen Verkäufermarkt.

Phase der Verkaufsorientierung (1960er Jahre)

In dieser Phase begann der Wandel vom Verkäufermarkt zum Käufermarkt, da die nationale Konkurrenz und die Produktionskapazitäten zunahmen. Die Hauptaufgabe bestand somit darin, die Produkte den Märkten durch einen schlagkräftigen Vertrieb zugänglich zu machen.

Phase der Marktorientierung (1970er Jahre)

In den 70er Jahren nahm das Sättigungsniveau zu, sodass der Konsument zum Engpassfaktor wurde und ein fast alle Branchen betreffender Käufermarkt entstand. Mittels einer differenzierten Marktbearbeitung (Prinzip der Marktsegmentierung) versuchten die Anbieter die spezifischen Bedürfnisse von verschiedenen Kundengruppen zu befriedigen.

Phase der Wettbewerbsorientierung (1980er Jahre)

Aufgrund zunehmend gleichgerichteter Marketingaktivitäten wurde es in dieser Phase schwieriger sich zu behaupten. Der Aufbau des strategischen Marketings gewann an Bedeutung. Damals wie heute sollen hierdurch Wettbewerbsvorteile erreicht werden. Von Wettbewerbsvorteilen wird immer dann gesprochen, wenn folgende drei Kriterien erfüllt sind:

- „Kundenwahrnehmung: Die Leistungsvorteile müssen vom Kunden als wesentliches Differenzierungsmerkmal erkannt werden.

- Bedeutsamkeit: Der Vorteil ist bei einer vom Kunden als besonders wichtig eingeschätzten Leistungsdimension zu erzielen und weist eine hohe Kaufrelevanz auf.

- Dauerhaftigkeit: Der Wettbewerbsvorteil hat eine zeitliche Stabilität aufzuweisen und darf nicht kurzfristig imitierbar sein" (Bruhn, M. (2009), 15 ff.).

Phase der Umfeldorientierung (1990er Jahre)

Lagen die Schwierigkeiten in den vergangenen Phasen in der Überwindung der Produktionsunfähigkeit, darin im Kampf um die Qualitäts- und Preisführerschaft zu bestehen und diese Führungsposition sichtbar zu machen, kam in der Phase der Umfeldorientierung noch die zeitliche Komponente hinzu. Ab den 1990er Jahren wurde es wichtig, Veränderungen des Marktes immer früher zu erkennen, Produkte zu verändern bzw. neue zu entwickeln, um sich durch den zeitlichen Vorteil auch einen strategischen Vorteil zu verschaffen.

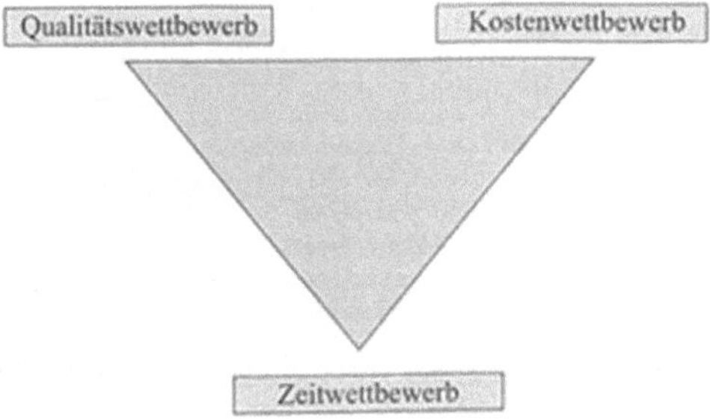

Abbildung 2: Die zentralen Wettbewerbsinformationen der 1990er Jahre (Bruhn, M, (2009), 17)

Phase der Netzwerkorientierung (ab 2000)

Zwei Merkmale prägen die aktuelle Phase. Zum einen ist der Wettbewerbsdruck durch die Globalisierung, den technischen Fortschritt und die Marktsättigung gestiegen, sodass die Unternehmen Wettbewerbsvorteile in immer mehr Faktoren wie z.B. Qualität, Service, Kosten, Zeit, Image, Innovation usw. erlangen müssen. Zum anderen ist der Trend zu einem individuellen, multioptionalen und vernetzten (Beziehungs-)Marketing deutlich erkennbar (Bruhn, M. (2009), 15 ff.).

Um dieser Herausforderung gerecht werden zu können, muss der Bedeutung der sozialen Netzwerke Rechnung getragen werden. Sie können dabei helfen, die aktuellen Aufgaben kostengünstig zu meistern.

3 Definition und Bedeutung von Social Media im Marketing

3.1 Definition von Social Media

Zunächst soll der Begriff Social Media einmal in der eigentlichen Bedeutung seiner Bestandteile und deren Herkunft behandelt werden. Das englische Adjektiv `social` leitet sich vom lateinischen `sociabilis` (gesellig, verträglich) und `socius` (gemeinsam) ab (vgl. Duden (2003), 1260). Media ist der Plural vom lateinischen `median`, welches das Mittel oder Mittelglied, aber auch den Mittler oder das vermittelnde Element beschreibt (vgl. Duden (2003), 856). Dem lateinischen Ursprung nach darf man Social Media oder die sozialen Medien als Mittler zur Gesellschaft, also als das verbindende Element des Einzelnen zur Gesellschaft verstehen.

In der Literatur konnte allerdings keine einheitliche Definition von Social Media gefunden werden, doch im Kern sind sich die unterschiedlichen Definitionen ähnlich.

Safko fasst es kurz und knapp: „Social Media is the media we use to be social" (Safko, L. (2010), 3).

Um zu dieser Definition zu kommen, unterteilt er den Begriff Social Media in seine Bestandteile.

Unter `social` versteht er das Grundbedürfnis eines jeden Menschen, sich mit gleichgesinnten Menschen zu verbinden sowie Erfahrungen, Gedanken und Ideen miteinander auszutauschen, aber auch das Bedürfnis, sich einer Gruppe zugehörig zu fühlen, in der man sich wohlfühlt.

`Media` ist für ihn – ganz in Anlehnung an die wörtliche Übersetzung – das Werkzeug, um die Verbindungen mit anderen Menschen herzustellen. Er beschränkt dieses nicht auf das Internet sondern bindet alle Medien ein (Safko, L. (2010), 4).

Media ist also mehr als eine Technologie. Es umfasst die verschiedenen Arten der Verbindungsaufnahme zwischen den Menschen – sowohl Mobiltelefone, Fernsehen, Trommeln und das geschriebene Wort.

Sterne beschreibt Social Media als etwas, das die many to many-Kommunikation – also die Kommunikation zwischen vielen Nutzern – über leicht zugängliche Plattformen ermöglicht. Hierbei können die Nutzer Inhalte (auch als Content bezeichnet) produzieren oder konsumieren (vgl. Sterne, J. (2011), xvi f.).

Die Autoren *Boyd* und *Ellison* definieren Social Media als webbasierte Dienste, die Personen folgende drei Möglichkeiten bieten:

1. den Bau von öffentlichen oder halböffentlichen Profilen innerhalb eines begrenzten Systems,
2. eine Liste von Nutzern, mit denen man eine Verbindung aufweist und hält,
3. eine Übersicht über die eigenen Verbindungen und die von anderen innerhalb des Systems.

Die Art der Verbindungen kann von Anbieter zu Anbieter variieren. (vgl. Boyd, D. M./ Ellision, N. B. (2008), 210 f.)

An dieser Stelle ist es wichtig Social Media und Social Network voneinander abzugrenzen, da sie umgangssprachlich oft synonym verwendet werden. Doch die Social Network-Plattformen stellen nur einen kleinen Teil der Social Media-Angebote dar. Einen Überblick über die vielfältigen Social Media- Angebote gibt das von *ethority GmbH* auf den deutschen Sprachraum angepasste Convention Prisma von *Solis* (siehe Abbildung 3) (vgl. Hilker, C. (2010), 22 ff.).

In dem folgenden Kapitel der Arbeit werden die zehn Marktführer der Social Media-Anwendungen vorgestellt (siehe Kapitel 3.3), welche auch die maßgeblichen Angebote für die weitere Arbeit erbrachten.

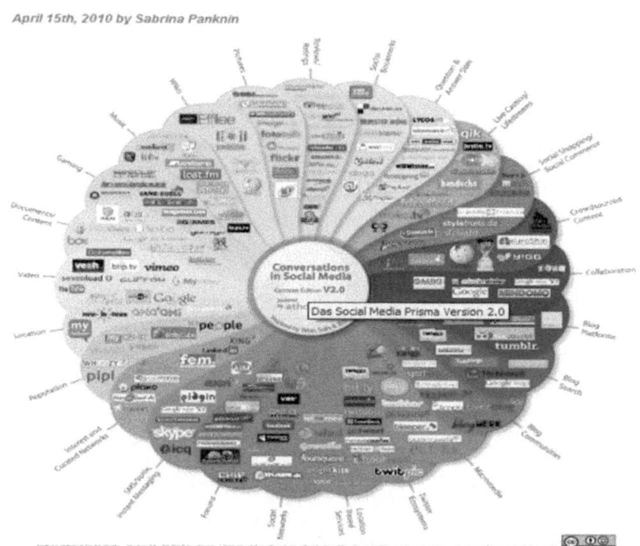

Abbildung 30: Das Social Media Prisma Version 2.0 (ethority GmbH & Co KG (15.04.2012)

3.2 Veränderungen des Werbemarktes – eine Chance für Social Media?

Die Kommunikation mit dem Verbraucher wird trotz steigender medialer Möglichkeiten für die Anbieter immer schwieriger. Um die Gunst des in Deutschland lebenden Verbrauchers kämpfen rund 60 Fernseh- und 300 Radiosender sowie mehr als 400 Zeitungen und 610 Zeitschriften. Über diese und weitere Kanäle erreichen den Verbraucher täglich rund 3000 Werbebotschaften. Doch nur 52 dieser Werbebotschaften werden überhaupt wahrgenommen (vgl. Rheingold (29.03.2011): Studie zu Futuring Communication).

Aber nicht nur die mangelnde Durchdringung der Werbung ist ein Problem, sondern auch das schwindende Vertrauen in die Werbeaussagen. Laut *Nielsen*[199] glauben nur noch 15% der Konsumenten den Aussagen von Werbung. Deutlich mehr Glauben (78%) schenkt der Verbraucher den Aussagen aus dem persönlichem Netzwerk (vgl. Holzapfel, F./ Holzapfel, K. (2010), 13 nach Nielsen).

---

[199] Nielsen ist eine Unternehmensberatung mit dem Schwerpunkt auf Märkte und Verbraucherverhalten. (siehe auch:. http://de.nielsen.com/site/index.shtml)

Die klassischen Werbemethoden sind zum großen Teil nicht mehr geeignet, die Verbraucher positiv zu beeinflussen. Zwar ist Werbung heute völlig akzeptiert und wird teilweise sogar aktiv gesucht, doch sie darf den Verbraucher nicht nerven. So wird der Verbraucher im Umgang mit Werbung eher zum Akteur und sucht sich die für ihn relevanten Informationen aus. Als zeitgemäß wird von dem Verbraucher lediglich die Kommunikation über das Internet erlebt (vgl. Rheingold (29.03.2011): Studie zu Futuring Communication).

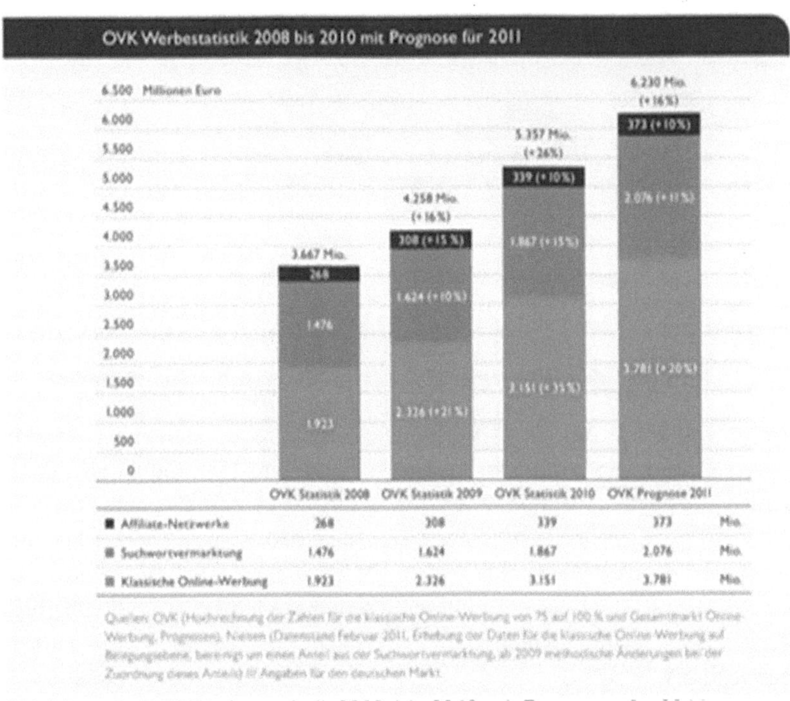

Abbildung 4: OVK Werbstatistk 2008 bis 2010 mit Prognose für 2011 (BVDW (2011), 5)

Diese Zeichen haben bereits viele Firmen erkannt, so dass sie immer größere Anteile ihres Werbeetats für Online-Werbung ausgeben. Im Jahr 2005 waren es zwar nur 4,4% des gesamten Werbemarktes, doch konnte damit das Vorjahresergebnis um 52% gesteigert werden. Prognosen sagten für das Jahr 2006 einen weiteren Anstieg um 52% voraus und schätzten die Ausgaben von deutschen Unternehmen für Onlinewerbung auf insgesamt 1,3 Milliarden Euro (vgl. Angeli, S./ Kundler, W. (2008), 646 nach BVDW).

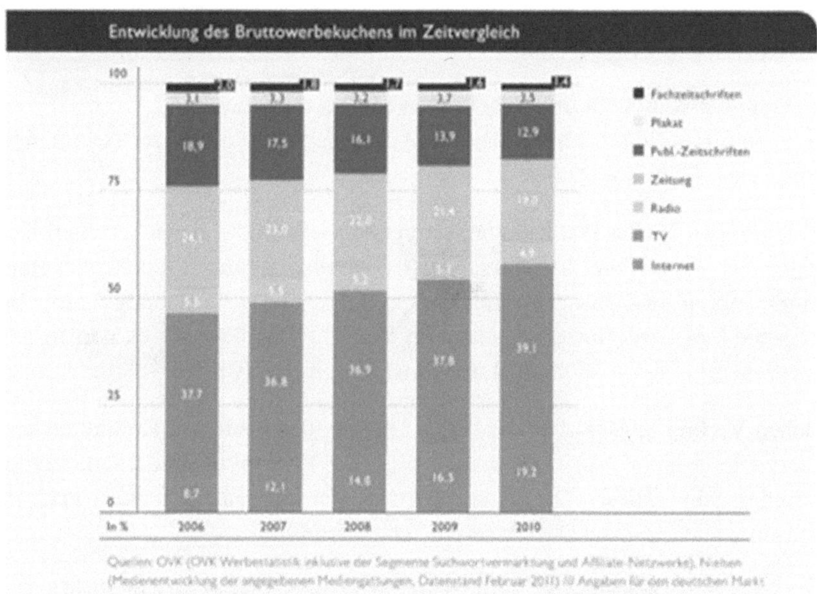

Abbildung 5: Entwicklung des Bruttowerbekuchens im Zeitvergleich (BVDW (2001), 7)

Wenn man der Darstellung des Bundesverbands Digitale Wirtschaft (BVDW) in Abbildung 4 Glauben schenkt, ist diese Prognose sogar deutlich übertroffen worden. Unklar ist jedoch, ob beide Untersuchungen den gleichen Kriterien unterlagen. Deutlich wird aber, dass der Trend, Werbung im Internet zu schalten, anhält. Mittlerweile ist Online-Werbung mit 19,2% der zweitgrößte Werbekanal nach Fernsehwerbung.

3.3 Veränderungen und Bedeutung von Social Media

Den grundlegenden Wandel vom Web 1.0 zum Web 2.0 verdanken wir weniger einer technischen Weiterentwicklung, als dem veränderten Verhalten des Anwenders. Hinzu kommen jedoch auch neue Möglichkeiten, die es dem Anwender leicht machen, nicht nur zu konsumieren, sondern selbst Web-Content[200] zu produzieren. Beispiele für Web-Content, der durch Anwender generiert wird, sind Einträge in Blogs, Kommentare oder Bewertungen von

---

[200] Web-Content ist der textuelle, visuelle oder auditive Inhalte einer Webseite, die durch Mithilfe von Anwendern entstanden ist. Sie kann unter anderem: Text, Bilder, Sounds, Videos und Animationen (vgl. Wikipedia (2011.03.16): Web Content.

Inhalten oder Uploads von Fotos, Musik oder Videos. Hierdurch ist es möglich, unzähligen Menschen die eigene Meinung mitzuteilen.

Die Kommunikation wird dabei aktiver, persönlicher und vernetzt sich zunehmend. Es scheint, als würden die Anwender immer weniger Hemmungen haben, Persönliches kundzutun.

Auf den Social Media-Plattformen verbringen viele Nutzer einen Großteil ihres Alltags. Sie nutzen die Angebote, um mit Freunden und Arbeitskollegen zu kommunizieren und tauschen mit ihnen Bilder sowie Erlebnisse aus. Der Unterschied zu dem Nutzerverhalten im Web 1.0 ist, dass sie es nun in aller Öffentlichkeit tun (vgl. Holzapfel, F./ Holzapfel, K. (2010), 10).

Welchen Verbreitungsgrad und welchen Umfang diese Art von Kommunikation mittlerweile erlangt hat, soll durch folgende Punkte unterstrichen werden. Allerdings sind diese Daten auf Grund der hohen Dynamik und der Wachstumsraten wahrscheinlich bereits jetzt überholt.

- 96% der Generation Y[201] sind Mitglied einer Social Media-Plattform.

- Zwei Drittel dieser Anwender loggen sich mindestens einmal täglich ein.

- 18-24 Jährige verbringen rund ein Drittel ihrer Onlinezeit auf Social Media-Plattformen wie Facebook, Studi VZ und Co.

- 93% der Anwender glauben, dass Unternehmen ebenfalls in Social Media-Plattformen präsent sein sollten.

- 26,4 Mio. Deutsche nutzen im Jahr 2009 aktiv die Social Media-Angebote.

- Pornoseiten wurden im Hinblick auf die Hauptaktivitäten im Netz von den Social Media-Angeboten abgelöst.

- Wenn Facebook ein Land wäre, wäre es die viertgrößte Nation der Welt.

---

[201] Als Generation Y wird seitens der Soziologen diejenige menschliche Generation der Bevölkerung genannt, die nach 1980 geboren wurde, jetzt (2010) etwa ein Lebensalter von Mitte bis Ende 20 aufweist und mit dem Internet aufgewachsen ist.

Generation Y und Z[202] bezeichnen E-Mail als ein Relikt der Vergangenheit, sie kommunizieren via Social Media-Angeboten.

- 25% der Suchergebnisse zu den weltweiten Top 20 Marken bestehen aus Links zu User Generated Content.

- Laut Hitwise.com stoßen inzwischen mehr als zweieinhalb Mal so viele Anwender über Facebook auf News-Quellen wie über Google (vgl. Holzapfel, F./ Holzapfel, K. (2010), 12).

Natürlich nutzen die jüngeren Generationen, die mit dem Computer und dem Internet aufgewachsen sind, Social Media stärker als die Älteren. Doch immerhin 16% der über 60 Jahre alten Bundesbürger geben bereits persönliche Informationen im Internet preis. Die Generation Y (14-29 Jährige) zeigt mit 60% die geringste Hemmung, Persönliches im Internet zu verbreiten, gefolgt wird sie von der Generation Z (30-44 Jährige) mit 42% und den 45-59 Jährigen mit 29% (vgl. Hilker, C. (2010), 19).

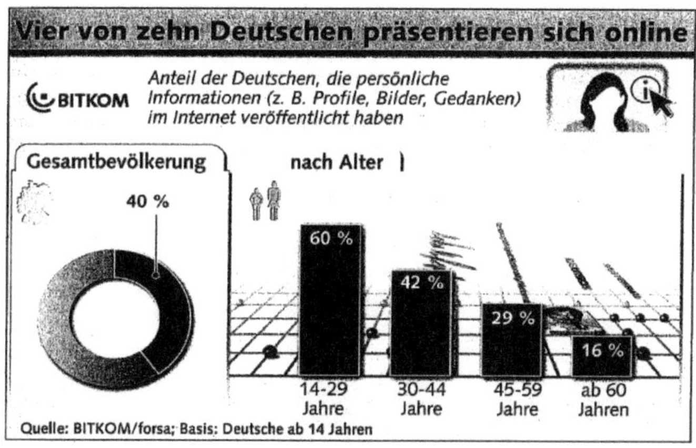

Abbildung 31: Vier von Zehn Deutschen präsentieren sich online (vgl. Hilker, C. (2010), 19)

---

[202] Die Generation, die mit Computern aufgewachsen ist, aber die Verbreitung des Internets erst im Laufe der Zeit zugenommen hat.

3.4 Die populärsten Social Media-Anwendungen

Auch in Deutschland ist der Vormarsch von Facebook nicht aufzuhalten. Allein im März 2010 besuchten 15 Millionen Internetnutzer in Deutschland die Facebook-Seite. Das sind 291% mehr als im Januar zuvor. Damit ist Facebook die meist besuchte Social Media-Plattform. Nur wenn man die Anwender der VZ-Familie (StudiVZ, SchülerVZ, MeinVZ) zusammenzählt, liegen deren Besucherzahlen über denen der Facebook-Seite. Rechnet man Doppelzählungen heraus, kommt man auf 16,4 Millionen Besucher auf den Seiten der VZ-Familie. Allerdings sind die Besucherzahlen der VZ-Familie im Vergleich zum Vorjahr lediglich um 10% gestiegen. Zuwachsraten in dreistelliger Höhe, kann neben Facebook nur noch Twitter aufweisen. Im März 2010 besuchten den Kurznachrichtendienst Twitter rund 2,9 Millionen Menschen in Deutschland. Das sind 494% mehr als im Vorjahr.

Auch wenn sich die Social Media-Angebote in der Regel sehr großer Beliebtheit erfreuen, ist auf einigen der Seiten bereits ein Rückgang der Besucherzahlen zu verzeichnen. Zu den aktuellen Verlierern zählen z.B. StudiVZ, MySpace und die Lokalisten (vgl. FAZ (26.04.2010): Besucher sozialer Netzwerke).

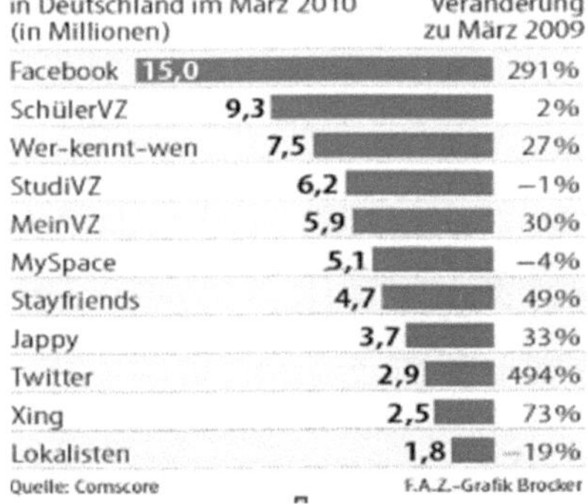

Abbildung 32: Besucher von Social Networks (vgl.FAZ (26.04.2010): Besucher sozialer Netzwerke)

Auch in Hinblick auf die auf einer Internetseite verbrachte Zeit steht Facebook mit 5 Stunden, 3 Minuten und 30 Sekunden pro Monat auf Platz eins. Dies ergab die Nutzerstatistik von *Nielsen* im Januar 2011. Auf den Google-Seiten hingegen verbrachte der durchschnittliche Nutzer nur 1 Stunde und 11 Minuten. Dafür wurden die Google-Seiten jedoch von der größten Anzahl unterschiedlicher Nutzer besucht (vgl. Absatzwirtschaft (15.04.2012): Google bleibt Spitzenreiter bei Webnutzung).

Im Rahmen dieser Masterarbeit kann jedoch nicht auf alle Social Media-Angebote eingegangen werden, weshalb hier lediglich die Top-Ten der Social Media-Anwendungen vorgestellt werden sollen.

1. Facebook

Facebook ist ein kommerziell ausgerichtetes Social Network, welches aus individuell geschaffenen Nutzerprofilen besteht, auf die Texte und Fotos hochgeladen werden können. Angemeldete Nutzer können andere Profile besuchen und dort öffentlich sichtbare oder verdeckte Nachrichten hinterlassen. Des Weiteren bietet Facebook noch eine Echtzeit-Chatfunktion an. Der größte Teil der Facebook-Nutzer ist jugendlich und überdurchschnittlich medienaffin (vgl. Hilker, C. (2010) 33 f.).

2. Xing

Xing zielt auf Berufstätige ab und stellt Kontakte zwischen Unternehmen, Mitarbeitern und Dienstleistern her. Der registrierte Nutzer sieht, über wie viele andere Personen jemand mit einem anderen verbunden ist. Außerdem wird dem Premiumkunden eine umfangreiche Suchfunktion zur Verfügung gestellt (vgl. Hilker, C. (2010) 35 f.).

3. Twitter

Twitter ist ein Mikroblog, über den man Kurzmeldungen mit bis zu 140 Zeichen publizieren kann, welche auch „tweets" genannt werden. Der Twitter-Nutzer ist im Schnitt 32 Jahre alt und überwiegend männlich (74%). Die Hälfte aller Anwender dieses Mikroblogs sind in der Medien- und Marketingbranche tätig (vgl. Hilker, C. (2010) 37 f.).

4. Qype

Eine Mischung aus Branchenbuch, sozialem Netzwerk und City-Guide stellt Qype dar. Der Anwender hat hier die Möglichkeit alle lokalen Angebote wie Restaurants, Dienstleistungen, Ärzte, Wellness-Einrichtungen oder Einkaufsgelegenheiten zu bewerten. Qype ist Europas größte Plattform von Mund zu Mund-Propaganda mit bis zu 17 Mio.

Nutzern. Die Kernzielgruppe ist zwischen 18 und 49 Jahre alt. 52% der Nutzer sind weiblich, 55% verfügen über eine Hochschulreife und 42% gehen gern aus. Rund ein Drittel gibt an, dass sie Qype nutzen, um sich über Produkte und Dienstleistungen zu informieren (vgl. Hilker, C. (2010) 39 f.).

5. **YouTube**

YouTube ist das weltweit populärste Internet-Video-Portal. Es ist in zwölf Sprachen verfügbar. In jeder Minute wird Videomaterial für 60 Stunden hochgeladen (vgl. Creutz, O. (2012), 30 ff.) und täglich ca. 100 Millionen Videos angeschaut. Die YouTube-Nutzer gehören allen sozialen Schichten an. Genutzt wird dieses Angebot von Personen jeden Alters (vgl. Hilker, C. (2010) 42 f.).

6. **VZ-Netzwerke**

Über 6,2 Mio. registrierte Nutzer sind bei StudiVZ verzeichnet. Damit ist es das größte Social Network für Studenten. Außerdem gibt es SchülerVZ und MeinVZ, welche sich an Schüler und Berufstätige wendet (vgl. Hilker, C. (2010) 43 f.).

7. **Wer-kennt-wen**

Wer-kennt-wen gehört zur RTL Unternehmensgruppe. Laut Angaben von RTL sind hier über 8 Mio. Nutzer registriert. Angesprochen werden sollen Personen ab 14 Jahren. Die Angebote ähneln denen von StudiVZ und Co., wobei es hier keine zielgruppenspezifische Ansprache gibt. Laut deutsche-startups.de bewegen sich auf dieser Plattform überdurchschnittlich viele Nutzer mit niedrigem Schulabschluss (vgl. Hilker, C. (2010) 46 f.).

8. **LinkedIn**

LinkedIn ist die weltweit führende Internetplattform für Online-Reputationen[203] und Businesskontakte. Das Angebot ähnelt dem des deutschen Anbieters Xing. Mehr als 60 Mio. Menschen nutzen

---

[203] Reputation (lat. *reputatio* „Erwägung", „Berechnung") bezeichnet in der Grundbedeutung den Ruf (veraltend: den Leumund) eines Menschen, einer Gruppe oder einer Organisation.

regelmäßig LinkedIn und tauschen sich über berufliche Interessen aus. Die überwiegend verwendete Sprache auf dieser Plattform ist Englisch. Man geht lediglich von ungefähr einer halben Mio. deutschen Nutzern aus. Besonders interessant ist LinkedIn jedoch für Personen, die internationale berufliche Kontakte pflegen oder aufbauen wollen (vgl. Hilker, C. (2010), 47 f.).

9. Flickr

Flickr kombiniert das Angebot einer Online Community und einem Portal zum Teilen von Fotos und Videos. Flickr verfügt über 40 Mio. registrierte Nutzer und über 4 Milliarden Fotos. Pro Minute werden 5000 Uploads getätigt. Die Nutzergruppe ist breit gefächert und lässt sich so gut wie nicht auf Kriterien wie Alter, Geschlecht, Religion, Sprache, Kultur, soziale Schicht oder Herkunft eingrenzen (vgl. Hilker, C. (2010) 49 f.).

10. Wikipedia

Wikipedia ist eine freie, nicht kommerzielle Online-Enzyklopädie. Sie ist eine neue Informationsquelle, die durch die Hilfe registrierter Nutzer, die mehr als 1 Mio. Artikel in deutscher Sprache unentgeltlich veröffentlicht haben, entstanden ist. Durch die Möglichkeit vorhandene Artikel durch registrierte Nutzer überarbeiten und komplettieren zu lassen, expandiert Wikipedia und bietet immer mehr aber auch immer hochwertigere Artikel an. Die Nutzergruppe von Wikipedia ist nicht auf soziale Gruppen oder ein bestimmtes Alter einzugrenzen (vgl. Hilker, C. (2010), 51f.).

4 Wirkungsweise von Social Media im Marketingprozess

4.1 Vom one to one- zum many to many-Marketing

Bevor es Social Media gab, waren bei der Kommunikation zwischen Sendern und Empfängern hauptsächlich die Kommunikationsformen 1:1 und 1:n zu finden.

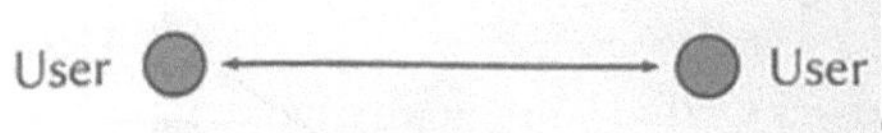

Abbildung 33: Kommunikationsbeziehung von 1:1-Medien (Hettler, U. (2010), 17)

Unter **1:1-Kommunikation** versteht man eine beidseitige zwischenmenschliche Kommunikation, deren Informationsinhalte nur für die sich austauschenden Personen bestimmt sind. Hierbei kann die Kommunikation simultan (mündlich) oder zeitlich versetzt (schriftlich oder mittels moderner Telekommunikation fernmündlich wie z.B. über Telefon oder E-Mail) stattfinden (vgl. Hettler, U. (2010), 16).

Unter **1:n-Kommunikation** wird die einseitige Unterhaltung von einem Sender an viele Empfänger verstanden. Diese Kommunikationsform findet man bei den klassischen Massenmedien wie Zeitung, Fernsehen, Radio und herkömmlichen Webseiten. *Skierra* vergleicht diese Art der Unterhaltung mit Bowling, da eine Werbebotschaft in Form einer Kugel auf eine Zielmenge gerollt wird und gehofft wird, dass möglichst viele Pins umfallen (vgl. Skiera, B. (09.04.2012). Zwar bieten auch diese Medien Reaktions- und Interaktionsmöglichkeit wie z.B. über Leserbriefe, Hotlines oder Interviews, doch sind diese in der Regel versetzt (bei einer Zeitung z.B. abhängig von der Erscheinungsfrequenz), zeitaufwendig und umständlich. Außerdem ist unklar, welche Leserbriefe, Anrufe und Kommentare von dem Medienanbieter zugelassen werden. Diese Form der Kommunikation ist als Träger von Werbebotschaften prädestiniert, da durch die Platzierung der Werbebotschaft an einem zentralen Ort das Erreichen eines großen Adressatenkreises möglich ist. Allerdings gibt es bei der 1:n-Kommunikation einen erheblichen Streuverlust (vgl. Hettler, U. (2010), 16). Werbebotschaften, die den Empfänger nicht interessieren, könnten ihn auch stören und Antipathie schaffen.

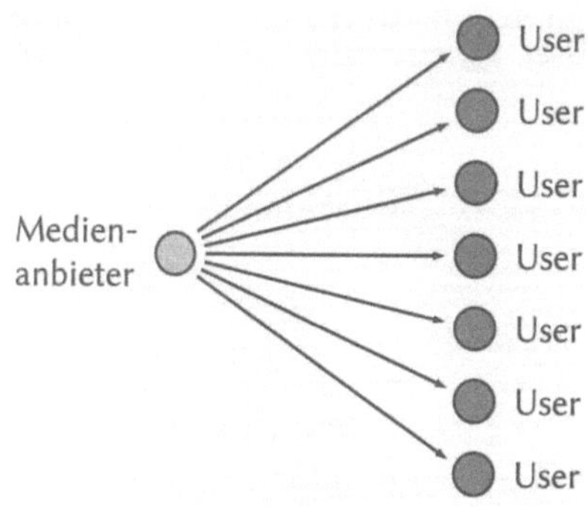

Abbildung 34: Kommunikationsbeziehung von 1:n-Medien (Hettler, U. (2010), 18)

Durch Social Media ist eine neue virtuelle **n:n-Kommunikationsmöglichkeit** geschaffen worden. Zwar gab es auch vorher schon Settings, bei denen sich jeder mit jedem mehr oder weniger offen wahrnehmbar unterhalten konnte; beispielsweise eine Gruppe von Personen, die an einem Tisch sitzend sich unterhalten. Neu ist jedoch, dass diese Interaktionsbeiträge durch die Social Media-Anwendungen gespeichert werden. Hierdurch können die Beiträge weltweit von jedem internetfähigen Computer zu einem späteren Zeitpunkt aufgerufen und sogar ergänzt werden.

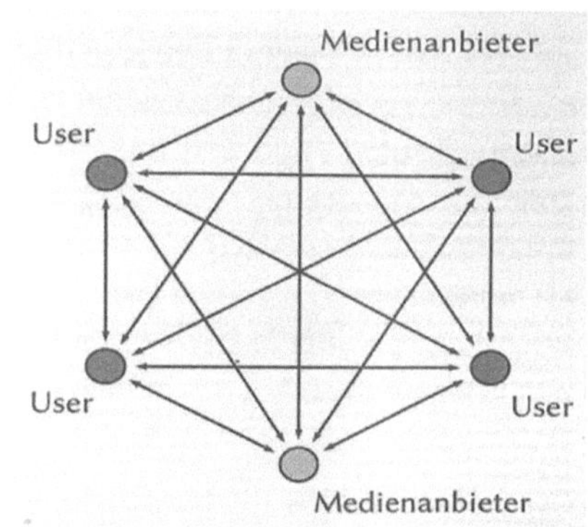

Abbildung 35: Kommunikationsbeziehung von n:n-Medien (Hettler, U. (2010), 19)

Bei dieser Form der Kommunikation ist ein Medienanbieter lediglich ein Teilnehmer unter vielen und seine Beiträge stehen in Konkurrenz zu emanzipierten, öffentlichkeitswirksam kommunizierenden Usern, die sich nicht mehr nur auf die Rolle von Rezipienten reduzieren lassen (vgl. Hettler, U.

(2010), 16 f.). *Skiera* beschreibt diese Unterhaltungsform mit einem Flipper (vgl. Skiera, B. (09.04.2012)).

Eine Machtverschiebung in Richtung des Konsumenten ist auch hier erkennbar, sodass der klassische 1:n-Medienanbieter höchstwahrscheinlich an Einfluss verlieren wird.

4.2 Die Bedeutung der Mund zu Mund-Propaganda

Bevor die Bedeutung der Mund zu Mund-Propaganda betrachtet wird, soll noch kurz auf das Nutzerverhalten des Internets eingegangen werden. Wie zu Beginn seines Bestehens wird das Internet am häufigsten für Informationsbeschaffung oder Unterhaltung verwendet, doch hat sich zwischenzeitlich der Stellenwert des Mediums verändert.

91,3% der jungen Menschen zwischen 14 und 29 Jahren sind regelmäßig online. Werden Informationen gesucht, nutzt diese Gruppe überwiegend das Internet. Aber auch von 46% der über 60-Jährigen wird das Internet täglich genutzt. In dieser Gruppe sind auch die höchsten Zuwachsraten der Internetanschlüsse zu verzeichnen, weshalb in dieser Gruppe von einer steigenden Akzeptanz des Mediums Internet ausgegangen werden kann (vgl. Hettler, U. (2010), 20).

Die aktive Teilnahme von Anwendern stellt die Grundvoraussetzung für den Erfolg von Social Media dar. Jedoch variiert der Aktivitätsgrad der jeweiligen Altersgruppen deutlich. Die sechs sprössige „social Technograhics Ladder" von *Forrester Research* sortiert die Internetnutzer nach dem Grad und der Art der Internetnutzung. Berücksichtigt wurden für die Gliederung die jeweiligen Aktivitäten innerhalb eines Monats.

Creators: sind Nutzer, die eigene Inhalte auf Blogs und Internetseiten erstellen. Sie schreiben Artikel und Geschichten, die sie genauso posten[204] wie Videos und Musik.

Critics: sind Kritiker, die Artikel auf Blogs kommentieren, Artikel ergänzen und Beiträge über Produkte schreiben bzw. überprüfen.

Collectors: sind Sammler, die RSS-Feeds abonnieren, auf Webseiten Bewertungen vornehmen und Stichworte zu Beiträgen hinzufügen.

---

[204] veröffentlichen

Joiners: sind Besitzer und Besucher von Social Network Profilen.

Spectators: sind Konsumenten von Inhalten. Sie lesen Beiträge und schauen Videos an.

Inactives: sind Internetnutzer, die keine der oben aufgeführten Aktivitäten im letzten Monat durchgeführt haben.

Basierend auf der Datenbasis von 2009 ergab sich über alle Altersgruppen hinweg und im Mittel der Geschlechterverteilung, dass nur 9% der Internetnutzer der Creators-Gruppe aber 52% der Gruppe der Inactives zugeschrieben werden können. Der Aktivitätsgrad der 18-24 Jährigen ist mit 19% der schöpferisch tätigen und nur 25% der inaktiven Personen deutlich höher. Verglichen mit dem Aktivitätsgrad der US-amerikanischen sind die deutschen Internetnutzer noch verhältnismäßig inaktiv. Im Vergleich zu den oben genannten Zahlen weisen die US-amerikanischen Nutzer deutlich höhere Aktivitäten auf (18% Inactives vs. 52%, 24% Creators vs. 9%) (vgl. Hettler, U. (2010), 20 ff.).

Es kann davon ausgegangen werden, dass sich der Aktivitätsgrad der deutschen Internetnutzer zukünftig erhöhen wird, weshalb immer mehr Beiträge zu Produkten zu finden sein werden.

Eine im April 2009 von *Nielsen* veröffentlichte Studie zu dem Vertrauen von Konsumenten ergab, dass die Befragten Empfehlungen von Bekannten am meisten vertrauen (90%). 70% vertrauen Online-Konsumentenbewertungen und Markenwebsites. Am unzuverlässigsten erschienen den Befragten Werbe-SMS (vgl. Grabs, A./ Bannour, K. (2011), 24).

Abbildung 11: Konsumenten glauben Freunden (Quelle Nielsen-Studie) (Grabs, A./Bannour, K. (20011), 24

Es zeigt sich, dass ein intelligenter Einsatz von Social Media im Marketing große Chancen eröffnet, durch Kundenkritiken bzw. durch interessante Beiträge weiterempfohlen zu werden.

4.3 Wirkungsweise des viralen Marketings

Durch Social Media-Marketing kann die Reichweite von eigenen und den Beiträgen von Kunden deutlich erhöht werden. Gefällt der Beitrag einem Social Media-Nutzer kann er diesen mit seinen Freunden teilen. Sobald ein aktiver Nutzer oder Beeinflusser einer Social Media-Anwendung einen für ihn interessanten Beitrag (Link, Foto, Video, Artikel, Podcast, Kommentar, etc.) findet und ihn mit seinen Freunden teilt, beginnt die Mundpropaganda, die in diesem Kontext auch Word of Mouth-Propaganda genannt wird. Die Weiterleitung von einem Nutzer an alle seiner Freunde oder einen definierten Benutzerkreis erinnert an das Ansteckungsmuster von Infektionen – man spricht daher von einer viralen Ausbreitung (vgl. Weinberg, T. (2011), 4).

Drückt ein Facebook-Nutzer den „Gefällt mir"-Button eines Beitrags, so kann von einer Verbreitung an durchschnittlich 130 weitere mit ihm verbundenen und gleichgesinnte Personen ausgegangen werden (vgl. Grabs, A./ Bannour, K. (2011), 30).

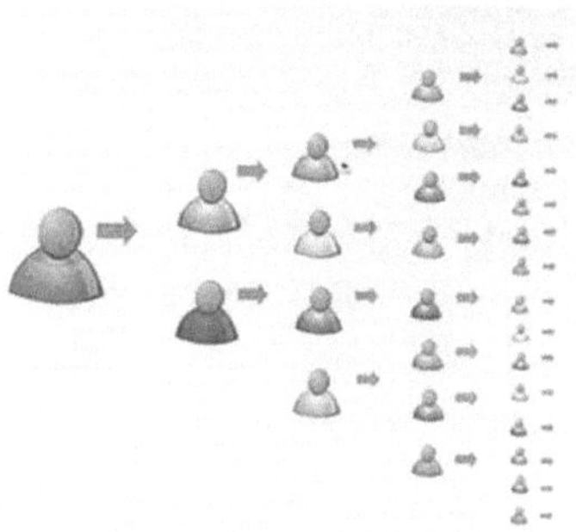

Abbildung 12: Eine grafische Darstellung des viralen Marketings (vgl. Weinberg, T. (2011), S.5)

4.4   Vom Push- und Pull- zum Share-Prinzip

Die klassischen Marketingstrategien, wie die bislang überwiegend verwendeten Push- und Pull-Strategien verlieren vor allem im Internet an Bedeutung (vgl. Hilker, C. (2010), 62).

Vorab muss erwähnt werden, dass versucht wurde eine Differenzierung zwischen Push- und Pull-Strategien sowie Push- und Pull-Marketing vorzunehmen. Das *Wirtschaftslexikon24* gab Aufschluss darüber, dass unter den Begriffen dasselbe verstanden werden kann (vgl. Wirtschaftslexikon24 (08.03.2012): Push-Marketing).

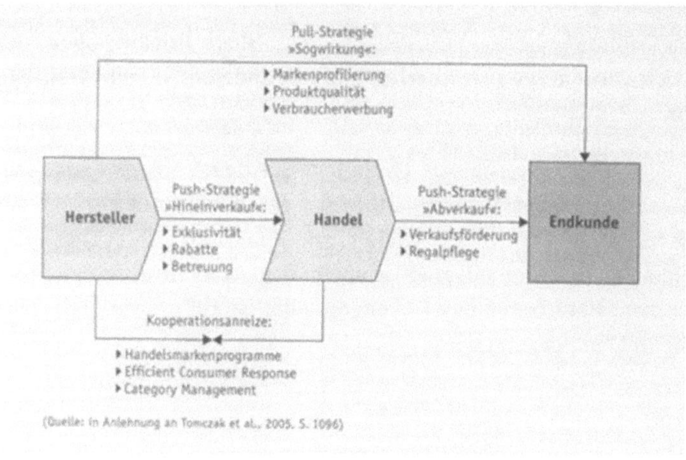

Abbildung 36: Anreizstrategien zur Absatzmittlerstimulation (Scharf, A./ Schubert, B./Hehn, P. (2009), 462)

Unter Push-Strategien versteht man verkaufsfördernde Maßnahmen, die Produkte in die Lager der nachfolgenden Glieder der Absatzkette drücken und so den Abverkauf an den Endverbraucher fördern sollen.

Mit der Pull-Strategie richten sich Hersteller direkt an den Konsumenten. Durch Markenprofilierung, Verbraucherwerbung sowie die Darstellung von Produktbesonderheiten und Produktqualität soll die Nachfrage verstärkt und damit eine Sogwirkung in Richtung Absatzkanal erzeugt werden (vgl. Scharf, A./ Schubert, B./ Hehn, P. (2009), 462).

Unter dem Push-Prinzip versteht *Hilker* das Senden von Informationen und Angeboten über verschiedene Kanäle zum Verbraucher. Beim Pull-Prinzip hingegen sucht der Verbraucher selbst Informationen und nutzt dafür seinen Lieblingskanal. Typisch für diese beiden Marketingprinzipien sei die einseitige Kommunikation zwischen den Anbieter und Verbraucher (vgl. Hilker, C. (2010), 62).

Grabs/ Bannour meinen, dass das Push-Prinzip für Social Media-Marketing nicht sinnvoll sei, und dass im Zeitalter von Social Media diese nach dem Reiz-Reaktions-Prinzip funktionierenden Modelle endgültig ausgedient hätten. Die Social Media-Nutzer agieren heute nach einem neuen Pull-Prinzip, bei dem die Kommunikation in Form eines Dialogs im Vordergrund steht (vgl. Grabs, A./ Bannour, K. (2011), 34).

Hilker bezeichnet dieses neue Pull-Prinzip als Share-Prinzip, bei der Plattformnutzer sich verlinken und vernetzen und mit anderen Nutzern Beiträge teilen (vgl. Hilker, C. (2010), 62).

Kommunikation wird also weiterhin die Grundlage für den Verkauf darstellen. Sollen Kaufanreize über Social Media-Plattformen gesendet werden, muss der Verkäufer die Bereitschaft für einen Dialog mit dem Endverbraucher mitbringen. Den eigenen Bekanntheitsgrad steigert man, indem Beiträge zum eigenen Produkt von Plattformnutzern weitergeleitet werden, wodurch eine virale Verbreitung in Gang gesetzt wird.

4.5   Was bringt Social Media für ein Unternehmen

Um bestimmte Ergebnisse erreichen zu können, müssen die Ziele zunächst definiert werden. Im Großen und Ganzen geht es um dasselbe wie im Offline-Marketing. Es soll Aufmerksamkeit erregt, der Bekanntheitsgrad erhöht und das Image verbessert werden. All dies kann man durch Social Media-Marketing erreichen, wahrscheinlich sogar kostengünstiger als durch herkömmliches Marketing.

Kundengewinnung durch Empfehlungsmarketing

Bestehende Kunden können durch einen Knopfdruck auf einer Social Media-Plattform ein Produkt, eine Marke oder ein Unternehmen ihren Netzwerkfreunden weiterempfehlen. Da der Onlinefreundeskreis um ein Vielfaches größer ist als der Reale, wird die Reichweite der Nachricht ebenfalls um ein Vielfaches erhöht. Mit Geschick kann ein viraler Effekt erzeugt und können neue Kunden gewonnen werden. Wie bereits dargestellt ist diese Art der Weiterempfehlung die effektivste, da 90% der Konsumenten den Empfehlungen von Freunden vertrauen (siehe Kapitel 4.2) (vgl. Grabs, A./ Bannour, K. (2011), 30).

Werbung fast ohne Streuverluste

Der wahrscheinlich gewichtigste Vorteil von Social Media-Marketing ist, dass zielgruppenspezifische Werbung – auch Behavioral Targeting genannt – geschaltet werden kann, weil die Nutzer von Social Media-Anwendungen in den Nutzerprofilen viele Daten über ihre Person z.B. Alter, Interessen, Wohnort, Ausbildungsgrad, Beruf, Einkommen usw. angeben. Mit diesen Informationen

lässt sich der Empfängerkreis sinnvoll eingrenzen, was Streuverluste minimiert (vgl. Grabs, A./ Bannour, K. (2011), 32).

Die Markenbekanntheit und das Image steigern

Loyale Markenfans stehen für Ihre Produkte und Service online wie offline ein. Wenn man mit den „Markenbotschaftern" kooperiert, werden deren Kaufentscheidungen andere potenzielle Kunden durch Beiträge in den Social Media-Plattformen beeinflussen (vgl. Grabs, A./ Bannour, K. (2011), 30 f.).

Das Ranking in Suchmaschinen verbessern

Suchmaschinen wie z.B. Google und Bing geben Social Media-Inhalten eine immer höhere Gewichtung. Durch die sogenannte „Real Time Search" werden Facebook- und Twitter-Beiträge in Echtzeit durchsucht und können so innerhalb von Sekunden gefunden werden (vgl. Grabs, A./ Bannour, K. (2011), 31). Einfluss auf das Suchmaschinenranking wurde bereits früher ausgeübt. Die Gründer von Google *Larry Page* und *Sergery Brin* machten das Ranking nicht ausschließlich von den Schlagwörtern im Text bzw. im Header abhängig, sondern zogen bei der Ermittlung der Wertigkeit einer Seite die Anzahl der Verlinkung zu anderen Seiten mit ein. Da Google in Deutschland mittlerweile einen Marktanteil von 90% hält, stellt dieser Faktor eine relevante Zielgröße dar (vgl. Kaufmanns, R./ Siegenheim, V. (2007), 14 ff).

Mehr Traffic auf Ihre Webseite bringen

Durch weit gestreute Inhalte kann die Besucheranzahl einer Webseite erhöht werden. Zwar sollten potenzielle Nutzer nicht ständig auf die Webseite hingewiesen werden, doch durch die Lieferung von interessanten Beiträgen, einem guten Service oder einer interessanten Kommunikation werden positive Assoziationen gesammelt. Soll bei einem Kunden ein Bedarf gedeckt werden, wird er sich an das entsprechende Unternehmen erinnern (vgl. Grabs, A./ Bannour, K. (2011), 31).

Kundenbindung und Kontaktpflege

Soll der Aufwand für den Aufbau einer Kundendatenbank und das Einwerben von Newsletter-Empfängern gespart werden, kann es genügen, einen virtuellen Raum zu betreten, in dem sich bereits viele potenzielle Kunden bewegen. Außerdem kann unabhängig von Journalisten und Agenturen eine direkte, schnelle, relevante und authentische Öffentlichkeitsarbeit geleistet und dadurch Geld und Zeit eingespart werden, ohne dass auf die öffentliche Wahrnehmung und Berichterstattung über Neuigkeiten verzichtet werden muss (vgl. Grabs, A./ Bannour, K. (2011), 30 ff.).

Zudem entsteht eine Wechselwirkung zwischen Social Media-Anwendungen und der klassischen Presse, die vermehrt Online-Beiträge für Ihre Berichterstattung aufgreift (vgl. Bitkom (2010), 7).

Neue Vertriebskanäle erschließen

Social Media-Anwendungen wurden nicht für den Verkauf von Produkten entwickelt, sondern für den Austausch von Information und der Kommunikation zwischen Menschen. Nichts desto trotz bieten einige Anwendungen einen perfekten Vertriebskanal für Unternehmen. Als Beispiel kann hier der Twitter-Account von „DellOutlet" (www.twitter.com/DellOutlet) genannt werden. Dell verkauft hierüber Computer und Zubehör im Wert von mehreren Millionen USD im Jahr (vgl. Grabs, A./ Bannour, K. (2011), 31).

Abbildung 37: Tweet von DellOutlet (Twitter (09.03.2012)

Das Positive an einem negativen Kommentar

Social Media macht Erfahrungsberichte bekannt, diese können positiv aber auch negativ ausfallen. Viele Unternehmen fürchten sich vor der negativen Kritik zu Unrecht, vor allem dann, wenn die Kunden überwiegend zufrieden mit den Produkten und dem Service sind. Die Wirtschaftshochschule ESCP Europe in Berlin hat durch eine Studie festgestellt, dass sich 89% der Befragten an positive und nur 7% an negative Mundpropaganda erinnern. Auch die durchschnittliche Anzahl der Personen, die über positive (7,44) und negative (8,25) Erlebnisse informiert werden, ist nahezu ausgeglichen (vgl. Grabs, A./ Bannour, K. (2011, 26).

Auch wenn die negativen Kritiken bei dem potenziellen Kunden nur in seltenen Fällen im Gedächtnis bleiben, sollten sie von den Unternehmen durchaus beachtet werden, denn sie können als Antriebsquelle für Verbesserungen genutzt werden. Außerdem geben sie Hinweise auf mögliche neue Einsatzgebiete für vorhandene Produkte sowie neue Bedürfnisse.

Eine ausgesprochene Kritik gibt dem Unternehmen auch die Chance gezielt nachzubessern, die Zufriedenheit wieder herzustellen und die Kundenbindung zu stärken (vgl. Grabs, A./ Bannour, K. (2011), 26).

5 Social Media-Strategie

„Auch wenn Facebook, Twitter und Co. gerade in sind, so ist das Ziel entscheidend – nicht das Tool. Erst wenn Sie Ihre Ziele definiert und den Weg dorthin skizziert haben, ist Social Media für Ihr Unternehmen Erfolg versprechend: Doch Erfolg in Social Media kann sehr vieles bedeuten" (Grabs, A./ Bannour, K. (2011), 59).

Um eine eigene Marketingstrategie für das Social Media-Engagement zu entwickeln, ist die „POST-Methode oder „POST-Framework" von *Charlene Li* und *Josh Bernoff* zu empfehlen. POST steht für People – Objektives – Strategie – Technologie und gibt eine Empfehlung, in welcher Reihenfolge die Social Media-Strategie durchdacht werden sollte. Demnach muss zuerst die Zielgruppe bestimmt, dann müssen die Ziele festgelegt und die Strategie erarbeitet werden. Im nächsten Schritt sollte der Erfolg kontrolliert werden. Doch dazu später (siehe Kapitel 6). Die geeigneten Social Media-Anwendungen werden zuletzt bestimmt.

Lembke formuliert es in einer zentralen Frage so: „wie kommunizieren wir, an welche Zielgruppe, mit welchem betrieblichen Ziel, auf welchen Kanälen und mit welcher Wirkungserwartung" (Lembke, G. (2011), 59)?

Er teilt auch die Meinung von *Legler* und meint, dass es keine allgemeingültige Social Media-Strategie gebe. Es müsse jeweils eine individuell auf das Unternehmen und die definierten Ziele abgestimmte Strategie entwickelt werden (vgl. Lembke, G. (2011), 51).

Im Folgenden soll die Strategieentwicklung an Hand der POST-Methode erläutert werden, weil sie eine gute Struktur für die Strategieentwicklung bietet. *Lembke* legt hierbei ein besonderes Augenmerk auf die Herausarbeitung der Kernkompetenzen des Unternehmens und der Konkurrenzanalyse zur Entwicklung der eigenen Strategie. Die POST-Methode beinhaltet dies auch, geht jedoch nicht so sehr in die Tiefe (vgl. Lembke, G. (2011), 38 ff.).

5.1 Zielgruppe finden

Nach der POST-Methode sollte im ersten Schritt beim Kunden begonnen und herausgefunden werden, wo und in welchem Ausmaß die Kunden sich im Social Web bewegen – verhalten sich diese aktiv und lassen sie sich der Gruppe der

„Creators" zuschreiben oder nutzen sie die Angebote als „Spectators" – sind also eher passiv und schauen lieber ein Video an und lesen lediglich Kommentare (vgl. Hettler, U. (2010), 23).

Ebenfalls von Interesse sollte es sein, herauszufinden, welche Informationen die Zielgruppe wünscht, ob sie sich vor einem Kauf im Netz über die Produkte informiert und auf welchen Seiten sie dieses tun (vgl. Grabs, A./ Bannour, K. (2011), 60).

Sollen soziodemografische Daten wie Alter, Geschlecht, Einkommensstruktur, Interessen und Werte über die Zielgruppe gewonnen werden, bietet sich der Gebrauch einer Definition nach der Sinus-Milieu-Studie an. Diese ist von *Sigma – Gesellschaft für internationale Marktforschung und Beratung* erstellt worden und unterteilt die Bundesbevölkerung in zehn Zielgruppen. Die Sortierung erfolgte nach dem sozialem Status und den Grundwerten (vgl. SIGMA (13.03.2012) Sigma Milieus für Deutschland).

Ist es das Ziel, erste Informationen über das Internet-Nutzungsverhalten einer Zielgruppe zu erhalten, bietet sich eher die ARD/ZDF-Online-Studien (http://www.ard-zdf-onlinestudie.de) an. Diese Studien zeigen welche, Altersgruppen besonders intensiv surfen, wie die Geschlechter verteilt sind und geben Rückschlüsse über den Berufsstand der Internetnutzer (vgl. Grabs, A./ Bannour, K. (2011), 60 f).

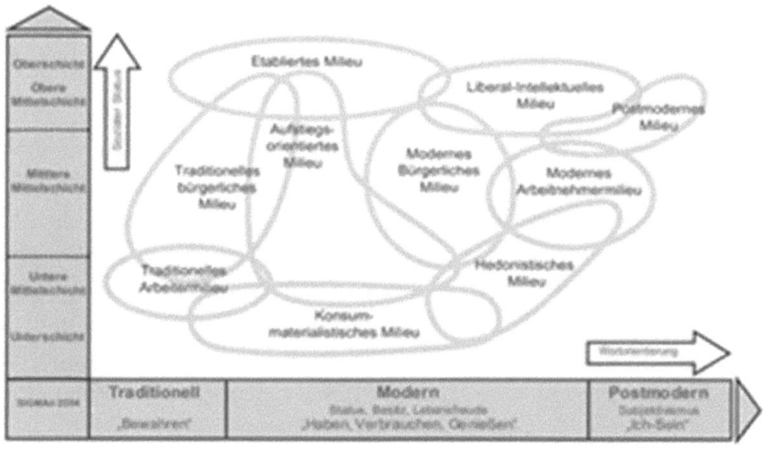

Abbildung 15: Screenshot der Sigma Milieus für Deutschland (SIGMA (13.03.2012)

Weitere Informationen und Statistiken zum Mediennutzerverhalten werden meist kostenfrei von folgenden Medienverbänden zur Verfügung gestellt:

- **AGOF (Arbeitsgemeinschaft Online-Forschung):** ist ein Zusammenschluss der führenden Online-Vermarkter in Deutschland.

- **Nielsen:** bietet einen umfassenden Blick auf Märkte und Verbraucherverhalten durch integrierte Erkenntnisse, Erfahrungen, Marktinformationen und fortschrittlichen Technologien.

- **OVK (Online-Vermarkterkreis):** kostenlose Infos zur Online-Werbung – über Wirkung, Zielgruppe, Werbeformen u.a.

- **BVDW (Bundesverband Digitale Wirtschaft e.V.)**

- **BITKOM (Bundesverband Informationswirtschaft, Telekommunikation und neue Medien e.V.)**

- **VDZ (Verband Deutscher Zeitschriftenverleger)**

- **WOMMA (Word of Mouth Marketing Association)** (vgl. Lembke, G. (2011), 37).

5.2 Ziele definieren

Im zweiten Schritt der POST-Methode geht es um die Zieldefinition für die Social Media-Aktivitäten. An dieser Stelle sei auch erwähnt, dass die Zielmessung der Social Media-Aktivitäten anders als die der klassischen Marketingmaßnahmen ist. Sie ist aber nicht weniger wichtig.

Zielbestimmungen für Werbekampagnen in klassischen Medien lauten oft wie folgt: 10% mehr Absatz erzielen oder eine Markenbekanntheit von mindestens 30% erreichen. Diese klassischen Ziele sind meistens mit einem direkt in Verbindung stehenden Absatzziel verknüpft. Doch diese Push-Marketing-Ansätze sind, wie bereits in Kapitel 4.4 erwähnt, für die Social Media-Aktivitäten ungeeignet und die Pull-Marketing-Ansätze erzielen mit der Bereitstellung von Informationen und dem Kommunikationsangebot für potenzielle Kunden erst mit Verzögerung Effekte (vgl. Grabs, A./ Bannour, K. (2011), 64).

„Mit Social Media-Marketing bringen Sie zwar Ihre Verbraucher mit der Marke in Kontakt, Sie betreiben aber kein reines Absatzmarketing. Mit Social Media-Marketing verfolgen Sie generell immer das Ziel: mit regelmäßigem Austausch über Ihr Produkt eine starke Kundenbindung, einen guten Ruf im Netz und eine intensivere Markenwahrnehmung erzeugen, die nachhaltig für mehr Umsatz führen" (Grabs, A./ Bannour, K. (2011), 64).

In dieser Masterarbeit werden folgenden Ziele für die Strategieentwicklung vorausgesetzt:

- Austausch mit potenziellen Kunden über eigene Produkte, um die Kundenbindung zu erreichen,

- Ruf im Internet zu verbessern und

- Markenwahrnehmung zu erhöhen.

Bevor man sich mit der quantitativen Zielbestimmung beschäftigt, sollten die qualitativen Marker festgelegt werden, da die Anzahl der Fans oder Followers nichts über die Anzahl der Dialoge und Empfehlungen aussagt (vgl. Grabs, A./ Bannour, K. (2011), 64).

Um dieses Empfehlungsmarketing oder auch viralen Effekte geht es jedoch (vgl. Hilker, C. (2010), 62).

Hierzu ist es notwendig die Perspektive des Kunden einzunehmen, um im Dialog zu klären, was dieser sich von dem Produkt erhofft. Fragen, die dafür hilfreich sein können sind, ob:

- ...die Kunden schon einmal im Social Web über das Produkt gesprochen haben,

- ...bereits spezielle Foren oder Seiten existieren, auf denen über das Produkt gesprochen wird,

- ...es Meinungsführer, Markenliebhaber und Influencer gibt und welche positive und negative Kritik diese über das Produkt veröffentlichen und

- ...die Kunden mit dem Service zufrieden sind (vgl. Grabs, A./ Bannour, K. (2011), 64 f.).

Stehen die qualitativen Ziele fest, können zur Kostenkalkulation quantitative Ziele bestimmt und nach dem SMART-Prinzip definiert werden (vgl. Weinberg, T. (2011), 39).

SMART ist ein Akronym für „**S**pecific **M**easurable **A**ccepted **R**ealistic **T**imely und dient im Projektmanagement als Kriterium für eindeutige Zielbestimmung. Ins Deutsche übertragen, kann man es wie folgt übersetzen:

S	Spezifisch	Ziele müssen eindeutig definiert sein
M	Messbar	Ziele müssen messbar sein
A	Akzeptiert / Auftragsorientiert	Ziele müssen akzeptiert sein und der Sache dienen
R	Realistisch	Ziele müssen möglich sein
T	Terminierbar	Ziele müssen eine Terminvorgabe haben

(vgl. Birgmeier, B (Hrsg.) (2009), 183 ff.)

5.3 Strategiekonzept

Für die Entwicklung des Strategiekonzeptes schlagen *Grabs/Bannour* drei strategische Ansätze vor, welche den Aktivitätsgrad beschreiben, mit dem ein Unternehmen Social Media-Marketing betreiben kann.

Im passiven Ansatz wählt das Unternehmen lediglich die Beobachterrolle, um Negativberichterstattung aufzuspüren und die Eingriffsmöglichkeit zu sichern.

Der reaktive Ansatz ist durch eine abwartende Haltung geprägt, zeichnet sich aber durch erste Eingriffe in den Kommunikationsprozess aus, womit der Einstieg ins Social Media-Marketing gegeben ist. Das bedeutet den Einsatz von Monitoring-Hilfsmitteln zum Aufspüren der Online-Kommunikation über das Unternehmen, um auf Meinungen und Aussagen reagieren und negative Berichterstattung begrenzen zu können.

Das größte Engagement wird im proaktiven Ansatz gefordert. Dieser macht ein im ganzen Unternehmen verankertes internes und externes Social Media-Verständnis notwendig (vgl. Grabs, A./ Bannour, K. (2011), 67 f.).

In dieser Masterarbeit wird ein proaktiver Ansatz vorausgesetzt, da nur mit diesem auf Dauer unternehmerische Vorteile im Sinne einer Steigerung von Umsatz, Ertrag, Image, Marktanteil etc. erreicht werden kann.

Um den proaktiven Ansatz im Unternehmen erfolgversprechend umsetzen zu können, sollte die Firmenphilosophie Transparenz zulassen und auf den gleichen Werten beruhen, wie sie ein Social Media-Engagement fordert: Gemeinschaft, Teilen, Ehrlichkeit. Nur dann kann das Drei-Säulen-Modell der Social Media-Kommunikation, wie es *Grabs/Bannour* beschreiben, umgesetzt werden.

In diesem Modell stellen Unternehmen, Mitarbeiter und Kunden jeweils eine Säule dar. Die Einbindung von Mitarbeitern in die Kommunikation ist deshalb wichtig, weil sie das Unternehmen in den Social Media-Anwendungen vertreten und dieses durch sie „vermenschlicht" wird. Außerdem besteht durch die Einbindung der Mitarbeiter die Chance Fragen, Kritik und Anregungen gleich an die entsprechende Stelle im Unternehmen weiterleiten zu können und die Beantwortung durch diese vornehmen zu lassen. Dieses ist nicht nur hilfreich, um die Mitarbeiter auf Wünsche und Anregungen der Kunden aufmerksam zu machen, sondern dient auch der Motivation. Lob des Kunden kommt so direkt beim Mitarbeiter an. Außerdem kann diese Maßnahme von den Mitarbeitern als Vertrauensbeweis gesehen werden und die Loyalität des Mitarbeiters fördern (vgl. Grabs, A./ Bannour, K. (2011), 69 f.).

Die Benennung eines Social Media-Koordinators im Unternehmen bleibt trotz und gerade durch die Einbindung der Mitarbeiter nicht aus. Er sollte den Überblick über das gesamte Social Media-Engagement des Unternehmens haben, jedoch nicht jeden Beitrag leisten und für alle Aktivitäten komplett verantwortlich sein. Da Social Media-Marketing zeitintensiv ist, wird er diese Aufgabe nicht nebenbei erledigen können. Er sollte einen guten Überblick über das Unternehmen haben und in ihm ausreichend vernetzt sein. Diese Beschreibungen machen deutlich, dass es sich dabei nicht um einen Praktikanten, sondern um eine Fachkraft handeln muss. Im Wesentlichen stellen die Kosten des Social Media-Engagements auch die Kosten für den oder die Mitarbeiter dar. Vergleicht man diese Kosten mit den Kosten einer

Anzeigenkampagne in der Tageszeitung oder der Erstellung eines Mailings, sind sie verhältnismäßig gering und bewirken eine längere Aufmerksamkeit und größere Reichweiten. Der Wert dieser längerfristigen Beachtung durch den Kunden wird durch das „Long-Tail-Prinzip" illustriert (vgl. Grabs, A./ Bannour, K. (2011), 70 f.).

Exkurs: The Long Tail

„...Das Konzept des Long Tail entstammt ursprünglich der Statistik. Im Jahr 2004 wurde es zum ersten Mal im Kontext von E-Commerce angewendet. Es widerspricht dem Pareto-Prinzip, das zum Ausdruck bringt, dass eine kleine Anzahl von hohen Werten einer Wertmenge mehr zu deren Gesamtwert beiträgt als eine große Anzahl von niedrigen Werten. Nach dem 80/20-Pareto-Prinzip erzielen beispielsweise 20 Prozent der Erzeugnisse eines bestimmten Anbieters 80 Prozent dessen Gesamtumsatzes. Diese Regel verliert aber in Zeiten des Internets in bestimmten Bereichen ihre Aussagekraft. Untersuchungen von Verkaufszahlen von Online-Shops wie Amazon und iTunes ergaben, dass ein hoher Anteil des Umsatzes nicht mehr mit Bestsellern erwirtschaftet wird, sondern mit den vermeintlichen Ladenhütern und Nischenprodukten aus dem so genannten Long Tail, die sich zwar selten, dafür aber regelmäßig verkaufen. [...]" (Hettler, U. (2010), 8).

Abbildung 38: The Long Tail: ein zentrales Prinzip des Web 2.0 (Hettler, U. (2010), 8)

Ähnlich wie die Nischenprodukte über eine längere Zeit gesucht und gekauft werden, können auch die im Internet gespeicherten Konversationen und sonstigen Beiträge gefunden und betrachtet werden.

Um den potenziellen Kunden das Unternehmen und die Produkte über Social Media-Marketing näher zu bringen, sollte ein Redaktionsplan entwickelt werden, welcher die Frequenz und die Art der Posts in einem Rahmen fast. Als Gesprächsstoff können und sollten auch Internas, wie Jubiläen und Feiern, dienen (vgl. Grabs, A./ Bannour, K. (2011), 72 f.). Mehr zum Redaktionsplan im nächsten Abschnitt – Kunden ein Sprachrohr geben.

Des Weiteren sollte eine Social Media-Guideline entwickelt und an alle Mitarbeiter verteilt werden. Hierdurch kann die Verwendung von Social Media während der Arbeitszeiten geregelt und über Datenschutz und Urheberrecht aufgeklärt werden.

5.4 Den Kunden ein Sprachrohr geben

Wie bereits an mehreren Stellen erwähnt, ist es ein Ziel von Social Media-Marketing, mit dem Kunden in Dialog zu kommen. Er sollte motiviert werden, von positiven Erfahrungen und Erlebnisse zu berichten. Denn nichts ist authentischer und überzeugt potenzielle Kunden mehr als eine gute Kundenmeinung.

Hilfreich für die Entwicklung des Redaktionsplans ist es, das Informations- und Kaufverhalten der sogenannten „Lieblingskunden" zu analysieren. Hierbei stützen sich *Grabs/Bannour* auf die Untersuchung des Salzburger Internetexperten *Mrazek*, der mit österreichischen Hoteliers und Tourismusexperten das *Lieblingsgastprinzip* entwickelt hat. Im Kern geht es darum, dass jedes im Markt etablierte Unternehmen Kunden hat, die so zufrieden sind, dass sie immer wieder kommen und ihren Freunden von den positiven Erfahrungen berichten. Außerdem kann davon ausgegangen werden, dass es viele weitere potenzielle Lieblingskunden gibt, die nur noch nichts von dem Angebot wissen und die in Kenntnis gesetzt werden müssen. Werden die Gründe der Kundenzufriedenheit formuliert und entsprechend den Such- und Kaufverhalten der Lieblingsgäste den potenziellen Lieblingsgästen vorgestellt, werden mehr neue Lieblingskunden auf das Angebot aufmerksam. *Grabs/ Bannour* meinen, dass das Lieblingsgastprinzip sich durch die Einfachheit und Schlüssigkeit gut auf alle Kunden übertragen lässt und haben es so in das Lieblingskundenprinzip umbenannt (vgl. Grabs, A./ Bannour, K. (2011), 82 ff.).

Die Erkenntnisse über das Such- und Kaufverhalten sowie die Gründe für die Kundenzufriedenheit sollten daher unbedingt bei der Erstellung des

Redaktionsplans berücksichtigt werden, um die Beiträge zur rechten Zeit platzieren und einen viralen Effekt initiieren zu können.

Kommt es zur Veröffentlichung eines negativen Beitrags, sollte diesem professionell und respektvoll begegnet werden, da in einer Kritik auch immer ein Fünkchen Wahrheit steckt und einer subjektiven Wahrnehmung auch nicht widersprochen werden kann. Ratsam ist es, in dieser Situation rasch zu reagieren, dem Kritiker für seine Meinung zu danken, zu versprechen, der Sache nachzugehen und zu erläutern, wie man eine Verbesserung erreichen und umsetzen will.

Zu berücksichtigen ist auch, dass eine negative Kritik für potenzielle Kunden gerade der Anstoß zu einer Kaufentscheidung sein kann. Als Beispiel sei hier die enttäuschte Berichterstattung über fehlende Bars, Clubs und Discos in unmittelbarer Hotelumgebung genannt. Durchaus denkbar, dass mehr erholungs- als unterhaltungssuchende Kunden gerade deshalb dieses Hotel buchen werden (vgl. Grabs, A./ Bannour, K. (2011), 84 f.).

5.5 Ins Gespräch kommen

Nachdem die Zielgruppe analysiert, die Ziele definiert, die Lieblingskunden benannt und die bereichsübergreifende und langfristige Strategie entwickelt wurde, müssen – um bei der POST-Methode zu bleiben – die Technologien bestimmt werden. Hierunter werden die verschiedenen Social Media-Anwendungen wie Social Network (z.B. Facebook), Microblogging-Dienste (z.B. Twitter) und Blogs (z.B. WebmarketingBlog.at) verstanden, welche zum Aufbau eines Dialogs zwischen Freunden und Gleichgesinnten genutzt werden (vgl. Grabs, A./ Bannour, K. (2011), 88).

Eine Freundschaft beginnt in der Regel mit einer intensiven Unterhaltung, bei der das aktive Zuhören ein wesentlicher Bestandteil ist. Um eine stärkere Kundenbindung durch den Einsatz von Social Media zu erreichen, gelten Verhaltens- und Kommunikationsregeln wie unter Freunden. Es wird miteinander kommuniziert, interessante Inhalte und Beiträge geteilt und Hilfestellung geboten. Kurzum, man achtet darauf, dass es jedem gut geht. Hierdurch wird ein Wir-Gefühl ausgelöst. Da Kunden Emotionen und nicht nur ein Produkt kaufen, hat dies Einfluss auf die Kaufentscheidung (vgl. Grabs, A./ Bannour, K. (2011), 91).

„Das Wir-Gefühl erzeugen Sie nicht über das Produkt, sondern durch das Gefühl, dass das Produkt beim Kunden auslöst. Viele Unternehmen sind geneigt, zu entgegnen, dass der Kunde doch (nur) ein Produkt und keine Beziehung kauft. Das stimmt aber nicht. Jede Marke steht für eine bestimmte Unternehmensphilosophie, für ein Gefühl, und beides kauft der Kunde mit" (vgl. Grabs, A./ Bannour, K. (2011), 92).

Genau dieses Thema kann als Ansatzpunkt für ein Gespräch dienen. Sprechen potenzielle Kunden im Internet über ein Unternehmen, kann sich dieses an der Kommunikation beteiligen und Serviceanfragen beantworten, Hilfestellung bieten und so Kompetenz zeigen.

6 Erfolgskontrolle von Social Media-Marketing

6.1 Grundlagen der Erfolgsbeobachtung

Immer schon war es wichtig, den Erfolg des Marketings beurteilen zu können. Deshalb bildet das Marketingcontrolling die letzte Phase im Marketingmanagement eines idealtypischen Marketingplanungsprozesses, welcher aus zeitlich und inhaltlich aufeinander abgestimmten Phasen besteht. Zwischen diesen Phasen existieren zahlreiche wechselseitige Abhängigkeiten, sodass ein sukzessives, voneinander unabhängiges Abarbeiten der Phasen nicht sinnvoll erscheint (vgl. Bruhn, M. (2009), 41).

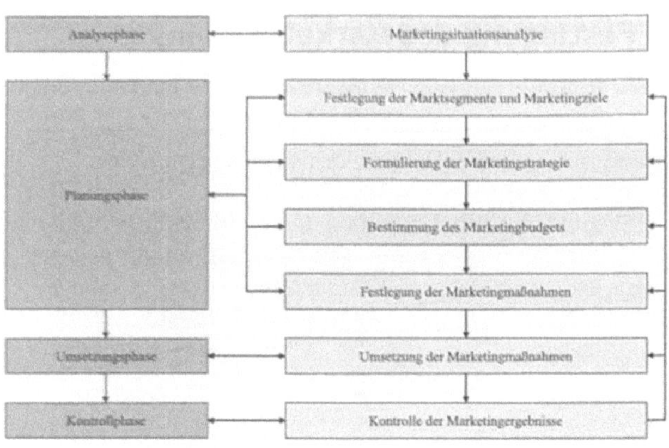

Abbildung 39: Idealtypischer Prozess des Marketingmanagements (Bruhn, M. (2009), 38)

Diese Verflechtung macht es notwendig, dass durch das Marketingcontrolling umfangreichere Controllingaktivitäten durchgeführt sowie Verfahrensweisen und Entscheidungsprozesse im Marketing kritisch geprüft werden. Die Folge davon war und ist, dass dieser Funktionseinheit im Unternehmen umfassendere Aufgaben übertragen wurden und sich Marketingcontroling von einer klassischen Kontrollfunktion zu einem Performance-Measuring-System entwickelte. Hierdurch sollen die Wirkungen von strategischen und taktischen Marketingentscheidungen auf Unternehmens-, Kunden- und Marktebene ermittelt werden (vgl. Bruhn, M. (2009), 293 f.). Eine gut strukturierte Social Media-Strategie beinhaltet daher auch immer eine Kontrollphase. Um eine Auswertung für das Social Media-Engagement vornehmen zu können, bedarf es diverser Messkriterien. Die heute verwendeten Metriken scheinen allerdings nur unzureichend zu sein. Eine Aussage wie: „unsere letzte Kampagne wurde in den ersten Tagen nach Veröffentlichung 4321 mal aufgerufen und kommentiert!" gibt eben lediglich Auskunft über die Menge an Kommentaren, aber nicht über den Gehalt derselben, was Rückschlüsse über den Erfolg einer Kampagne zulässt (vgl. Sterne, J. (2011), 39). Erst im Vergleich mit anderen Kampagnen oder dem Abgleich mit einem definierten Ziel, bekommt die Zahl eine Aussagekraft. Die unternehmerischen Ziele, die durch das Social Media-Engagement erreicht werden sollen, sind häufig:

- Umsätze steigern,

- Kosten senken und

- Kunden begeistern (vgl. Lembke, G. (2011), 152).

Diese Ziele sind aber zu umfangreich und wenig präzise, als dass die Wirkung einer einzelnen Kampagne auf diese beurteilt werden könnte. Von daher müssen sie heruntergebrochen und mit weiteren Eckpfeilern versehen werden.

Im nächsten Kapitel soll zunächst ein Überblick über altbewährte und häufig verwendete Metriken gegeben und später auf sinnvolle und spezifische Messkriterien eingegangen werden.

6.2   Überblick zu Erfolgsmetriken

Die richtigen Messkriterien für die Erfolgsbeurteilung zu finden, ist mühsam. Das liegt nicht an der mangelnden Vielfalt, sondern an dem mangelnden Verständnis für die Metriken. Die Messmöglichkeiten durch webbasierte und lokale Messlösungen bieten sich zwar an, weil sie einfach darzustellen sind, doch entstammen sie der Informatik und Webentwicklung und sind in den wenigsten Fällen mit betriebswirtschaftlichen Verständnissen und Sichtweisen vereinbar (vgl. Lembke, G. (2011), 159).

Die gebräuchlichste Metrik zur Erfolgsmessung der Social Media-Aktivität ist das Messen der Seitenaufrufe. Dies ergab eine von *eMarketer* durchgeführte Untersuchung, bei der weltweit 175 Unternehmen nach den verwendeten Metriken zur Erfolgsmessung der Social Media-Aktivitäten befragt wurden (vgl. eMarketer (21.03.2012)).

In der folgenden Grafik sind die am häufigsten verwendeten Metriken

zusammengefasst. Messaufwands zu geben, da eine Steigerung der Es scheint ein generellen Anstieg des betriebenen Messaktivitäten bei den meisten der Metriken vorliegt.

Metrics Used by CMOs Worldwide to Measure Value of Social Media Marketing Activities, 2010 & 2011
% of respondents

	2010
Site traffic	68.0%
Conversion	32.6%
Number of fans/members	59.4%
Number of positive customer mentions	52.6%
Number of contributors	42.9%
Revenues	29.1%
Number of page views	50.9%
Number of posts	40.0%
Number of mentions	41.1%
Average order value	22.3%
Reduced returns	12.0%
Increased channel sales	4.0%
Reduced call volume	11.4%
Other	2.9%
Do not track metrics	18.3%

Note: n=175
*Source: Bazaarvoice and The CMO Club, "CMOs on Social Market)
for 2011," provided to eMarketer; eMarketer calculations, Jan 27,*
124602   www.eMa

Abbildung 40: Metriken, die von Medienmanagern weltweit zur Messung von Social Media Marketingaktivitäten

Auffällig ist, dass die verbreitetsten Messgrößen der klassischen Medien sowie die oft am einfachsten zu messenden Kennzahlen wie Fanzahlen bzw. Beitragenden eine steigende Bedeutung zugeschrieben wird. Auch dieses ist keine geeignete Metrik für die Beurteilung des Social Media-Marketings, wie *Lembke* feststellt. Er meint, dass dieses Vorgehen aus der Messlogik des Online-Marketing stammt und daher für die Erfolgsmessung des Social Media-Engagement ungeeignet sei. Das Vorgehen ähnelt der Erfolgsmessung der one to many-Kanäle, da hierdurch die Reichweite und Kontaktziele ausgedrückt werden, welche allerdings nur eine quantitative Aussage zulassen (vgl. Lembke, G. (2011), 159).

Die gängigsten Kennzahlen für die Erfolgsmessung von Massenmedien können folgender Grafik entnommen werden.

Kenngröße	Beschreibung	Beispiel/Hinweise
Reichweite	Anteil der Zielgruppe, die zu einem jeweiligen Zeitpunkt / in einem Raum Kontakt mit dem betreffenden Werbeträger hatte	Leser pro Nummer (LpN) Leser pro Ausgabe (LpA) Zuschauer pro Zeiteinheit (ZpZ)
Durchschnittskontakt	Möglichkeit, über den Kontakt mit dem Werbeträger die Anzeige konkret wahrgenommen zu haben	Opportunity to Contact (OtC)
Nettoreichweite	Anzahl der Personen mit mindestens einem Kontakt	
Bruttoreichweite	Bruttokontaktsumme = Kontakte aller Personen, allen Werbeträgern, mit allen Belegungen	= Reichweite x OtC
Wirksame Reichweite	Zielgenaue Ansprache der Zielgruppe ohne Streuverluste	z.B. in einer Fachzeitschrift
Gross Rating Point (GRP)	Beurteilung des Werbedrucks	GRP = (Kontaktsumme / Größe Zielgruppe) x 100
Tausenderkontaktpreis (TKP)	Preis für das Erreichen von 1.000 Kontakten mit einem jeweiligen Werbeträger	TKP = (Preis Belegung Werbeträger x 1.000 / Reichweite x OtC) auch: Cost per Mille (CpM)
Share of Advertising (SoA)	Werbeanteil an den gesamten Werbaufwendungen der Produktgruppe oder der Branche	
Share of Voice (SoV)	Zielgruppenspezifischer Kontaktanteil im Vergleich zum Wettbewerb	
Kauferfolg	Anteil der Bestellungen an den Kontakten	
Neukundenerfolgsquote	Anteil der Neukunden an den umworbenen potenziellen Neukunden	
Werbeerfolgsquote	Umsatzzuwachs im Verhältnis zu den Werbeaufwendungen für die Aktion	

Abbildung 41: Kenngrößen von Kontaktzielen (Zusammenstellung nach Peterson 2006) (Lembke, G. (2011), 152)

Um eine Weiterempfehlung innerhalb der Zielgruppe zu erreichen sind jedoch die qualitativen Kontakte entscheidend. Diese Art der Marketingmaßnahmen erhöhen wohl den Bekanntheitsgrad, kann aber auch als störend wahrgenommen werden und somit negative Effekte erzielen.

Besser geeignet sind Kennzahlen aus dem Online-Marketing (siehe Abbildung 20), da diese Maßnahmen stets den Abverkauf von Produkten über das Internet zum Ziel haben. Insofern lassen sich auch diese direkten Ursache-Wirkungs-Ketten mit den Conversion-Kennzahlen herstellen. Mit der Conversion-Rate werden zum Beispiel Online-Besuche zu konkreten Kaufaktionen ins Verhältnis gesetzt und betrachtet, wie viele Besucher notwendig sind, um eine Kaufaktionen von einem Besucher realisieren zu können (vgl. Lembke, G. (2011), 159).

Doch muss hier angemerkt werden, dass durch das Social Media-Engagement zwar indirekt die klassischen Ziele Kosten senken, Umsätze erhöhen und Kunden begeistern erreicht werden können. Das eigentliche Ziel des Dialog-Marketings ist jedoch die Kommunikation mit dem potenziellen Kunden und nicht der direkte Verkauf von Produkten. Das bedeutet, dass die Social Media-Aktivität des Unternehmens den potenziellen Kunden verleiten soll, von der bloßen Kenntnis des Produktes zu seiner Bevorzugung zu wechseln und sich dadurch einer positiven Kaufentscheidung anzunähern (vgl. Blanchard, O. (2012), 56).

Von daher ist es nicht einfach eine Ursachen-Wirkungs-Kette zu erstellen und den Erfolg in einem Leistungsindikator abzubilden, der nur einen engen Zeitraum berücksichtigt. Das zeigt sich auch daran, dass in der Literatur noch keine unangefochtenen Key Performance Indicators (KPIs) existieren, an Hand derer eine betriebswirtschaftliche Aussage über das Kosten-Nutzen-Verhalten möglich wäre. Dennoch sollen im Folgenden die in der Literatur gängigen Key Performance Indicators (KPI) dargestellt werden.

Kenngröße	Beschreibung	Beispiel/Hinweise
Page Views	Anzahl der Abrufe vollständiger Seiten durch einen Besucher	Anzahl der Unterseiten einer Webseite, die vom Besucher betrachtet werden.
Average Page Views per Visit	Durchschnittliche Anzahl an Seiten, die ein Besucher betrachtet = Page Views / Visits	Ist Indikator für Relevanz des und Interesse(s) am Content.
Unique Visitors	Anzahl der eindeutigen Besucher der Webseite	Messung durch Cookies. Erhöhung durch Marketingmaßnahmen.
Percentage of New and Returning Visitors	Prozentsatz neuer Besucher = Anzahl neue B. / Anzahl alle B. Prozentsatz wiederkehrender Besucher = Anzahl wiederk. B. / Anzahl alle B.	Je nach Zielsetzung der Maßnahme gibt diese Kennzahl Aufschluss über die Akquise neuer Besucher und die Bindung bestehender Besucher.
Ratio New to Returning Visitors	Verhältnis der Anzahl neuer Besucher zur Anzahl wiederkehrender Besucher	Bei Akquisemaßnahmen wird ein Wert >1 angestrebt, bei Bindungsmaßnahmen ein Wert <1.
Average Revenue per Visitor	Durchschnittliches Einkommen pro Besucher = gesamtes Eink. / Anzahl B.	Einkommen, bzw. generierter Wert sind zielabhängig. Generell lässt sich anhand der Kennziffer aussagen, ob die Maßnahmen die „richtigen" Besucher anziehen.
Average Cost per Visitor / per Visit	Durchschnittliche Kosten für einen Besuch bzw. einen Besucher = Summe der Akquisekosten / Anzahl Besuche bzw. Besucher	Diese Kennzahl kann besonders aussagekräftig sein, wenn sie auf einzelne Segmente angewendet wird.
Average Order Value	Durchschnittlicher Wert des Warenkorbs einer Bestellung	Kennzahl speziell für den Online-Verkauf von Produkten; lässt sich gut in einzelne Kampagnen (z.B. E-Mail, Banner, SM) aufgliedern.
Conversion-Rate	a) Order Conversion Rate = Zahl der Verkäufe / Zahl der B. b) Buyer Conversion Rate = Zahl gewonnener Kunden / Zahl der B.	Bezieht man den Kaufentscheidungsprozess ein, muss nicht jeder Besuch in einen Kauf enden. Mehrere Besuche können nötig sein. Wird nicht direkt online verkaufen ist die Buyer Conversion Rate ausschlaggebend.
Average Cost per Conversion	Durchschnittliche Kosten pro Verkauf, Kundengewinnung etc. = Summe Akquisekosten / Anzahl der Conversions	Steigt die Kennzahl, lässt sich daraus schließen, dass eine teure Marketingmaßnahme nicht den gewünschten Erfolg mit sich bringt.
Cost per Click	= Schaltungskosten / Visits per Click	
Click Through Rate	Potenzialanteil der Clicks auf einen Werbebanner im Verhältnis zu seinen gesamten Abrufen = Gesamtzahl Clicks / Abrufe des Werbemittels	Daten können vom Werbepartner oder AdServer bezogen werden.
Cost per Order	= Schaltungskosten / induzierte Bestellungen	In Kombination mit ConvR als im Bezug zum Absatz stehendes Effizienzmaß.
Ad Impressions	Auslieferung eines Werbemittels durch einen AdServer	
Tausenderkontaktpreis	= Kosten der Werbemaßnahme / Anzahl AdImpressions	

Abbildung 42: Kennzahlen im Online-Marketing (Zusammenstellung nach Peterson 2006) (Lembke, G. (2011), 161)

6.3 Erfolgskontrolle im Social Media-Marketing

Sollen Erfolge gemessen werden, kommt man nicht um die KPIs herum. KPIs zeigen an, wie wirkungsvoll eine Kampagne im Hinblick auf die Erfüllung der Zielvorgabe ist. Ein KPI kann sowohl die Anzahl der Webseitenbesucher, die Klicks auf eine Bannerwerbung oder die RSS-Abonnements sein. Für ein anderes Unternehmen können diese Leistungsindikatoren lediglich Kennziffern darstellen, weil sie keine Aussagekraft in Bezug auf die definierten Ziele besitzen (vgl. Blanchard, O. (2012), 54).

Auch wenn man in der Literatur verschiedene Zusammenstellungen der wichtigsten KPIs findet sowie unterschiedliche Herangehensweisen bei der Auswahl der Metriken empfohlen werden, sind sich dennoch alle in einem Punkt einig: Das definierte Ziel bestimmt die Auswahl der Metriken und die verwendeten Monitoring-Tools und nicht anders herum.

Da im Rahmen dieser Masterarbeit die Bearbeitung eines Fallbeispiels nicht vorgesehen ist, kann hier lediglich ein Überblick über die bedeutendsten Kennziffern und eine Einordnung dieser gegeben werden.

Lembke hat die relevanten Kennzahlen in sieben Kategorien sortiert und so einen guten Überblick geschaffen.

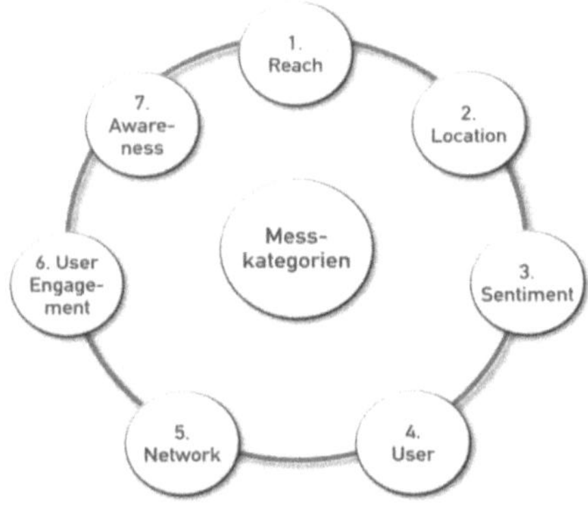

Abbildung 43: Kathegorien relevanter Kennzahlen (in Anlehnung an Klein, 2010) (Lembke, G. (2011), 165).

1. **Reach**

Diese Kategorie beschreibt die Reichweite von Social Media-Aktivitäten und einzelner Kampagnen. Die klassische Brutto- und Nettoreichweite bleibt in dieser Kategorie weiter von Bedeutung, wie der Indikator „Unique Visitors", der Aufschluss über die direkte Besucherzahl auf einer Fanseite oder der Unternehmenshomepage gibt. Durch die Referrer (URL über den Link zur aktuellen Seite) können die Kanäle ermittelt werden, durch die die meisten Nutzer angesprochen werden (vgl. Lembke, G. (2011), 165).

2. Location

Unter Location wird die Relevanz der Social Media-Marketingkanäle zusammengefasst. Die Relevanz wird an Hand der Conversation Density bestimmt, bei der die Konversationen zu einem bestimmten Thema ins Verhältnis zu der Gesamtanzahl der Konversationen gesetzt werden. Somit kann herausgefunden werden, welche Plattform für welches Thema am besten geeignet ist. Für die Auswahl der Location sollte aber auch die Viralität pro Channel berücksichtigt werden (vgl. Lembke, G. (2011), 166).

3. Sentiment

Um die Tonalität (Sentiment) – also die Stimmung – zu messen, wird die Anzahl der positiven und negativen Beiträge ins Verhältnis zu allen Konversationen gesetzt. Aussagen über den allgemeinen Ruf innerhalb verschiedener Kanäle lassen sich treffen, wenn der Quotient von positiven zu negativen Beiträgen gebildet wird. Ist dieser größer als eins, kann von einer positiven Grundhaltung der Benutzer ausgegangen werden (vgl. Lembke, G. (2011), 166).

4. User

In diese Kategorie fallen Kennzahlen, die nach folgenden Personen-Gruppen unterschieden werden:

Influencer: hoher Einfluss und große Reichweite,

Authoritans: höherer Einfluss, aber geringere Reichweite,

Connectors: transportieren Themen zwischen Netzwerken,

Advocates: hoher Anteil von positiven Beiträgen zu einer bestimmten Marke oder Produkt, Aussprechen von Weiterempfehlungen.

Die Anzahl und das daraus resultierende Nutzungspotenzial dieser Personen und deren Verteilung über die Social Media-Plattformen hat einen hohen Einfluss auf den Erfolg des Social Media-Marketings, der Neukundengewinnung und dem Abverkauf von Produkten (vgl. Lembke, G. (2011), 166).

5. Network

Hier werden KPIs zusammengefasst, die die Aufnahme und Weiterverbreitung von Beiträgen darstellen. Die Viralität ist eine dieser Kennzahlen, anhand derer sich die Anzahl der Weiterleitungen feststellen lässt. Im Zeitverlauf kann so auch die Reichweite von zukünftigen Maßnahmen abgeschätzt werden (vgl. Lembke, G. (2011), 166 f.).

6. User Engagement

Unter User Engagement wird der Anteil wichtiger und prägnanter Nutzeraktionen verstanden, die relevanten Content erzeugt. Sie berechnet sich wie folgt: Anzahl genutzter Angebote / Anzahl Gesamtangebote. Diese Werte sind über den Durchschnitt der Gesamtbesucher zu bilden und mit der Percentage of Users Engaged-Kennzahl (Anzahl engagierter Besucher / Gesamtanzahl Besucher) zu relativieren. Für die Messung dieses Wertes spielen aber auch noch andere Werte wie z.B. Click Depth Index (Anzahl der Sessions, die mehr als *n* PageViews hatten, geteilt durch die Anzahl aller Sessions), Durration Index (Aufenthaltsdauer auf der Seite), Recency Index (Rückkehrquote), Interaction Index (Attraktivitätslevel), Loyalty Index (Anteil der langen Interaktionen) und der Feedback Index (Benutzerrückmeldungen) eine Rolle (vgl. Lembke, G. (2011), 167).

7. Awareness

Unter Awareness wird das Bewusstsein für eine Marke oder ein Produkt beim Prosumenten[205] verstanden. Interessant für die Betrachtung ist der Zusammenhang zwischen Users Engagement und Awareness, da sie einer der wichtigsten Signalgeber im gesamten Marketingcontrolling darstellt und somit auch für das Social Media-Controlling relevant ist. In ihr fließen viele Erkenntnisse aus zuvor genannten Messungen mit ein. Das Bewusstsein für eine Marke oder Produkt beim Prosumenten kann durch die erweiterte Reichweite oder der Mentions per Time Period dargestellt werden. Hierbei wird die Anzahl der Marken- oder Produktnennungen während einer bestimmten Zeitperiode dargestellt (vgl. Lembke, G. (2011), 167 f.)

---

[205] Kunstwort, welches sich zusammensetzt aus Produzent und Konsument

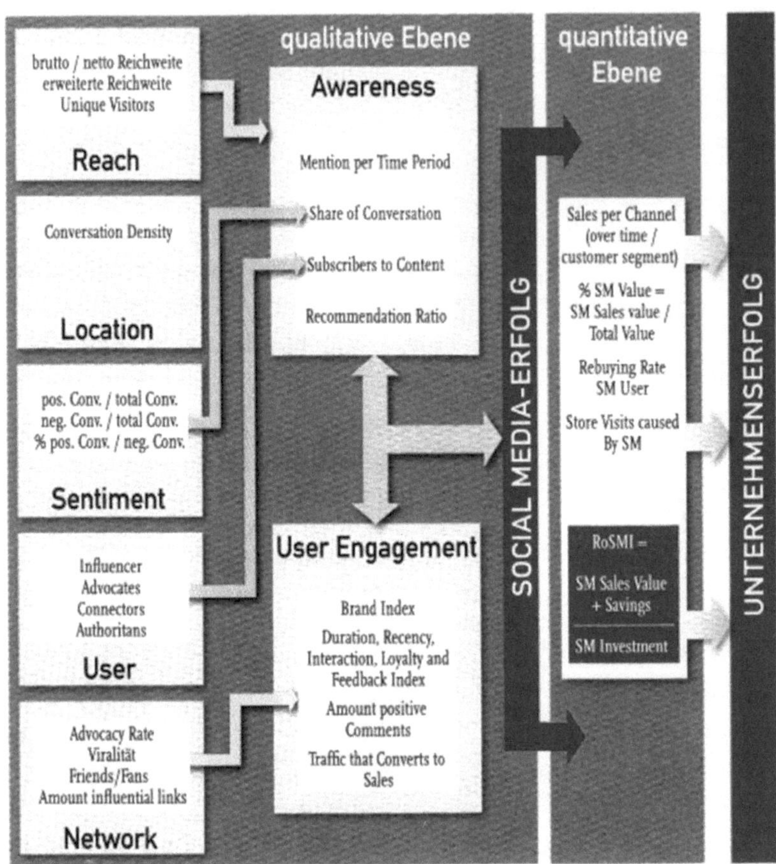

Abbildung 22: Zusammenfassung der Messaktegorien im Social Media-Kennzahlensystem (nach Kleinn 2010) (vgl. Lembke, G. (2011), 170)

Grabs/Bannour haben aus der Vielzahl von möglichen Kennzahlen zwölf herausgesucht und sie zu KPIs erhoben, da durch sie im Wesentlichen eine Erfolgsmessung von Social Media vorgenommen werden kann. Sie weisen jedoch darauf hin, dass diese für die Messung spezieller Ziele eventuell nicht geeignet sein könnten (vgl. Grabs, A./ Bannour, K. (2011), 97 f.).

KPI-Bezeichnung	Formel
Share of Voice (Reichweite)	Markenerwähnung / Gesamterwähnungen (Marke + Konkurrenten)
Audience Engagement (Zielgruppenengagement)	Anzahl der Kommentare + Shares + Links / Anzahl der Views
Convertion Reach (Diskussionsreichweite)	Summe aller Diskussionsteilnehmer / kalkulierte Diskussionsteilnehmer
Active Advocates (Aktive Markenfans)	Anzahl der aktiven Markenfans (letzten 30 Tage) / Summe aller Markenfans
Advocates Influence (Einfluss der Markenfans)	Einmaliger Einfluss von Markenfans / Summe aller Einflüsse von Markenfans
Advocacy Impact (Markenfan-Effekt)	Anzahl aller von Markenfans initiierten Diskussionen / Summe aller Markenfans
Issue Resolution Rate (Lösungs-Rate)	Anzahl aller erfolgreich beantworteten Kundenanfragen / Anzahl aller Serviceanfragen
Resolution Time (Bearbeitungsdauer)	Bearbeitungsdauer für eine Kundenanfrage / Summe aller Serviceanfragen
Satisfaction Score (Zufriedensheits-Score	Kundenfeedback (A,B,C...n) / gesamtes Kundenfeedback
Topic Trends (Trenderwähnungen)	Anzahl aller spezifischen Trenderwähnungen / Anzahl aller Topic Trends
Sentiment Ratio (Stimmungs-Barometer)	(positive : neutrale : negative Markenerwähnungen / Summe aller Markenerwähnungen
Idea Impact (Ideen-Effekt)	Summe aller positiven Kommentare, Erwähnungen, Teilungen, Likes / Summe aller Kampagnendiskussionen, Erwähnungen, Teilungen, Likes

(tabellarische Darstellung nach: Grabs, A./ Bannour, K. (2011), 97 f.)

Blanchard weist darauf hin, dass die Kennziffern auch in Schichten oder Ebenen einsortiert und so nach Wichtigkeit und Relevanz der Daten für die Maßnahme und seine gewünschten Ergebnisse sortiert werden können. Zur Erläuterung führt er ein einfaches Beispiel an, welches hier aufgegriffen wird (vgl. Blanchard, O. (2012), 55).

Ziel: Den Umsatz von roten Reifen steigern

Vorgabe: Im dritten Quartal (Q3) in Kanada 25.000 mehr rote Reifen verkaufen.

KPIs:

- Umsatz von roten Reifen in Kanada in Q3

- positive Online-Erwähnung roter Reifen

- neue „Likes" für Inhalte über rote Reifen auf der Facebook-Seite von kanadischen Standorten

- neue Click-Throughs auf Links zu Inhalten über rote Reifen von kanadischen Benutzerkonten

- eingelöste Coupons und Rabattcodes für rote Reifen in Kanada in Q3

Sekundäre Leistungsindikatoren:

- Umsatz von roten Reifen im Q3 (global)

- neue „Likes" für Inhalte über rote Reifen auf Facebook-Seite (global)

- neue Click-Throughs auf auf Links zu Inhalten über rote Reifen (außerhalb von Kanada)

- Änderung im globalen Online-Sentiment für rote Reifen in Q3

Sonstige Daten:

- Umsatz von schwarzen Reifen in Kanada in Q3

- Besuche auf der Homepage des Unternehmens

- Kommentare im Blog des Unternehmens

- Neue Follower auf Twitter

- Absprungrate (Bounce-Rate)

- Markenerwähnungen (global) (vgl. Blanchard, O. (2012), 55).

Die Leistungsindikatoren in den drei Schichten unterscheiden sich in Bezug auf die Aussagekraft für die Zielerreichung. Die stärkste Aussagekraft haben die Kennziffern in der KPI-Ebene. Sie drücken den unmittelbaren Einfluss der Kampagne auf die Zielerreichung aus. Die sekundären Leistungsindikatoren zeigen an, welchen Einfluss die Maßnahme auf andere Unternehmensteile womöglich haben könnte. Man kann sie daher auch als Nebenziele bezeichnen. Die Überwachung der sekundären Leistungsindikatoren kann helfen Korrelationen zu anderen Märkten aufzudecken. In diesem Beispiel könnten so z.B. positive Effekte auf die Verkaufszahlen von roten Reifen in Frankreich oder der Schweiz aufgedeckt werden.

Die dritte Ebene zeigt eine Vielfalt von Leistungsdaten an, die zu vage und zu allgemein sind, um daraus Rückschlüsse auf den Erfolg der Kampagne zu schließen. Sie sollten daher nicht weiter oder zumindest nicht intensiv ausgewertet werden (vgl. Blanchard, O. (2012), 55 ff.).

Um die wesentlichen Leistungsindikatoren zu identifizieren und sich nicht im Daten-Jungle zu verlaufen, steckt *Blanchard* im Rahmen von Best Practices Bespielen einen Rahmen ab und gibt damit eine sinnvolle Handlungsempfehlung für die Ermittlung der spezifischen Leistungs-indikatoren.

Im ersten Schritt sollen alle denkbaren Kennzahlen aufgeschrieben werden, die relevant für die Fragestellung sind, um dann im nächsten Schritt diejenigen Kennzahlen herauszufiltern, welche aufgrund der Datenlage berechnet werden können. Die Schnittmenge aus den Kennzahlen die erhoben werden können und müssten, stellen die für die Erfolgsmessung relevanten KPIs dar (vgl. Blanchard, O. (2012), 252 ff.).

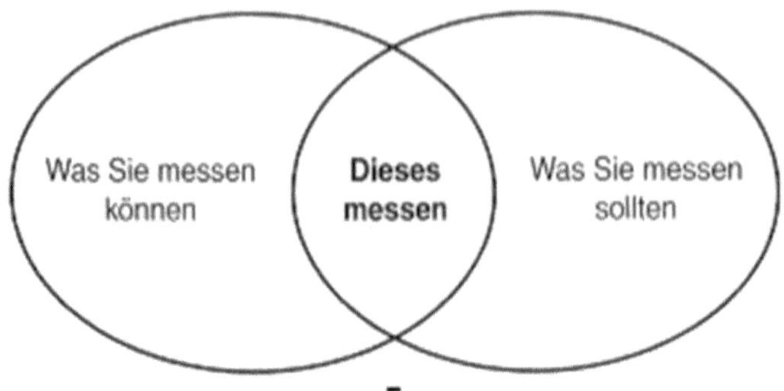

Abbildung 44: Messmatrix (Blanchard, O. (2012), 254)

6.4 Social Media und Umsatzmessung nach F.R.Y.

F.R.Y. steht für Frequency, Reach und Yield – also Häufigkeit, Reichweite und Ertrag. Sollen nun, wie in dem oben aufgeführten Beispiel, 25.000 mehr rote Reifen im dritten Quartal in Kanada verkauft werden und dadurch die Umsätze und der Ertrag gesteigert werden, kann dieses Ziel durch drei grundlegende Maßnahmen erreicht werden.

1. Bestandskunden veranlassen, häufiger etwas einzukaufen

2. Neukunden akquirieren

3. Bestandskunden veranlassen mehr auszugeben, wenn sie bei dem Unternehmen einkaufen (vgl. Blanchard, O. (2012), 58).

Um die Möglichkeiten einer Umsatz- und Ertragssteigerung durch Social Media-Marketing sowie die Erfolgsmessung über die relevanten KPIs zu erläutern, wird die Maßnahme in die drei oben aufgeführten Wege gegliedert.

Die Unternehmensstrategie in Bezug auf die Kaufhäufigkeit lässt sich in einer Frage darstellen: Wie kann man es auf lange Sicht schaffen, die Bestandskunden dazu zu bringen mehr rote Reifen zu kaufen, als sie es vorher getan haben? Soll nur das Ziel für das Q3 erreicht werden, wird man dieses wahrscheinlich über Rabatt- und Sonderaktionen schaffen. Durch diese Maßnahme verändert sich jedoch nur das Kaufdatum und nicht die Häufigkeit. Ein schwächeres viertes Quartal könnte die Folge sein. Veröffentlicht man jedoch Studien über erhöhte Verbrauchswerte oder Sicherheitsrisiken durch veraltete Reifen, kann man womöglich die Zeiträume zwischen den Käufen langfristig beeinflussen. Diese

Beiträge könnten den Stammkunden und potenziellen Kunden über Berichte, Datenblätter, Videos, Podcasts und Tutorials nahegebracht werden.

Den Erfolg kann man z.B. an Änderungen des Bestellverhaltens in Form von mehr Reifen pro Bestellung messen. Durch Händler- oder Kundenumfragen, kann man der Ursache der Veränderung näher kommen und Rückschlüsse auf den Erfolg der Beiträge ziehen (vgl. Blanchard, O. (2012), 59).

Wenn die Beiträge so interessant für den Leser sind, dass er sie durch einen Click auf den „Gefällt mir"-Button an durchschnittlich 130 Netzwerkfreunde weiterleitet, kann die Reichweite erhöht werden. Im Verhältnis zur verlängerten Reichweite steigt auch das Käuferpotenzial, also die Menge an Neukunden. Der Erfolg der Reichweitenerweiterung kann über die Zunahme der Twitter-Follower, Facebook-Fans oder RSS-Abonnenten dargestellt werden, jedoch müssen diese noch in ein Verhältnis zu den neukaufenden Kunden gesetzt werden (vgl. Blanchard, O. (2012), 62).

Anschließend sollte versucht werden, die gewonnen Neukunden zu Markenbotschaftern (Active Advocates) aufzubauen, um wiederum die Reichweite steigern zu können.

Will man Bestandskunden dazu animieren, mehr Geld auszugeben, kann man eine Preiserhöhung oder Cross-Selling in Erwägung ziehen. Den Erfolg der Maßnahme misst man durch den Abgleich des durchschnittlichen Warenkorbs. Man muss allerdings bedenken, dass durch eine Preiserhöhung auch gegenteilige Effekte bewirkt werden könnten (vgl. Blanchard, O. (2012), 63 f.).

6.5 Social Media-Monitoring

Monitoring ist für jedes Stadium eines Social Media-Engagement unerlässlich – ganz unabhängig davon, ob bisher noch keinerlei Aktivitäten unternommen wurden oder ob man sich bereits in vielen Kanälen etabliert hat. Alles beginnt damit, dass man den Gesprächen im Web zuhören muss, um Schlüsse ziehen und ggf. reagieren zu können.

Richtig aufgebautes Monitoring kann in Bezug auf das Unternehmen, die Produkte oder die Technologien über folgende Punkte Aufschluss geben:

- Kundenwahrnehmung des Unternehmens, der Produkte oder der Technologien im Web,

- Gesprächsfrequenz und Stimmungslage,

- Unzufriedenheiten im Netz,

- Kundenwünsche und Branchentrends,

- Identifizierung von Meinungsführern,

- Benchmark mit der Konkurrenz.

Mit Hilfe dieser Informationen kann Reputationsmanagement und Marktforschung betrieben werden. Des Weiteren können PR-Krisen vermieden, die Kunden und deren Wünsche besser studiert und dadurch die Produkte verbessert werden.

Um das Web effizient durchsuchen zu können, sollten Keywords festgelegt werden. Diese könnten z.B. der Unternehmens- oder Produktname bzw. die der Konkurrenz, die Bezeichnung für eine relevante Technologie oder Namen von Meinungsführern sein (vgl. Weinberg, T. (2011), 48).

Eine Reihe von kostenlosen aber auch kostenpflichtigen Tools können eingesetzt werden, um die Daten im Web aufzuspüren und diese zu verarbeiten.

6.6 Monitoring Tools

Für das Social Media-Monitoring gibt es eine ganze Reihe unterschiedlicher Tools zur Messung der Aktivitäten, von denen im Rahmen der Masterarbeit nur ein kleiner Ausschnitt kostenfreier Tools dargestellt werden kann. Sie sind dazu geeignet, sich einen Überblick über die öffentlichen Beiträge der meisten Social Media-Plattformen zu verschaffen (vgl. Grabs, A./ Bannour, K. (2011), 104).

Kostenpflichtige Monitoring-Tools wie z.B. Radian6, Sysomos Map, Social Radar, Trackur oder Imooty bieten oft differenziertere Filtermöglichkeiten, genauere Aufbereitung der Daten und umfangreichere Statistiken, wodurch Themen und Meinungsführer besser identifiziert werden können (vgl. Lembke, G. (2011),182 ff.). Konzentriert man sich beim Monitoring auf lediglich ein Tool, ist man auf die Aussagekraft dieses beschränkt. Eine gute Auswahl von mehreren kostenlosen Tools bietet oft den gleichen Einblick, aber eine fundiertere Einschätzung der Reichweite und Stimmungslage (vgl. Grabs, A./ Bannour, K. (2011), 112).

Aus diesem Grund sollen hier einige kostenlose Tools vorgestellt werden. An die Grenzen stößt man beim Monitoring jedoch, wenn die Inhalte nicht öffentlich zugänglich sind, z.B. wenn durch die Privatsphäre-Einstellungen die Sichtbarkeit der Profile eingeschränkt wurde (vgl. Grabs, A./ Bannour, K. (2011),111).

Google Alerts

Google Alerts ist ein Dienst zur Überwachung von Onlinecontent. Der Nutzer kann sich automatisch über alle neu veröffentlichten Beiträge per E-Mail informieren lassen, die zu einem bestimmten Keyword (siehe oben) im Internet auftauchen. Man hat die Möglichkeit, zwischen den Typen News, Blogs, Videos und Diskussionen zu wählen, in denen das Keyword auftaucht oder kann sich über alle Kategorien informieren lassen (vgl. Grabs, A./ Bannour, K. (2011), 104 f.).

Social Mention

Social Mention bietet dem Nutzer ebenfalls die Möglichkeit die gefundenen Beiträge per E-Mail zugesandt zu bekommen. Allerdings kann man bei diesem Dienst die Beiträge nach den gewünschten Social Media-Plattformen filtern. Außerdem ordnet Social Mention den einzelnen Kanälen eine Kennzahl zu, die den Werbewert dokumentiert und fängt Stimmungsbilder zu dem jeweiligen Keyword ein. Das Messen von Stimmungsbildern wird deutlich leichter und zuverlässiger, wenn der Datenursprung größer ist, also beispielweise nicht mehr an die Zeichenlimitierung von Twitter gebunden ist. Da dieser Dienst jedoch die deutsche Sprache nicht unterstützt, ist die ermittelte Kennzahl und die Aussage über das Stimmungsbild nur bedingt aussagekräftig. Anzumerken ist auch, dass der Dienst keinerlei Auskünfte darüber gibt, wie er zu seinen Ergebnissen kommt. Er kann also nur als Tendenz-Geber eingesetzt werden. (vgl. Grabs, A./ Bannour, K. (2011), 105 f.).

HowSociable.com

Um einen schnellen Überblick über die Sichtbarkeit des Keywords auf den jeweiligen Social Media-Plattformen zu bekommen, bietet sich HowSociable.com an. Die Ergebnisse werden anhand von Kennzahlen dargestellt und es kann eine monatliche E-Mail, in der die Veränderungen des letzten Zeitkorridors angezeigt werden, abonniert werden. Durch diesen Service kann ermittelt werden, welche Plattformen für welches Keyword besonders relevant ist und so Aufschluss für die jeweilige Aktion und das Engagement pro Kanal geben (vgl. Grabs, A./ Bannour, K. (2011), 106 f.).

Topsy.com

Topsy durchsucht die Twitterbeiträge nach dem Keyword und filtert die entsprechenden Beiträge heraus. Sie können dem Dashboard außerdem entnehmen, wie viele Twitter-User diesen Link ebenfalls veröffentlicht haben und Informationen zu möglichen Konkurrenten oder Meinungsführern zu erlangen und Trends zu verfolgen. Auch diese Suchergebnisse können als E-Mail-Abonnement bezogen werden (vgl. Grabs, A./ Bannour, K. (2011), 108).

Google feedburner

Der Google feedburner ist ein kostenloses Tool für die Analyse der RSS-Feeds einer Homepage oder eines Blogs. Erfolgreiche Social Media-Maßnahmen werden neue Besucher auf die Unternehmenswebseite locken. Bei Interesse an weiteren Neuigkeiten des Unternehmens, werden diese Besucher entweder den Newsletter oder den RSS-Feed abonnieren. Im Gegensatz zum Newsletter lässt sich die Reichweite der RSS-Feeds nur schwer bestimmen. Google feedburner ist eine Möglichkeit, die RSS-Feed-Nutzung näher zu analysieren. Die Abonnentenzählung basiert auf einer Schätzung, wie oft der Feed in den letzten 24 Stunden von einem Feed Reader abgerufen worden ist. Neben der quantitativen Reichweite des Feeds bietet der Google feedburner auch Informationen über die Herkunft des Abonnenten und die Interaktion mit dem Feed (vgl. Sterne, J. (2010), 27 ff.).

PostRank Analytics

PostRank Analytics ist ein Dienst, der nach verschiedenen Kriterien Punkte für einen Blog vergibt und daraus den Grad eines Engagements ermittelt. Ein PageView, Kommentar oder Tweet wären Beispiele für Engagement. Je nach Aufwand, den dieses Engagement erfordert, werden Punkte vergeben, die die Summe der Engagement Points der Seite ergeben. Eine Veränderung der Engagement Points lässt dann schließlich mehr Rückschlüsse auf die Beliebtheit eines Blogs zu als die reine quantitative Reichweite (vgl. PostRank Inc. (27.03.2012).

Piwik

Das kostenlose Open Scource Tool Piwik erfasst durch die Einbindung eines bestimmten Codes in den Quelltext der Website die genauen Besucherbewegungen auf der Homepage. Ein Unternehmen bekommt so detaillierte Informationen über das Nutzungsverhalten der Websitebesucher. Piwik erfasst, ob der Besucher über eine Suchmaschine auf die Website gekommen ist, welchen Suchbegriff er dabei eingegeben hat, oder ob er durch eine Verlinkung auf die Website gelangt ist. Die Analyse beinhaltet außerdem, aus welchem Land ein Besucher kommt und wie lange er sich welche Webseite angesehen hat. Piwik gibt dem Websitebetreiber auch Auskünfte darüber, welche Software, welches Betriebssystem ein Besucher benutzt und welche Auflösung sein Endgerät hat (vgl. Piwik Inc. (26.03.2012).

Wefollow

Um das Budget für eine Kampagne möglichst klein zu halten, muss man ausreichende Multiplikatoren finden. Wefollow bietet für den Dienst Twitter die Möglichkeit zu bestimmen, wer ein passender Multiplikator wäre. Eine Suche nach Themenbereichen listet dabei die Tweeter auf, die in diesem Themenbereich am aktivsten sind. Schafft man es durch gezielte Ansprache, einen der Top-Tweeter eines Themas als Sprachrohr zu gewinnen, kann man schon mit einem kleinen Budget und einem guten Multiplikator eine hohe Reichweite in einer passenden Zielgruppe erreichen (vgl. Sterne, J. (2010), 66 f.).

Kurrently.com

Ist eine Echtzeitsuchmaschine, die Facebook und Twitter nach den Keywords durchsucht, welche als eine Art Vorstufe eines Social Media-Dashbords genutzt werden kann, da sie sich in regelmäßigen Abständen aktualisiert.

(vgl. Grabs, A./ Bannour, K. (2011), 108).

Netvibes

Netvibes ist ein online geführtes Dashboard und bietet sich als eine Art Startbildschirm für das Monitoring an. Alle Quellen wie Blogs, RSS-Feeds, facebook, Twitter, Fotos, Videos usw. lassen sich als Widget integrieren, so dass alle Inhalte auf einer Seite überwacht werden können (vgl. Grabs, A./ Bannour, K. (2011), 109 f.).

HootSuite

HootSuite beschreibt sich selbst als Social Media-Dashboard. Bei HootSuite kann man verschiedene Social Media-Dienste wie Twitter, Facebook, Facebook Pages, LinkedIn, Ping.fm, Foursquare, mixi, WordPress und MySpace dem Dashboard hinzufügen. Primär dient der Service der Überwachung verschiedener Social Media-Plattformen und bietet außerdem einige Zusatzfunktionen. Die Aktivitäten der Social Media-Dienste können analysiert werden, man kann allein oder mit weiteren Nutzern Beiträge verfassen und diese auf allen Plattformen publizieren. Weiterhin gibt es die Möglichkeit, Beiträge auch zeitgesteuert zu veröffentlichen und RSS-Feeds in das Dashboard zu integrieren (vgl. Grabs, A./ Bannour, K. (2011), 111 f.).

6.7 ROI von Social Media-Marketing

ROI ist die Abkürzung für die Unternehmenskennzahl Return of Investment bzw. der Investmentrendite, durch die das Verhältnis zwischen dem Ertrag und den dafür aufgewendeten Kosten dargestellt wird. Eine einfache Berechnung kann durch folgende Formel vorgenommen werden (vgl. Blanchard, O. (2012), 273):

$$\text{ROI} = \frac{(\text{Investitionsertrag - Investitionsaufwand})}{(\text{Investitionsaufwand})}$$

Soll der ROI differenzierter dargestellt werden, bietet sich das DuPont-Schema an, welches in zahlreichen Publikationen dargestellt ist (vgl. z.B. Schierenbeck, H./ Lister, M. (2002), 108 ff. oder Lembke, G. (2011), 153). Für die Erläuterung der Bedeutung des ROIs im Rahmen dieser Masterarbeit genügt jedoch die oben aufgeführte Formel.

Die Berechnung des ROI für ein Social Media-Engagement ist notwendig, um einem Vergleich mit Werbung anderer Kanäle standhalten zu können. Wie bereits zuvor aufgeführt, ist ein Social Media-Engagement zwar im Vergleich günstig, aber nie umsonst zu bekommen. Man muss also die Geschäftsführung vom effektiven Einsatz der Mittel mit Hilfe der gleichen Kennzahlen etablierter Werbekanäle überzeugen (vgl. Blanchard, O. (2012), 264).

Mit anderen Worten durch die Darstellung des Ergebnisses durch den ROI soll nachgewiesen werden, dass das Social Media-Engagement tatsächlich das Unternehmenswachstums antreibt (vgl. Blanchard, O. (2012), 279).

Die Schwierigkeit besteht nun in der Umwandlung der immateriellen Ergebnisse der Konversationen via Social Media-Plattformen in materielle Ergebnisse – in der Regel Geld – durch die oben dargestellten Metriken. Dabei sind die immateriellen Daten wichtige Hinweise auf sich ankündigendes Kaufverhalten. Sie können z.B. in Form von neuen Followers, Fans, RSS-Abonnenten sowie der Zunahme von Besuchern auf der Webseite oder im Ladengeschäft Ausdruck finden. Über den ROI oder Leistungen, die sich in der Gewinn- und Verlustrechnung niederschlagen, sagen diese Zahlen aber noch nichts. Der Erfolg des Social Media-Engagement muss also noch bewiesen werden. Die Messung wäre einfach, wenn bisher keine Werbemaßnahmen durchgeführt worden wären und nun die erste im Social Media-Kanal initiiert würde.

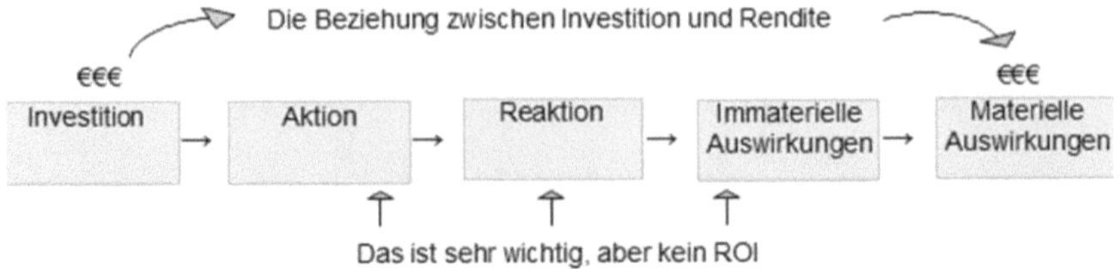

Abbildung 24: Abfolge der Ereignisse zwischen Investitionen und Rendite nach Blanchard (vgl.Blanchard, O. (2012), 268 ff.)

Der Erfolg kann durch den Abgleich der Werte vor und nach der Kampagne ermessen werden. Da Unternehmen für ihre Werbung allerdings nie nur auf Social Media-Aktivitäten vertrauen, können die zwar gut messbaren Veränderungen diesen nicht eindeutig zugeordnet werden. Zumal es zusätzlich saisonale oder konjunkturelle Schwankungen zu bedenken gilt.

Bei einer genaueren Betrachtung kann aber beispielsweise durch einen Adressenabgleich festgestellt werden, dass aus 10.000 zusätzlichen Twitter-Followern 8.000 Neukunden geworden sind und der Umsatzzuwachs durch diese verursacht wurde.

Eine weitere Möglichkeit die Wirkung von Social Media-Marketing zu messen, ist, Aktionsangebote mit einem Code zu versehen, der bei der Bestellung angegeben werden muss, um den Preisvorteil oder das Geschenk zu erhalten. Auf diese Art und Weise kann festgestellt werden, welche Bestellung über welchen Kanal verursacht wurde. Wird das Aktionsangebot nur durch einen Kanal getätigt, ist das Ergebnis noch eindeutiger (vgl. Blanchard, O. (2012), 279).

Diese Messungen sind aufwendig, sollten aber zumindest von Zeit zu Zeit vorgenommen werden, um das Social Media-Engagement durch materielle Argumente zu begründen.

Ein weiterer Vorteil liegt darin, dass Social Media weniger Kosten produziert als die klassischen 1:n- Kanäle. Gleichzeitig jedoch viele potenzielle Kunden erreicht werden, und das mit der Vertrauensqualität einer Mund zu Mund-Propaganda.

Um den Erfolg darstellen zu können, darf die Kostenersparnis in der Gleichung daher nicht fehlen. Die Kosten die für das Social Media-Engagement aufgewandt werden müssen, sind:

- Mittel für die Produktion von Beiträgen,

- Personalkosten – verrechnet nach Personalstundensatz,

- Anschaffung von zusätzlicher Hard- und Software,

- Schulung- und Trainingsaufwand für die Mitarbeiter und

- ggf. Agenturleistungen auf das Jahr hochgerechnet (vgl. Lembke, G. (2011), 169).

Abschließend lässt sich festhalten, dass die Herstellung einer Verbindung zwischen den immateriellen Einflüssen und den finanziellen Auswirkungen einer Detektivarbeit ähnelt. Allerdings kann nur auf diesem Weg eine Korrelation zwischen Ursache und Wirkung des Social Media-Engagement bewiesen oder widerlegt werden.

7 Best Practice für den Einsatz von Social Media im Marketingprozess

7.1 Die Social Media-Story von Dell

Als Ausdruck seiner Unzufriedenheit mit der Serviceleistung von Dell veröffentlichte Jeff Jarvis im Juni 2005 in seinem Blog einen Beitrag mit der Überschrift „Dell ist Scheiße. Dell lügt.". Sein Ziel war es, andere Kunden vor Dell zu warnen und vor den gleichen negativen Erfahrungen zu bewahren.

Ausgelöst wurde sein Ärger durch unverhältnismäßig langes Warten in der Telefonservice-Hotline und einem Wochen dauerndem Reparaturprozess seines Rechners. All diesen Unannehmlichkeiten hatte er zuvor durch die Buchung eines kostenpflichtigen Homeservice entgehen wollen.

Sein Beitrag über Dell zog eine Flut von Verlinkungen zu anderen Seiten und Postings nach sich, in denen ebenfalls unzufriedene Kunden von ihren Erfahrungen mit Dell berichteten. Der „Anti-Dell-Fanclub" wuchs an.

Schließlich schaffte er es auf Grund der vielen Verknüpfungen bei Google auf die erste Seite, wenn das Suchwort „Dell" eingegeben wurde. Hierdurch sah sich das Wallstreet-Journal veranlasst, einen Artikel mit der Überschrift „Hat der Service bei Dell nachgelassen?" zu veröffentlichen. Als Folge dieser Negativberichterstattung sank der Aktienkurs von Dell um die Hälfte des Wertes. Bis hierhin hatte Dell geschwiegen. Der Konzern wollte das Problem wohl aussitzen.

Jetzt kam es jedoch zu einem Umdenken. Der Kundenservice wurde generalüberholt. Von nun an sollten die Mitarbeiter den geschädigten Kunden respektvoll und auf Augenhöhe begegnen, um schnelle und präzise Hilfe bieten zu können.

Dell wählte dabei eine proaktive Haltung, erstellte Blogs und ermutigte die Kunden hier Produkte zu bewerten, um Dell bei der Verbesserung dieser und dem Service zu unterstützen. Einer dieser Blogs heißt „direct2dell" und soll zu schnelleren Lösungen von Kundenproblemen beitragen. Um das Ideen-Management zu verbessern und Anregungen durch Kunden zu bekommen, hat Dell die Internetseite www.ideastorm.com online gestellt. Hierüber hat Dell bis Juni 2010 bereits 14.220 Ideen erhalten, von denen bis heute 417 umgesetzt wurden (vgl. Dell GmbH (28.03.2012)).

Des Weiteren nutzt Dell Twitter als Verkaufskanal, mit dem mehrere Millionen USD Umsatz pro Jahr erzielt werden. Kunden erhalten über diesen Kanal Zugang zu dem Dell Outlet Center und werden stetig über Angebote von preisgünstiger Hardware und Peripheriegeräten informiert (vgl. Twitter (09.03.2012)).

7.1 Die Social Media-Story von Blendtec

Blendtec ist ein Hersteller für Haushalts- und Industriemixer, dessen YouTube Videos eine enorme Aufmerksamkeit erzielt haben. Im Jahre 2006 erhielt Georg Wright – Marketing Direktor bei Blendtec – ein Marketingbudget von 50,00 USD, um eine originelle Werbung für die starken aber wenig bekannten Produkte des Hauses zu machen. Eines Tages entdeckte er im Konferenzraum ein Häuflein Sägemehl; die Überreste eines Holzstückes, welches während eine Produktpräsentation in den Mixer getan wurde, um die Stärke und Qualität des Produktes zu demonstrieren. Die entscheidende Idee war geboren. Er besorgte sich ein paar Murmeln, einen Laborkittel, einen Rechner und kaufte die Domain www.willitblend.com. Anschließend filmte er, wie der Unternehmensgründer Tom Dickson die Murmeln im Mixer schredderte und stellte dieses Video bei YouTube ein. Bis heute wurden 75 Videos gedreht und veröffentlicht, in denen der Mixer unterschiedliche Dinge zu einem Haufen Staub verwandelt. Besondere Aufmerksamkeit bekam das Video, in dem ein iPhone zerkleinert wurde. Dieses wurde mehr als 10,5 Million Mal angeschaut. Alle Videos zusammen erzielten mehr als 185 Millionen Aufrufe. Damit rangiert der Will it Blend-Channel auf Rang 34 bei YouTube. Die Umsätze des mittelständischen Unternehmens sind um 700% gestiegen und Blendtec ist seit dem eine weltbekannte Marke.

Wright hat dadurch bewiesen, dass kleine Firmen durch Social Media eine große Präsenz erreichen können. Er rät dazu keine Werbung sondern Inhalte zu produzieren (vgl. Weinberg, T. (2011), 35 f.).

7.3   Die Social Media-Story von Starbucks

Der Franchise-Kaffeehersteller Starbucks engagiert sich auf vielen Social Media-Plattformen wie Facebook, Youtube, Twitter sowie dem eigenem Blog namens My Starbucks Idea (www.MyStarbucksIdea.com) sehr erfolgreich (vgl. Hilker, C. (2012), 85). In dem Blog sollen die Kunden über die vorhandenen Produkte abstimmen und bei der Entwicklung neuer Ideen eingebunden werden (vgl. Lembke, G. (2011), 51 f.).

Die Social Media-Aktivitäten zusammengenommen haben das Ziel Bedürfnisse, Verlangen und Vorlieben der Kunden kennenzulernen sowie die Kundenbindung zu erhöhen und Neukunden zu gewinnen. Die Besonderheit besteht darin, dass es Starbucks gelungen ist, sich im Netz für den Kunden zu öffnen, Lifestyle zu vermitteln und die interaktive mit der realen Welt zu verknüpfen. So rekrutiert der Handelskonzern Nachwuchskräfte und Mit-arbeiter über Social Media-Plattformen. Er kündigte eine Umweltschutzaktion bei Facebook an, welche dann in New York durchgeführt wurde. Auch fordert er seine Fans auf, bei Kampagnen mitzumachen, wie zum Beispiel bei der Einführung eines neuen Instantkaffee. Diese sollten sich bei der Zubereitung dieses neuen Kaffees an allen möglichen und unmöglichen Orten der Welt fotografieren und die Bilder auf Facebook veröffentlichen.

Starbucks ist eine der erfolgreichsten Marken auf Facebook und gewinnt ständig neue Fans hinzu. Waren es laut *Lembke* in seinem im Jahr 2011 veröffentlichten

Buch noch 3,5 Millionen Fans (vgl. Lembke, G. (2011), 52), gab Hilker 2012 bereits die Zahl von 25 Millionen an (vgl. Hilker, C. (2012), 86). Eine aktuelle Recherche ergab, dass auch diese Zahl bereits überholt ist und sich bislang mehr als 29,6 Millionen Personen registrieren ließen (vgl. Starbucks (16.04.2012).

7.4 Die Social Media-Story von Red Bull

Ebenfalls unter den besten fünf Markenprofilen bei Facebook ist die RedBull-Seite mit 27,6 Millionen Fans zu finden (vgl. RedBull (29.03.2012). Noch in der Januarausgabe 2012 der Zeitschrift Absatzwirtschaft nannte *Kaiser* eine um rund 4 Mio. kleinere Zahl (vgl. Kaiser, A. (2012), 57). Seiner Meinung nach ist das außergewöhnliche dieser Seite die Anzahl der Fanaktivitäten. Die durchschnittliche Anzahl Likes und Feedbacks pro Post beträgt nicht weniger als 5000. Die Seite sticht auch deshalb heraus, weil sie kaum ein eigenes Produkt bewirbt, sondern hauptsächlich gesponserte Sportarten unterstützt und so eine breite Zielgruppe anspricht. Die Inhalte sind meist exklusiv bzw. zuerst auf Facebook zu sehen. Auf diese Weise wird die Aufmerksamkeit von dem Energiedrink weg und hin zu den Sportarten gelenkt, wodurch eine Zielgruppe weit größer als die der Energiedrink-Fans erreicht werden kann. Durch Spiele-Angebote und Mitmach-Aktionen wird der Fan auf die Firmenhomepage geleitet und kann dort die Spielstände durch die Eingabe seiner Facebook-Profildaten einsehen. *Kaiser* hält dies für einen optimalen Gesamtwerbemix (vgl. Kaiser, A. (2012), 57).

8 Fazit

Der technologische Wandel und die Globalisierung der Märkte mit einer zunehmenden Konkurrenz der Anbieter auf einem Käufermarkt machen eine stärkere Ausrichtung auf die Kundenwünsche notwendig. Die Nutzung von Social Media im Marketingprozess kann hilfreich sein, die neuen Herausforderungen heute und in Zukunft zu meistern. Doch das pure Anlegen eines Unternehmensprofils auf einer oder mehreren Social Media-Plattformen reicht nicht aus, um die volle Wirkung der neuen „Marketing-Wunderwaffe" zu erzielen.

In den letzten Jahren konnte eine entscheidende Veränderung des Kaufverhaltens beobachtet werden. Bevor sich ein potenzieller Käufer für ein Produkt entscheidet, recherchiert er umfassend im Internet. Vor allem die 14-25 Jährigen suchen heute jegliche Form der Information weitestgehend im Internet.

96% dieser Gruppe sind in sozialen Netzwerken aktiv und verbringen hier mehr als ein Drittel ihrer Onlinezeit. Zwar nimmt das online Aktivitätsniveau mit zunehmendem Alter ab, gleichzeitig lassen sich aber bei den über 60 Jährigen die größten Zuwachsraten erkennen. Aus diesem Grund ist es für Unternehmen wichtig, online präsent zu sein.

Der große Erfolg der Social Media-Angebote liegt unter anderem in der Befriedigung menschlicher Grundbedürfnisse. So wird beispielsweise der Austausch mit anderen Menschen ermöglicht und das Gefühl vermittelt, einer Gruppe anzugehören. Zur Kommunikation dienen die Veröffentlichung von Erfahrungen, Gedanken, Ideen, Bildern, Videos, Musik und Daten zur Person. Unternehmen können Nutzen aus der Kommunikation zwischen potenziellen Kunden ziehen. So können aus Produktrezensionen und Erfahrungsberichten Kundenbedürfnisse für die Weiterentwicklung vorhandener und zukünftiger Produkte gewonnen werden.

Empfehlungsmarketing ist bereits seit langem ein probates Mittel, um Neukunden zu gewinnen, da Empfehlungen von zufriedenen Kunden die höchste Glaubwürdigkeit genießen. Unternehmen müssen sich daher für ihre Kunden und Mitarbeiter öffnen, um von Weiterempfehlungen und Rückmeldungen profitieren zu können. Social Media-Angebote können die Reichweite dieser Empfehlungen um einiges erhöhen, da mit einem Maus-Click Teile oder alle Personen des Onlinefreundeskreises über die Vorlieben informiert werden können. Im besten Fall ergibt sich eine virale Verbreitung. Das ist der Fall, wenn die Beiträge so interessant, nützlich oder amüsant sind, dass sie von den Empfängern wiederum weiterempfohlen werden.

Besonders wertvoll für die Verbesserung des Suchmaschinenrankings ist es, wenn Beiträge durch möglichst viele unterschiedliche Nutzer kommentiert oder weitergeleitet werden. Die Suchalgorithmen von Google, Bing und Co. räumen den Social Media-Beiträgen einen immer stärkeren Einfluss ein und bestätigen gut verlinkten Beiträgen eine höhere Relevanz.

Um an der Kommunikation teilhaben und von ihr profitieren zu können, müssen jedoch die Spielregeln der many to many-Kommunikation eingehalten werden. Die Unterhaltung sollte der unter Freunden ähneln und Transparenz, Ehrlichkeit und Gleichberechtigung voraussetzen. Viele Unternehmen scheuen jedoch diese Offenheit, da sie sich ungerechtfertigter Weise vor negativen Beiträgen fürchten.

Das Verhältnis zwischen der positiven und negativen Online-Berichterstattung über ein Produkt oder Unternehmen hält sich im Allgemeinen die Waage. Im Gedächtnis bleibt jedoch zumeist die positive Berichterstattung.

Außerdem muss nicht jede negative Kritik auf einen anderen Kunden abschreckend wirken, sondern kann auch der ausschlaggebende Grund für seine Kaufentscheidung sein. Unternehmen, die der Kommunikation von Kunden über eigene Produkte im Internet nicht zuhören und dieser unangemessen oder gar nicht begegnen, riskieren verheerende Folgen. In der Praxis kam es hierdurch sogar schon zum Absturz des Börsenwertes.

Die Aufgabe des Social Media-Marketings besteht darin, die dort stattfindende Kommunikation im Sinne des Unternehmens zu beeinflussen. Das heißt, positive Berichterstattungen sollen anderen Kunden und Produktkritiken der eigenen Entwicklungs- oder Marketingabteilung zugänglich gemacht werden. Hierfür ist es notwendig, die Gespräche und Initiatoren derselben mittels Monitoring-Tools aufzuspüren. Es muss herausgefunden werden, auf welchen Plattformen sich Kunden über die Produkte austauschen und welches Konsumverhalten und Aktivitätsniveau die jeweilige Zielgruppe aufweist. So lassen sich Informationen mit dem Ziel sammeln, dem Kunden einen unerwarteten zusätzlichen Nutzen zu bringen (Hünnekens, W. (2010), 76).

Als Hilfsmittel können hierfür kostenfreie und kostenpflichtige Werkzeuge eingesetzt werden. Bevorzugt man eines, mit dem man alle Suchfunktionen durchführen kann, kommt man an einem kostenpflichtigen Produkt nicht vorbei. Außerdem ist gerade bei den kostenfreien Tools eine Einzellösung nicht zu empfehlen, da man sich auf die Aussagen und Interpretationen dieses Tools verlässt und oft erhält man keine Angaben dazu, wie die Software zu bestimmten Kennzahlen oder Bewertungen gelangt. Des Weiteren muss bedacht werden, dass viele Programme nur für die englische Sprache ausgelegt sind.

Häufig ist die schwierigste Aufgabe, den Erfolg des Social Media-Engagement in Abgrenzung zu den klassischen Werbekanälen der Unternehmensleitung zu vermitteln. Ein Verständnis für die Wirkungsweise dieses Werbekanals ist meist noch nicht vorhanden, weshalb dieselben Messkriterien wie für herkömmliche Werbemaßnahmen angewendet werden. Obwohl doch mittlerweile hinlänglich bekannt ist, dass nur noch 14% der Menschen den Botschaften klassischer Werbung wie z.B. Printmedien, Funk und Fernsehen vertrauen, welche aber immer noch einen Großteil des Medienbudgets erhalten (Wolber, H. (2012), 9). Hier gilt es für neue Metriken zu sensibilisieren, die weder denen der Massenmedien noch denen des Webmarketings entsprechen, aber dennoch das Verhältnis zwischen eingesetztem Kapital und dem materiellen Erfolg darstellen. Denn ohne solche durchaus aufwendigen Erfolgskontrollen, kann der Unternehmensführung der Nutzen und der monetäre Gewinn bei gleichzeitiger Kostenersparnis von Social Media im Marketingprozess oft nur unzulänglich vermittelt werden.

9   Schlusswort

Durch diese Masterarbeit konnte der Autor neue Erkenntnisse zu den Bereichen Monitoring und den dafür vorhandenen Tools sowie den Key Performance Indicators gewinnen. Außerdem baute er sein bereits vorhandenes Wissen aus und strukturierte es neu.

Der Verdacht, dass eine Erfolgskontrolle in den meisten Unternehmen noch nicht vorgenommen wird, hatte sich aus eigener Erfahrung und Gesprächen mit Fachleuten ergeben und wurde durch die Recherchen zu dieser Arbeit bestätigt.

Für den Autor zeigt sich eine gute Gelegenheit, beruflich ein neues Themenfeld zu besetzen, dem zukünftig eine höhere Bedeutung zukommen wird und für das bereits heute Fachleute gesucht werden.

Die Literaturdichte zu Social Media-Marketing ist mittlerweile ausreichend und konnte überwiegend durch den Bestand der Ostfalia Bibliothek gedeckt werden. Schwieriger war es jedoch, an geeignete Quellen zur Erfolgskontrolle zu gelangen. Schließlich mussten einige Bücher selbst gekauft werden, da weder die Universitäts- noch die Hochschulbibliothek Bücher dazu führten bzw. diese in der zur Verfügung stehenden Zeit nicht erwerben konnten oder wollten.

Trotz der Aktualität und Dynamik wurde versucht, die meisten Quellen aus Büchern und Zeitschriften zu gewinnen. Doch an manchen Stellen ließen sich Internetquellen nicht vermeiden. Auffällig war auch, dass die gedruckten Zahlen oft bereits veraltet waren, wenn man diese mit den aktuellen Online-Zahlen verglich.

Diese Masterarbeit hat große Lust gemacht, das Thema zu intensivieren.

Absatzwirtschaft (15.04.2012): Marktforschung: Google bleibt Spitzenreiter bei Webnutzung. [http://www.absatzwirtschaft.de/CONTENT/online-marketing/news/_b=73498,_p=1003186,_t=fthighlight,highlightkey=google+Marketing]

Angeli, S./ Kundler, W. (2008): Der Online Shop – Handbuch für Existenzgründer. Markt + Technik, München

Bitkom (2010): Leitfaden Social Media. Bitkom, Berlin [www.bitkom.org/de/publikationen/38337_66014.aspx]

Blanchard, O. (2012): Social Media ROI – messen Sie den Erfolg Ihrer Marketing-Kampagne. Addison-Wesley, München

Boyd, D. M./ Ellision, N. B. (2008): Social Network Sites: Definition, History, and Scholarship, in Journal of Computer-Mediated Communication, Heft 1, S. 210-230

Birgmeier, B (Hrsg.) (2009): Coachwissen – denn sie wissen nicht, was sie tun?. VS Verlag für Sozialwissenschaften, Wiesbaden

Brix, U./ Hundt, C./ Sternberg, R. (2010): Global Entrepreneurship Monitor 2009 – Unternehmensgründungen im weltweiten Vergleich. GEM, Hannover, Nürnberg

Bruhn, M. (2009): Marketing – Grundlagen für Studium und Praxis. Gabler, Wiesbaden

BVDW (2011): OVK Online-Report 2011/01 – Zahlen und Trends im Überblick. BVDW, Düsseldorf

Creutz, O. (2012): YouTube – und die ganze Welt schaut zu, in Stern, Heft 04.04.2012, S. 30 ff.

Dell GmbH (28.03.2012): direkt2dell. [http://en.community.dell.com/dell-blogs/direct2dell/b/direct2dell/default.aspx]

Duden (2003): Duden – Das große Fremdwörterbuch. Dudenverlag, Mannheim

eMarketer (21.03.2012): Dramatic Difference in Approach to Social Media Metrics. [http://www.emarketer.com/Mobile/Article.aspx?R=1008224]

ethority GmbH & Co KG (15.04.2012): Das Social Media Prisma Version 2.0. [http://www.ethority.de/weblog/2010/04/15/we-proudly-present-das-social-media-prisma-version-2-0/]

FAZ (26.04.2010): Besucher sozialer Netzwerke. [http://faz-community.faz.net/blogs/netzkonom/archive/2010/04/26/facebook-zieht-deutscher-konkurrenz-davon.aspx]

Grabs, A./ Bannour, K. (2011): Follow me! – E rfolgreiches Social Media Marketing mit Facebook, Twitter und Co.. Galileo Press, Bonn

Hettler, U. (2010): Social Media Marketing – Marketing mit Blogs, Sozialen Netzwerken und weiteren Anwendungen des Web 2.0. Oldenbourg, München

Hilker, C. (2010): Social Media für Unternehmer – Wie man Xing, Twitter, YouTube und Co. erfolgreich im Business einsetzt. Linde, Wien

Hilker, C. (2012): Erfolgreiche Social-Media-Strategien für die Zukunft – Mehr Profit durch Faceboobk, Twitter, Xing und Co.. Linde, Wien

Holzapfel, F./ Holzapfel, K. (2010): facebook – marketing unter freunden. BusinessVillage, Göttingen

Homburg, C/ Krohmer, H. (2003): Marketingmanagement – Strategie – Instrumente – Umsetzung – Unternehmensführung. Gabler, Wiesbaden

Hünnekens, W. (2010): Die Ich-Sender – Das Social Media-Prinzip. BusinessVillage, Göttingen

Kaiser, A. (2012): Beflügelte Fans, in Absatzwirtschaft, Heft 1/2-2012, S. 57

Kaufmanns, R./ Siegenheim, V. (2007): Die Google-Ökonomie – wie Google die Weltwirtschaft verändert. Books on Demand, Düsseldorf

Lembke, G. (2011): Social Media Marketing – Analyse; Strategie; Konzeption; Umsetzung. Cornelsen, Berlin

Piwik Inc. (26.03.2012): Piwik – Open Source Web analytic. [http://piwik.org]

PostRank Inc. (27.03.2012): PostRank Analytics. [https://analytics.postrank.com/]

RedBull (29.03.2012): RedBull. [http://www.facebook.com/redbull]

Rheingold (29.03.2011): Werbung steht vor einem Paradigmenwechsel: weg vom Egokult – hin zu neuem Idealismus. In Zukunft wird sich Werbung auch in den Aspekten Platzierung, Form und Inhalt deutlich wandeln. [http://www.presseportal.de/pm/21862/738565/bbdo_germany_gmbh]

Safko, L. (2010): The Social Media Bible: Tactics, Tools, and Strategies for Business Success. John Wiley & Sons, Hoboken, New Jersey

Scharf, A./ Schubert, B./ Hehn, P. (2009): Marketing – Einführung in Theorie ud Praxis. Schäfer-Poeschel, Stuttgart

Schierenbeck, H./ Lister, M. (2002): Value Controlling – Grundlagen Wertorientierter Unternehmensführung. Oldenbourg, München

SIGMA (13.03.2012): Sigma Milieus für Deutshland. [http://www.sigma-online.com/de/SIGMA_Milieus/SIGMA_Milieus_in_Germany]

Skiera, B. (09.04.2012): Das Pinnball-Prinzip: Wie Social Media das Marketing beeinflußt. [http://detektor.fm/wirtschaft/das-pinnball-prinzip-wie-die-social-media-das-marketing-beeinflußt]

Starbucks (16.04.2012): Starbucks. [http://www.facebook.com/Starbucks]

Sterne, J. (2010): Social Media Metrics – How to Measure and Optimize Your Marketing Investment. John Wiley & Sons, Hoboken New Jersey (USA)

Sterne, J. (2011): Social Media Monitoring – Analyse und Optimierung Ihres Social Media Marketings auf Facebook, Twitter, Youtube und Co.. mitp, Heidelberg

Twitter (09.03.2012): DellOutlet. [www.twitter.com/Delloutlet]

Weinberg, T. (2011): Social Media Marketing – Strategien für Twitter, Facebook & Co.. O`Reilly, Köln

Wirtschaftslexikon24 (08.03.2012): Push-Marketing. [www.wirtschaftslexikon24.net/d/push-marketing.htm]

Wolber, H. (2012): Die 11 Irrtümer über Social Media – Was Sie über Marketing und Reputationsman

Christian Kremer:

Kennzahlensysteme für Social Media Marketing. Ein strategischer Ansatz zur Erfolgsmessung

2012

Abkürzungsverzeichnis

Abkürzung	Bezeichnung
a.a.O.	an anderem Ort
Abb.	Abbildung
ARD	Arbeitsgemeinschaft öffentlich-rechtlicher Rundfunkanstalten Deutschlands
BSC	Balanced Scorecard
BVDW	Bundesverband für digitale Wirtschaft e.V.
bzw.	beziehungsweise
ca.	circa
CLV	Customer lifetime value
d.h.	das heißt
Et. al.	und andere
evtl.	eventuell
Ex post	aus danach
f.	folgende
ff.	fort folgende
ggf.	gegebenenfalls
HR	Human Ressources / Personalabteilung
i.d.R.	in der Regel
KPI	Key performance indicator
o.g.	oben genannt
PIMS	Profit impact of market strategies
PR	Public Relations
ROI	Return-on-Investment
S.	Seite
SIM	Social influence marketing score
SMART	Specific, Measurable, Achievable, Realistic, Terminated
SMBSC	Social Media Balanced Scorecard
sog.	sogenannte
TV	Television, Fernsehen
u.a.	unter anderem
u.U.	unter Umständen
usw.	und so weiter
vgl.	vergleiche
z.B.	zum Beispiel
z.Zt.	zur Zeit
ZDF	Zweites deutsches Fernsehen

1 Einleitung

1.1 Problemstellung

Social Media Marketing ist eines der derzeit prägenden Hauptthemen im Bereich Marketing. Aus unternehmerischer Sicht stellt es heutzutage einen essenziellen Trend dar, in Social Media Diensten aktiv vertreten zu sein. Viele Unternehmen haben die Mehrwerte und Potenziale von Social Media für ihre Belange erkannt. Jedoch sollte dieser Schritt gut geplant und wohlüberlegt sein. Durch die Entwicklungen des „Web 2.0" wird der passive Internetnutzer zum aktiven Teilnehmer. Er kann aktiv und nahezu problemlos Inhalte publizieren und seine Meinungen, Werte und Interessen äußern.

Diese Verhaltensänderung ermöglicht Unternehmen eine neue Form der Kundeninteraktion und –kommunikation. Mit Social Media können Unternehmen ihre Kunden direkt ansprechen und einen direkten Kundenkontakt pflegen. Die Informationsreichweite der Produkte, der Dienstleistungen oder des Unternehmens kann durch den Einsatz von Social Media Marketing wesentlich erhöht werden. Social Media formiert sich aus Sicht der Unternehmen mehr und mehr zu einem neuen bzw. zusätzlichen Vertriebs- und Marketingkanal.

Festzustellen ist jedoch auch, dass es Unternehmen schwer fällt, den Nutzen der Social Media-Aktivitäten direkt zu beziffern und den Erfolg zu messen. Speziell ohne vorangestellte Planung und Zieldefinition können geeignete Kennzahlen nur schwer festgesetzt werden. Um die Aktivitäten zielorientiert im Unternehmen steuern zu können, benötigt es ein entsprechendes Kennzahlensystem sowie geeignete Werkzeuge zur Auswertung der ermittelten Daten. Die nachfolgende Arbeit befasst sich mit der häufig zu Grunde gelegten These, dass man den Erfolg von Social Media Marketing Kampagnen nicht messen kann.

1.2 Zielsetzung

Die Kernfrage, mit der sich die vorliegende Bachelor-Thesis beschäftigt ist:

„Wie können Social Media Marketing Aktivitäten eines Unternehmens effektiv und effizient gemessen werden?"

Um diese Frage beantworten zu können, muss vorweg die Frage geklärt werden, was gemessen werden soll. Hierzu wird anhand der Lehre des strategischen

Managements ein Social Media Strategiekonzept als Basis für die Messung der definierten Ziele beschrieben.

Das Strategiekonzept umfasst die Schritte der strategischen Analyse, der Strategieentwicklung, -implementierung und der Strategiekontrolle.

Im Mittelpunkt der vorliegenden Arbeit steht die Erstellung geeigneter Kennzahlensysteme auf Basis wissenschaftlicher Methoden aus dem Bereich Controlling.

1.3 Vorgehensweise

Die Thesis gliedert sich in drei Hauptkapitel sowie einer zusammenfassenden Schlussbetrachtung:

Das Kapitel „Grundlagen" behandelt die relevanten Themenbereiche der Arbeit und gibt einen allgemeinen Überblick über und Einstieg in die nachfolgenden Kapitel.

Das Kapitel „Social Media Strategie" befasst sich mit den vorbereitenden Maßnahmen, die zur Erstellung eines Kennzahlensystems im Social Media Marketing notwendig sind. Ziel dieses Kapitels ist es, die Bedeutung einer Social Media Strategie zu erläutern und auf wichtige Bestandteile im Hinblick auf die Erfolgsmessung hinzuweisen.

Im Anschluss werden im Kapitel „Kennzahlensysteme für Social Media Marketing" exemplarische Ansätze zur Messung des Erfolges einer Marketing Kampagne im Bereich Social Media vorgestellt. Fokussiert wird die Erfolgsmessung auf zwei Ebenen. Einerseits auf einer ziel- und aufgabenbezogenen Ebene unter Anwendung der Balanced Scorecard im Kontext des Social Media Marketings, andererseits auf einer finanzwirtschaftlichen Ebene unter Verwendung modifizierter Kennzahlenbäume zur Messung des Return on Investments.

Die Schlussbetrachtung im letzten Kapitel beinhaltet eine kritische Würdigung, sowie ein abschließendes Fazit der o.g. Fragestellungen.

2 Grundlagen

2.1 Marketing

2.1.1 Klassisches Marketing

Kotler definiert den Begriff „klassisches Marketing" wie folgt: „Marketing ist der Prozess im Wirtschafts- und Sozialgefüge, durch den Einzelpersonen und Gruppen ihre Bedürfnisse und Wünsche befriedigen, indem Sie Produkte und andere Dinge von Wert erzeugen, anbieten und miteinander austauschen."[206]

Marketing beschäftigt sich nach dieser Definition grundlegend mit der Gestaltung von (mehrwertschaffenden) Austauschprozessen zwischen einem Anbieter und einem Nachfrager. Das gemeinsame Ziel beider Parteien ist die Befriedigung der eigenen Bedürfnisse. Bedingt durch die Vielzahl an Käufermärkten stehen Anbieter vor der Herausforderung, sich durch gezielte Maßnahmen einen Wettbewerbsvorteil auf dem Absatzmarkt zu verschaffen. Dies kann unter anderem durch die Verwendung absatzpolitischer Instrumente bestehend aus Maßnahmen innerhalb der Produkt-, Preis-, Kommunikations- und Distributionspolitik erreicht werden.[207]

In der Praxis wird Marketing häufig auf die Begriffe Werbung, Public Relation oder Distribution reduziert. Diese Sicht ist jedoch unvollständig und beschreibt nur einzelne Instrumente aus den o.g. absatzpolitischen Instrumenten. Marketing beginnt wesentlich früher – und zwar dann, wenn es darum geht, Nachfragebedürfnisse bspw. durch Marktforschung zu identifizieren.[208]

Ein vereinfachtes Marketingmodell von Kotler beschreibt einen Management-Prozess in fünf Schritten wie er in Abb. 1 dargestellt wird:

Abb. 1: Marketingmanagement in Anlehnung an Kotler, et al. (2010), a.a.O.

---

[206] Vgl. Kotler, et al. (2010), S. 39

[207] Auch bekannt als Marketing-Mix. Siehe Wöhe (2008), S. 386 ff.

[208] Vgl. Meffert, et al. (2008), S. 9

Die moderne Interpretation beschreibt Marketing als marktorientierte Unternehmensführung in Form eines dualen Führungskonzeptes: einerseits als Leitbild der Unternehmensführung und andererseits als gleichberechtigte Unternehmensfunktion innerhalb der Wertschöpfungskette eines Unternehmens. Marketing als Leitbild ist die marktorientierte Führung aller betrieblichen Organisationsbereiche. Das gesamte Unternehmen wird auf die Bedürfnisse der Kundengruppen ausgerichtet.[209]

Im Rahmen dieser Arbeit wird zwischen klassischem (Offline-)Marketing und Social Media Marketing unterschieden. Ersteres charakterisiert sich durch:

- die Sichtweise einer gleichberechtigten Unternehmensfunktion,
- die Anwendung klassischer Methoden wie Fragebögen oder Kundeninterviews im Sinne einer Marktforschung durch Beobachtung, Befragung oder Anwendung von Experimenten,
- die Verwendung absatzpolitischer Instrumente aus dem Marketing-Mix – insbesondere bei traditionellen Medien wie TV, Print und Radio im Rahmen der Kommunikationspolitik,
- eine unidirektionale Kommunikationsstruktur von einem Anbieter zu einer Menge potenzieller und unbekannter Kunden (one-to-many-Kommunikation), sowie
- die Schaffung von Wettbewerbsvorteilen auf dem Absatzmarkt zur langfristigen Gewinnsicherung und Gewinnmaximierung.

Von besonderer Relevanz innerhalb dieser Arbeit sind die Teilbereiche der Kommunikationspolitik und des Marketingcontrollings.

Im Rahmen der Kommunikationspolitik geht es nach Kreutzer um die zielgruppenspezifische Übertragung von Informationen eines Produktes oder einer Dienstleistung zur Erreichung der Marketingziele. Neben der reinen Information dient die Kommunikationspolitik dazu, ein positives Image des Unternehmens in der Öffentlichkeit zu unterstützen. Dritte Personen (vornehmlich potenzielle Kunden) sollen hinsichtlich der Wahrnehmung und Bewertung des Produktes positiv beeinflusst werden. Verhaltensweisen, die zu Kaufanreizen führen können, sollen vom Anbieter entsprechend gesteuert werden. Im Rahmen des klassischen Marketings spricht man in diesem

---

[209] Vgl. Meffert, et al. (2008), S. 13 f.

Zusammenhang auch häufig vom sogenannten „Push-Marketing".[210] Hier versucht ein Anbieter, seine Produkte über geeignete Kommunikationskanäle in den Markt „hinein zu drücken" (von „to push" = drücken).

2.1.2 Marketing Controlling

Im Sinne von Marketing als Managementprozess stellt das Marketing-Controlling einen immer wichtiger werdenden Prozessschritt dar. Wie die Übersetzung ins Deutsche vermuten lässt, geht es dabei aber nicht um die reine „Kontrolle" der handelnden Personen.

Ziel dieser Disziplin ist es vielmehr, die Effektivität und die Effizienz der Marketing-Aktivitäten eines Unternehmens nachzuweisen. Um dies zu ermöglichen, muss das Marketing-Controlling Transparenz schaffen, indem es alle relevanten Informationen bereitstellt.[211] Frühzeitig auf Abweichungen der Marktgegebenheiten hinzuweisen, ermöglicht es einem Unternehmen, dem teilweise schnelllebigen Marktumfeld gerecht zu werden und rechtzeitig Anpassungen vorzunehmen. Das Hauptziel sollte sein, Verbesserungspotenziale für zukünftige Marketing-Maßnahmen abzuleiten und eine fundierte Entscheidungsfindung zu ermöglichen.[212]

Die Notwendigkeit für ein Controlling ergibt sich aus der Tatsache, dass die Marketingkosten einen enormen Anteil an den Gesamtkosten ausmachen.

Da Unternehmen i.d.R. an ihrem finanziellen Erfolg gemessen werden, rückt die Forderung nach einem wirtschaftlichen Umgang mit den Ressourcen in den Mittelpunkt vieler unternehmerischer Bereiche. Konkreter formuliert: Marketingmaßnahmen müssen sich (finanziell) rechtfertigen.[213] Ist dies nicht der Fall, leidet das Marketing unter einem Bedeutungsverlust und fällt einer ausgeprägten Finanzorientierung zum Opfer.

Reinecke führt die zunehmende Bedeutung des Marketing-Controlling auf neue Managementkonzepte wie das „Total Quality Management" zurück. Die Unternehmensführung durchlebt einen Wandel und konzentriert sich mehr auf

---

[210] Vgl. Kreutzer (2010), S. 322 ff.

[211] In Anlehnung an Zerres, et al. (2005), S. 4

[212] Vgl. Meffert, et al. (2008), S. 38 f.

[213] Siehe Reinecke (2004), S. 1 ff. und Meffert, et al. (2008), S. 795 f.

die Optimierung operativer Prozesse. Um dies zu erreichen, müssen Ziele definiert, Kennzahlen erhoben und ausgewertet werden, um Optimierungspotenziale offen zu legen. Auf die Besonderheiten und den Stellenwert von Kennzahlen und Kennzahlensystemen wird in einigen der folgenden Kapitel noch detaillierter eingegangen.[214]

Marketing-Controlling beschränkt sich grundsätzlich nicht auf bestimmte Teilbereiche innerhalb des Marketings. Im weiteren Verlauf der Arbeit wird speziell das Marketing-Controlling im Zusammenhang mit der Kommunikationspolitik (verstärkt im Bereich Social Media-Marketing) untersucht. Es geht darum, die Effektivität und Wirtschaftlichkeit der Marktkommunikation sicherzustellen und nachzuweisen. Gerade in diesem Bereich stößt das Marketing- Controlling immer wieder an seine Grenzen. Grund hierfür ist u.a. die mangelnde Zurechenbarkeit von Erfolgen zu den jeweiligen Maßnahmen der Kommunikationspolitik.[215]

2.1.3 Social Media Marketing

Soziale Medien sind im Internet eines der prägenden Hauptthemen der vergangenen Jahre. Dies belegen zahlreiche Studien u.a. an den stetig steigenden Benutzerzahlen. So verzeichnet das wohl größte soziale Netzwerk „Facebook" nach dem Stand vom 06. Juli 2011 einen derzeitigen Benutzerstamm von weltweit über 750 Millionen aktiven Benutzern.[216]

Social Media steht jedoch nicht als Synonym für soziale Netzwerke wie etwa Facebook, Xing oder die VZ-Gruppe. Social Media bezeichnet vielmehr den Informationsaustausch von Personen mit Hilfe verschiedenster Internet-Plattformen. Dazu gehören Community-Foren, Blogs, Video- und Bildportale, Wikis und eben auch soziale Netzwerke. Im Fokus dieser Plattformen steht die Kommunikation und Vernetzung mehrerer Benutzer ohne geografische oder zeitliche Barrieren.[217] Inhalte des Internets bekommen hierdurch eine soziale Komponente.

---

[214] Vgl. Reinecke (2004), S. 4

[215] Siehe Reinecke, et al. (2007), S. 219 ff.

[216] Vgl. Wiese (2011), http://allfacebook.de/zahlen_fakten/facebook-nutzerzahlen-2011, Stand 07.12.2011

[217] In Anlehnung an Weinberg (2010), S. 1

Ermöglicht wurde Social Media durch die Entwicklungen im Internet zum sogenannten Web 2.0. Dieser mittlerweile allgegenwärtige Begriff bezeichnet keine neue Produktversion des Internets, steht aber für eine andere Art des Umgangs mit diesem Medium. Obwohl es kein offizielles Web 1.0 gab, beschränkte sich das „World Wide Web" in der Vergangenheit ausschließlich auf den Informationsaustausch. Inhalteanbieter verschiedenster Art haben – anfangs statisch und im Laufe der Zeit zunehmend dynamischer – Inhalte in das Internet gestellt, die von den Nutzern konsumiert werden konnten. Der Grad der Interaktivität war zu dieser Zeit verhältnismäßig gering.

Durch die Konvergenz verschiedenster technologischer Entwicklungen, entfaltete sich das Internet zum sog. „Mitmach-Internet" – dem Web 2.0. Dem Nutzer wird die Möglichkeit gegeben, selber Inhalte zu erstellen und diese auf verschiedenen Plattformen zu veröffentlichen (user generated content). Und dies ohne die Kenntnisse von Programmiersprachen oder Web-Technologien. Neben den o.g. Punkten ist das Thema kollektive Intelligenz ein weiterer zentraler Punkt im Web 2.0 bzw. im Social Media.[218]

Social Media Marketing ist aus der Begriffszusammensetzung relativ leicht zu erklären: Es bedeutet Marketing unter der Verwendung von Social Media. Ähnlich dem klassischen Marketing ist es ein Prozess, der es Unternehmen ermöglicht, Social Media als absatzpolitisches Instrument zu verwenden – hauptsächlich im Bereich der Kommunikationspolitik.

Durch die enorme Präsenz verschiedenster Personen werden natürlich auch Unternehmen auf diese Plattformen aufmerksam.[219] Die Gründe dafür sind vielfältig:[220]

- die Unternehmen erreichen eine breitere Zielgruppe als dies über traditionelle Kanäle möglich wäre,
- Social Media Marketing ermöglicht neue Kommunikationskanäle, um mit den Teilnehmern in Kontakt zu treten,

---

218 In Anlehnung an O'Reilly (2005), http://www.oreillynet.com/lpt/a/6228, Stand07.12.2011 und Hettler (2010), S. 1 ff.

219 Laut der ARD/ZDF Onlinestudie 2011 nutzen 55% der befragen Personen täglich private Communities und Netzwerke. Bei den 14-19 jährigen sind es sogar 63%. Vgl. ARD/ZDF (2011), http://www.ard-zdf-onlinestudie.de/index.php?id=309, Stand07.12.2011

220 Vgl. Weinberg (2010), S. 4 ff., Hettler (2010), S. 21 f. und Grabs, et al. (2011), S. 29 ff.

- die Stärkung des Markenbewusstseins durch die aktive Teilnahme,
- Schaffung neuer Absatzkanäle durch die Integration von eCommerce
- Dienstleistungen,
- Kundenakquise, -bindung und Kontaktpflege,
- Erhöhung der Reichweite von Marketingkampagnen,
- verbessertes Ranking in Suchmaschinen und
- Erhöhung der Nutzerzahlen auf der Unternehmenswebseite.

Promio.net ermittelte im Auftrag der „Email-Expo", dass Social Media Marketing das Marketinginstrument im Jahr 2011 sein wird, in welches die befragten Unternehmen verstärkt investieren werden. 55% der Unternehmen sind bereits im Social Media aktiv vertreten. Ca. weitere 40% planen dies im Jahr 2011 noch nachzuholen.[221]

2.2 Kennzahlensysteme

2.2.1 Bedeutung, Stellenwert und Funktionen von Kennzahlen

Kennzahlen sind eines der zentralen Instrumente des Managements, um die Messung der Zielerreichung zu ermöglichen und unternehmerische Aktivitäten zielgerichtet zu steuern. Konkret sind dies „Zahlen, die in konzentrierter Form über einen zahlenmäßig erfassbaren betriebswirtschaftlichen Tatbestand informieren".[222]

Kennzahlen sind somit ein wichtiger Bestandteil eines Führungsinformationssystems, um die Planung und Kontrolle betriebswirtschaftlicher Aktivitäten zu unterstützen. Kennzahlen stellen Daten bereit, die die Ableitung oder Begründung betriebswirtschaftlicher Entscheidungen unterstützen (Informationsfunktion). Sie haben weiterhin einen Vorgabecharakter im Sinne von Zielvereinbarungen (Steuerungsfunktion).[223] Preißner definiert darüber hinaus die Operationalisierungs-, Anregungs-, Vorgabe- und Kontrollfunktion.[224]

Grundsätzlich können Kennzahlen verschiedene Sachverhalte ausdrücken. Die wohl am häufigsten anzutreffende Kategorie ist die der finanziellen Kennzahlen.

---

[221] Siehe Email-Expo (2011), S. 2
[222] Siehe Staehle (1967), S. 62
[223] Vgl. Wöhe (2008), S. 214 f.
[224] Siehe Preißner (2008), S. 197 f.

Hier finden sich Messgrößen wie der „Return on Investment" (ROI), der Umsatz pro Kundengruppe oder der Verschuldungsgrad. Weiterhin gibt es bereichsspezifische Kennzahlen, wie die Umschlagshäufigkeit innerhalb der Materialwirtschaft oder die Fluktuationsquote im Bereich Human Resources (HR).

Eine weitere wichtige Unterscheidung ist die Aufteilung von Kennzahlen in monetäre (ergebnisorientierte) und nicht-monetäre (nicht ergebnisorientierte) Kennzahlen.[225] Erstere haben den Vorteil, dass sie berechnet werden können und dem Management eine ergebniswirksame Information liefern können. Nicht-monetäre Kennzahlen haben den Nachteil, dass mit ihnen diese Ergebniswirksamkeit nicht oder nur eingeschränkt berechnet werden kann. Bspw. kann nicht ohne weiteres festgestellt werden, ob eine Qualitätsverbesserung eines Produktes auch zu einem verbesserten finanziellen Ergebnis führt.

Kennzahlenvergleiche ermöglichen, ein Unternehmen oder einen Organisationsbereich zielgerichtet zu steuern. Dabei können Kennzahlenvergleiche entweder innerbetrieblich oder zwischenbetrieblich durchgeführt werden. Bei den innerbetrieblichen Vergleichen unterscheidet man zwischen einem Zeitreihen- oder einem Soll-Ist-Vergleich.[226] Bei einem Zeitreihenvergleich werden die erfassten Kennzahlen aus verschiedenen Zeiträumen miteinander verglichen. Daraus können positive und negative Abweichungen auf einem Zeitstrahl visualisiert werden. Durch die Zuordnung von betriebswirtschaftlichen Aktivitäten, wie bspw. Marketing-Kampagnen oder organisatorischen Umstrukturierungen auf dem Zeitstrahl, können kausale Zusammenhänge zwischen Aktivität und Kennzahlenveränderung abgeleitet werden.

Soll-Ist-Vergleiche stellen vorgegebene Werte (Plangrößen) und tatsächlich entstandene Werte gegenüber – entweder zeitpunkt- oder zeitraumbezogen. Dabei können Abweichungen unterschiedliche Gründe haben. Eine Zurechenbarkeit auf bestimmte Ursachen ist häufig nicht möglich. Daher schließt sich an einen Soll-Ist-Vergleich häufig eine Abweichungsanalyse an.

---

[225] Siehe Horváth (2006), S. 557
[226] In Anlehnung an Horváth (2006), S. 543

Werden mehrere Kennzahlen zweckorientiert in einen sachlogischen oder mathematischen Zusammenhang gebracht, spricht man von einem Kennzahlensystem.[227] Je nachdem welche Zielsetzung man verfolgt, ist ein solches System unterschiedlich auszugestalten. Bei der Erstellung sollte darauf geachtet werden, dass das Kennzahlensystem problemgerecht, konsistent, flexibel, benutzergerecht und wirtschaftlich ist. Ein ideales Kennzahlensystem besitzt die Fähigkeit, die Messgrößen auf unterschiedliche (organisatorische) Ebenen herunter zu brechen, wodurch eine Hierarchie von Kennzahlen entsteht. Dabei sollte jedoch stets darauf geachtet werden, Zielkonflikte zu vermeiden.

Horváth hebt die Bedeutung einer Spitzenkennzahl innerhalb eines Kennzahlensystems als wichtigste inhaltliche Frage deutlich hervor. Diese – an oberster Stelle definierte – Kennzahl soll die Gesamtaussage des Systems in komprimierter Form vermitteln. Darunter gliedern sich verschiedene Kennzahlen- Gruppen, die das oberste Ergebnisziel unterstützen. In der Praxis sind zwei Erscheinungsformen vorrangig:[228]

- Ordnungssysteme teilen Kennzahlen in verschiedene Sachverhalte. In jedem System werden bestimmte, häufig voneinander getrennte unternehmerische Aspekte abgebildet.
- Rechensysteme stellen die rechnerische Zerlegung von Kennzahlen in einer hierarchischen Struktur dar.

2.2.2 Das DuPont Schema

Das „DuPont-System of Financial Control" ist ein vom Chemiekonzern DuPont entwickeltes Kennzahlensystem. Es fällt unter die Kategorie der Rechensysteme unter der Verwendung der Gesamtkapitalrentabilität als Spitzenkennzahl.[229] Abb. 2 zeigt eine abstrakte Darstellung dieses Modells.

---

[227] In Anlehnung an Meffert, et al. (2008), S. 799

[228] Siehe Horváth (2006), S. 545

[229] Vgl. Horváth (2006), S. 549. Häufig wird anstelle der Gesamtkapitalrentabilität auch vom „Return on Investment" (ROI) gesprochen.

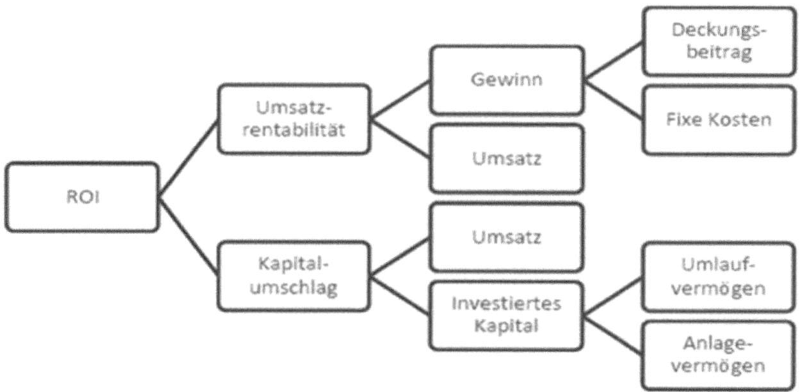

Abb. 2: DuPont Kennzahlensystems in Anlehnung an Wöhe (2008), S. 216

Die Auflösung der Spitzenkennzahl auf die verschiedenen Unterebenen ermöglicht es, die Einflussfaktoren für die Wertentwicklung genau zu analysieren. Dieser Analyseaspekt ist auch der Haupteinsatzbereich dieses Kennzahlensystems.

Durch die fehlende Aufspaltung des Systems auf unterschiedliche Unternehmensbereiche, ist das System – im Sinne einer Steuerungsfunktion – nicht oder nur mit Einschränkungen zu gebrauchen. Bei der Verwendung besteht die Gefahr, dass das Ergebnis leicht manipuliert werden kann. Die Rentabilität kann bspw. durch eine bewusste Erhöhung des investierten Kapitals verändert werden. Weiterhin wird die stark eingeschränkte Sicht auf rein finanzielle Kennzahlen als zu einseitig kritisiert. Weitere Zielgrößen, bspw. aus den Bereichen Prozessoptimierung, Kundenorientierung etc., bleiben außen vor.[230]

2.2.3 Die Balanced Scorecard

Balanced Scorecard (BSC) bedeutet übersetzt „ausgewogener Berichtsbogen" und wurde von Robert S. Kaplan und David P. Norton Anfang der 90er Jahre an der Harvard University entwickelt.[231]

---

[230] Vgl. Meffert, et al. (2008), S. 800

[231] Vgl. grundlegend Kaplan, et al. (1997)

Mit Hilfe der BSC soll die einseitige Sichtweise auf rein finanzielle Kennzahlen (wie bspw. beim DuPont Schema) zur Erfolgskontrolle verhindert werden. Entsprechend der Definition von Horváth gehört die BSC zur Kategorie der Ordnungssysteme, in denen Kennzahlen bestimmten Sachverhalten zugeordnet werden und somit erweiterte Aspekte des Unternehmens erfassen.[232] Dazu werden im Grundkonzept der BSC verschiedene Perspektiven – wie in Abb. 3 dargestellt – betrachtet. Neben Kennzahlen für finanzielle Ziele umfasst die Grundversion der BSC die Perspektiven „Interne Geschäftsprozesse", „Kunden" und „Innovation und Wachstum".[233] Dabei sind diese Perspektiven nicht verpflichtend. Je nach Branche oder Zweckmäßigkeit können die Perspektiven ausgetauscht oder erweitert werden.

Die Perspektive „Finanzen" erfasst die ergebnisorientierten Kennzahlen, wie sie auch bspw. im DuPont-Schema betrachtet werden. Die Kundenperspektive beinhaltet die Ergebnisse der kundenorientiert definierten Ziele. Insbesondere wie bestehende Kunden langfristig an das Unternehmen gebunden und neue Kunden hinzugewonnen werden können. Im Rahmen von „Innovation und Wachstum" geht es um das Entwicklungspotenzial einer Organisation bzw. der angebotenen Produkte und Dienstleistungen. Im Vordergrund steht nachhaltiges Wachstum und die Sicherung der Wettbewerbsposition. Die Perspektive der internen Geschäftsprozesse zielt auf eine Effizienzsteigerung der operativen Prozesse ab.[234]

Beim Zusammenspiel der einzelnen Perspektiven greift das sog. „Prinzip der Kausalität".[235] Um die zu einseitig finanzwirtschaftliche Betrachtung der Kennzahlen zu unterbinden, stehen die Perspektiven (vielmehr die Kennzahlen und Erfolgsgrößen) in einer Ursache-Wirkungsbeziehungen zueinander. So können sich bspw. eine verbesserte Kundenkommunikation und nachhaltige Kundenakquise positiv auf den Abverkauf von Produkten auswirken, was folglich den Umsatz steigert. Hier stehen also Erfolgsgrößen aus den Perspektiven „Kunden" und „Finanzen" in einem Zusammenhang. Ein anderes Beispiel ist die Verbesserung der Produktqualität durch neue Produktionsverfahren. Eine bessere Produktqualität verringert die Kosten für

---

[232] Siehe Horváth (2006), S. 545
[233] Siehe Kreutzer (2010), S. 145
[234] Siehe Wöhe (2008), S. 217 f.
[235] In Anlehnung an Preißner (2007), S. 21 ff.

Reklamationen und reduziert die Aufwände im Bereich Service und Support: kausaler Zusammenhang zwischen „Innovation und Wachstum" und Finanzen.

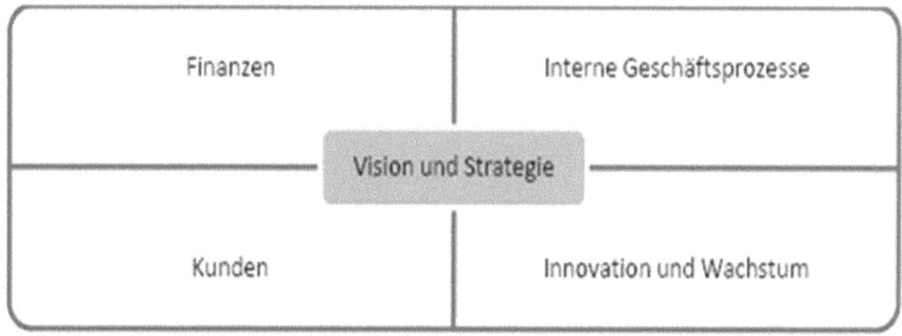

Abb. 3: BSC Perspektiven in Anlehnung an: Meffert, et al. (2008), S. 801

Im Zentrum einer jeden BSC stehen jedoch eine zuvor definierte Strategie und eine formulierte Vision. Das Unternehmen soll sein Handeln anhand einer ganzheitlichen Strategie zielorientiert durchführen. In einem nächsten Schritt werden das Unternehmen hinsichtlich Stärken und Schwächen, sowie das Unternehmensumfeld hinsichtlich Chancen und Risiken untersucht.[236] Auf Basis der ermittelten Informationen werden zielgerichtete Erfolgsfaktoren bestimmt. Diese Erfolgsfaktoren werden anschließend den jeweiligen Perspektiven zugeordnet. Sofern die genannten „Standard-Perspektiven" für das Unternehmen nicht ausreichend sind, können sie entsprechend angepasst oder um eigene Sichtweisen erweitert werden. Die wichtigste Fragestellung in diesem Zusammenhang ist: Mit welchen Perspektiven können die zuvor ermittelten Erfolgsgrößen abgebildet werden?

Anschließend werden zu den Erfolgsgrößen passende Kennzahlen ermittelt. Dies können sowohl monetäre als auch nicht monetäre Kennzahlen sein. Das bisherige Vorgehen bezog sich auf eine übergeordnete Scorecard. Für eine erfolgreiche Durchführung im Unternehmen ist jedoch eine ganzheitliche Nutzung in allen Unternehmensbereichen notwendig. Zu diesem Zweck wird die übergeordnete Scorecard auf die einzelnen organisatorischen Bereiche abgeleitet. Ggf. kommen auf den tieferen Ebenen noch verfeinerte Kennzahlen zur Anwendung. Es ist jedoch unbedingt zu beachten, dass keine Konflikte

---

[236] SWOT-Analyse (SWOT = Strength, Weakness, Opportunities, Threads)

hinsichtlich der Erfolgsgrößen bzw. der Zielformulierungen auftreten. Die abgeleiteten BSCs müssen zwingend die Erfolgsgrößen der oberen BSC unterstützen.[237]

Im weiteren Verlauf der Implementierung im Unternehmen ist es wichtig, durch gezielte Reviews die Anwendbarkeit und Zweckmäßigkeit der BSC ständig zu kontrollieren bzw. zu hinterfragen. Entsprechende Verbesserungen können somit zielführend eingebaut werden.

2.3 Strategisches Management

2.3.1 Die Aufgaben des strategischen Managements

Hungenberg beschreibt die Disziplin des strategischen Managements anhand der nachfolgenden vier Merkmale:[238]

- Strategische Entscheidungen geben die grundsätzliche und langfristig ausgelegte Richtung der Unternehmensentwicklung vor.
- Strategische Entscheidungen haben zum Ziel, den Erfolg eines Unternehmens langfristig zu sichern. Der maßgebliche Erfolgsgarant ist dabei, Vorteile gegenüber Konkurrenten aufzubauen und sich somit auf dem Markt zu differenzieren. Die Zielsetzung ist es, nachhaltige Erfolgspotenziale zu schaffen, die durch operative Prozesse genutzt werden können.
- Strategische Entscheidungen bestimmen die externe und interne Ausrichtung des Unternehmens.
- Strategische Entscheidungen werden aus einer übergreifenden Perspektive festgelegt und von den verschiedenen Organisationseinheiten entsprechend umgesetzt.

Die Aufgabe des Managements definiert sich durch die zielgesteuerte Steuerung des Leistungsprozesses und die Koordination des damit verbundenen Einsatzes von Ressourcen.[239] Die grundsätzlichen Teilaufgaben des Managements bestehen aus Zielbildung, Planung, Entscheidung, Ausführung und Kontrolle. Management aus Sicht einer Funktion ist in vielen Organisationsbereichen relevant. Das strategische Management bezieht sich dabei auf die o.g. Merkmale

---

[237] In Anlehnung an Preißner (2007), S. 58 ff.
[238] Siehe Hungenberg (2004), S. 4
[239] Vgl. Hungenberg (2004), S. 21 f.

strategischer Entscheidungen und ist häufig Aufgabe der obersten Geschäftsführung. Konkret geht es darum, dem gesamten Unternehmen eine strategische Ausrichtung zu geben:

„Das strategische Management befasst sich mit der zielorientierten Gestaltung unter strategischen, d.h. langfristigen, globalen umweltbezogenen und entwicklungsorientierten Aspekten. Es umfasst die Gestaltung und gegenseitige Abstimmung von Planung, Kontrolle, Information, Organisation, Unternehmenskultur und Strategischen Leistungspotenzialen."[240]

2.3.2 Der Prozess des strategischen Managements

Die Entwicklung einer Unternehmensstrategie ist ein mehrstufiger Prozess bestehend aus der strategischen Analyse, der Strategieentwicklung, -implementierung und -kontrolle.[241] Innerhalb der strategischen Analyse wird zum einen die Unternehmensumwelt zum anderen das Unternehmen selbst hinsichtlich Stärken und Schwächen sowie Chancen und Risiken betrachtet.

Innerhalb der Strategieentwicklung geht es darum, ein strategisches Statement und Ziele zu formulieren. Im Mittelpunkt eines strategischen Statements stehen dabei die Elemente Vision, Mission und Ziele. Die Vision dient dazu, ein erstrebenswertes Bild des Unternehmens in drei oder mehr Jahren darzustellen. Sie beschreibt den Sinn und die Leitidee der unternehmerischen Tätigkeit auf sehr abstrakte Weise. Darauf aufbauend wird in einem Missionsstatement die Umsetzung der Vision schriftlich verfasst. Hungenberg vergleicht die Mission mit den gebräuchlicheren Begriffen wie Unternehmensgrundsätze oder Unternehmensleitlinien.[242]

Da Ziele eines der wesentlichen Bestandteile innerhalb einer strategischen Ausrichtung sind, wird dieser Bestandteil gesondert im nachfolgenden Kapitel beschrieben.

Im Rahmen der Strategieimplementierung geht es um die durchgängige Umsetzung der Strategie innerhalb der Aufbauorganisation eines Unternehmens. Zielführendes Handeln auf der operativen Ebene ist maßgeblich für eine

---

[240] Siehe Bea, et al. (2009), S. 20

[241] In Anlehnung an Welge, et al. (2003), S. 101 ff.

[242] Vgl. Hungenberg (2004), S. 26

erfolgreiche Umsetzung. Die Strategiekontrolle ist eher als begleitende Phase zu sehen und soll dafür sorgen, alle Aktivitäten entsprechend der strategischen Vorgaben zu steuern.

2.3.3 Die Besonderheit der Zieldefinition und Zielerreichung

Ziele sind Maßstäbe, an denen unternehmerisches Handeln gemessen werden kann. Dabei verfolgen Unternehmen in der Regel mehrere Ziele zur gleichen Zeit. Es entsteht somit die Notwendigkeit, aus der Anzahl der verschiedenen Zielalternativen eine Auswahl zu treffen.[243] Diese Auswahl unterteilt sich häufig in Ober- und Unterziele, die voneinander abhängig sind. Diese Abhängigkeiten werden in einem Zielsystem dargestellt. Bei der Erstellung einer solchen Zielhierarchie ist darauf zu achten, dass die Unterziele komplementär zu den Oberzielen sind. Dies verhindert, dass sich Ziele in Ihrer Erreichung gegenseitig gefährden oder unter Umständen sogar ausschließen.

Bei der Zieldefinition ist darauf zu achten, dass diese nach den sog. SMART-Regeln formuliert werden:

Specific: eine genaue Angabe des zu erwarteten Ergebnisses.

Measurable: die Zielerreichung muss mit Kennzahlen nachweisbar sein.

Achievable: das Ziel muss für das Unternehmen erreichbar sein.

Realistic: die Relevanz bzw. Übereinstimmung des Zieles mit der Realität muss angemessen sein.

Terminated: das Ziel muss sachlich konkret und zeitlich präzisiert sein.

In der Summe sind Ziele eines der wichtigsten Elemente einer Strategie. So auch bei einer Strategie im Bereich Social Media Marketing, was im nächsten Kapitel näher beschrieben wird. Im Sinne der Kontrollfunktion ermöglichen formulierte Ziele die erreichten Ergebnisse den Sollvorstellungen gegenüberzustellen und positive wie negative Abweichungen zu identifizieren. Ohne die Definition von Zielen ist eine nachgelagerte Erfolgskontrolle nicht möglich. Daher bildet der

---

[243] Vgl. Hungenberg (2004), S. 27

Schritt der Zielformulierung ein Grundgerüst für die Implementierung eines Kennzahlensystems.[244]

Das nächste Kapitel behandelt die Anwendung des strategischen Managements-Prozesses auf den Bereich Social Media Marketing.

3 Social Media Strategie

3.1 Marketingstrategien und die Rolle von Social Media

Wie bereits im vorherigen Kapitel erwähnt, beginnt eine erfolgreiche Implementierung eines Kennzahlensystems nicht mit der Festlegung eben solcher Kennzahlen. Paine bringt es mit seinem Buchtitel treffend auf den Punkt:

„Measure what matters.[245] Umgekehrt verdeutlicht ein Grundprinzip des Controllings: „You can only manage what you can measure." Relevante Faktoren kann man nur ermitteln, indem man sich zuvor Ziele setzt. Genau an diesen Punkt knüpft das strategische Management an, bei dem die Formulierung von Zielen eine tragende Rolle spielt.

Um im Bereich des Social Media Marketings erfolgreich agieren zu können, ist eine Social Media (Marketing) Strategie eine der wesentlichen Erfolgsfaktoren.

Marketing-Strategien können sich je nach Unternehmensphilosophie als strategische Führungskonzeption verankern. Dies ist immer dann der Fall, wenn die Unternehmensstrategie mit der Marketingstrategie gleich gesetzt wird. Dabei werden in der Praxis zwei grundsätzliche Kategorien von Marketing-Strategien unterschieden.[246] Zum einen die wettbewerbsorientierten Strategien und zum anderen die kundenorientierten Strategien. Alternativ dazu kann die Marketing-Strategie in eine globale Unternehmensstrategie eingebettet werden und stellt somit nur eine von vielen strategischen Komponenten dar.

---

[244] In Anlehnung an Bea, et al. (2009), S. 111 f. und Kreutzer (2010), S. 120

[245] Zu Deutsch: „Messe was relevant ist" aus Paine (2011)

[246] Vgl. (Kreutzer, 2010 S. 151 ff.)

Wettbewerbsorientierte Strategien haben die Schaffung von Wettbewerbsvorteilen als vordergründige Zielsetzung. Es geht darum, sich von Konkurrenten am Markt abzusetzen und entsprechende Nutzenvorteile für den Kunden zu generieren. Entsprechend den Ansätzen von Porter kann ein Unternehmen die Strategie der Kostenführerschaft oder die Differenzierungsstrategie bevorzugen.[247]

Kundenorientierte Strategien stellen die Kunden in den Mittelpunkt der strategischen Ausrichtung. Hier unterscheidet man zwischen vier strategischen Positionen, die ein Unternehmen einnehmen kann: die Marktfeld-, Marktstimulierungs-, Marktparzellierungs- und Marktarealstrategie.[248]

Die Fragestellung ist nun: Wo ordnen sich die Aktivitäten des Social Media Marketing ein? Oder ergibt sich hierdurch sogar eine zusätzliche strategische Ausrichtung im Marketing?

Grundsätzlich ist zunächst festzuhalten: Social Media Marketing ist anders als klassisches Marketing. So weist auch Weinberg darauf hin, dass traditionelle Strategien im Marketing nicht mehr so effektiv sind wie früher.[249] Social Media Marketing wird als kostengünstige Alternative zu klassischen Marketing-Instrumenten gesehen. Ob die Alternative wirklich kostengünstiger ist, bleibt abzuwarten und ist je nach Randbedingungen durch die Anwendung entsprechender Kennzahlensysteme zu bemessen.

Der wesentliche Unterschied zwischen Social Media Marketing und dem klassischen Marketing ist die bedeutungstragende Rolle der Kommunikation zum und vor allem mit dem Kunden. Am Beispiel klassischer TV-Werbung ist der Unterschied gut zu erklären: Dreht ein Unternehmen einen Werbespot und veröffentlicht diese Werbebotschaft über das Fernsehen, handelt es sich hierbei um eine unidirektionale Kommunikation vom Unternehmen hin zum Kunden. Im Idealfall nimmt der Kunde die Werbebotschaft auf und beansprucht die angepriesene Dienstleistung bzw. das Produkt. Unidirektionale Kommunikation bedeutet nun, dass dem Kunden kein unmittelbarer Rückkanal zur Verfügung steht, um seine Empfindungen, seine Kritik oder seine Bedürfnisse zu äußern.

---

[247] Siehe Porter (1999)
[248] Vgl. Kreutzer (2010), S. 159 ff.
[249] Siehe Weinberg (2010), S. 7

Im Social Media Marketing geht es um echte, persönliche und direkte Beziehungen zum Kunden. Wird der gleiche Werbespot bspw. auf YouTube eingestellt, so hat der Kunde die Möglichkeit durch Kommentare seine Meinung der Öffentlichkeit preis zu geben. Diese Meinung ist dann nicht nur für das Unternehmen sichtbar, sondern auch für andere Nutzer, potenzielle Kunden oder Stammkunden. Der Kunde nimmt im Social Media Marketing also eine wesentlich bedeutendere Rolle im Rahmen der Kommunikationspolitik ein.[250] Sogenannte Marken-Evangelisten können einen enormen positiven wie negativen Einfluss auf den Stellenwert einer Marke nehmen. Es liegt ein Wandel vom Push-Marketing zum Pull Marketing vor. Push-Marketing bedeutet einen Informationstransfer vom Unternehmen zum Kunden. Das Unternehmen bestimmt demnach, in welcher Art Informationen an den Kunden gelangen und wie diese vom Kunden aufgenommen werden. Beim Pull-Marketing geht die Erstinitiative vom Kunden aus. Das Unternehmen ist dazu angehalten, regelmäßig Informationen bereitzustellen und dauerhaft Gespräche anzubieten. Der Kunde entscheidet, auf welche Informationen er wie eingeht. Social Media Marketing ist also nicht nur als zusätzlicher Absatzkanal im Sinne des Pull-Marketings zu verstehen.

Durch die Besonderheiten des Social Media Marketings sollte eine Social Media Strategie auf eine bereits vorhandene Unternehmens-, Marketing- oder Kommunikationsstrategie abgestimmt und sinnvoll in dessen Kontext integriert werden.[251] Sofern ein Unternehmen auf eine Kombination von klassischem Marketing und Social Media Marketing setzt, empfiehlt sich eine sinnvolle Integration der Social Media Maßnahmen in den bestehenden Marketing Mix. Jedoch weist Grabs in diesem Fall auf den übergeordneten Stellenwert der Kommunikation im Social Media Marketing hin:

„Dem Verkauf Ihres Produkts sollte immer ein Gespräch, eine Empfehlung oder eine Diskussion vorausgegangen sein, die den Kunden überzeugt hat".[252]

---

[250] Siehe Grabs, et al. (2011), S. 33 ff.

[251] Vgl. Altvater, et al. (2010), S.6 und Barkan (2008), S.4.

[252] Siehe Grabs, et al. (2011), a.a.O,

3.2 Die Analyse des strategischen Umfelds

3.2.1 Voraussetzungen für eine erfolgreiches Social Media Marketing

Das Cluetrain Manifest besagt: Märkte sind Meinungsaustausch. Märkte sprechen miteinander.[253] Dieses Manifest ist zur Jahrtausendwende (1999) von zahlreichen Marketingexperten erstellt worden und beinhaltet 95 Thesen über die Beziehung zwischen Unternehmen und Kunden.[254] Dem „Social Media Boom" einige Jahre voraus, hat das Manifest einen erstaunlich signifikanten Bezug zum Social Media Marketing.

Weinberg beschreibt „Marketing ist Mitwirkung". Social Media Marketing ist noch ein Stück mehr Mitwirkung. Unter anderem deshalb, weil Social Media Marketing als sogenanntes Pull-Marketing von der Mitwirkung der Community lebt.[255]

Damit ein Unternehmen Social Media Marketing erfolgreich einsetzen kann, bedarf es einiger Voraussetzungen. Zunächst einmal müssen eine innere Bereitschaft und die Motivation existieren, sich mit dem Thema zu befassen. Aussagen wie „Wer braucht denn so etwas?" bringen ein Unternehmen oder eine Marketingabteilung nicht weiter.[256] Basierend auf dem bereits im vorherigen Kapitel beschriebenen Unterschied zum klassischen Marketing, muss sich ein Unternehmen jedoch bewusst machen, dass sich die Reichweite der Kundenaussagen im Social Media nicht so einfach steuern und beeinflussen lassen. Zahlreiche Gedanken und Meinungen werden unverfälscht auf den entsprechenden Plattformen verbreitet. Natürlich besteht diese Gefahr auch, wenn ein Unternehmen nicht aktiv im Social Media Marketing agiert. Jedoch motivieren aktive Unternehmen die Community noch stärker zur Meinungsäußerung also solche, die eine passive Präsenz zeigen.

Vorwiegend sind also zuerst die eigenen Vorbehalte im Unternehmen zu überwinden. Dies bedeutet konkret, den Kontrollverlust hinzunehmen und entsprechend damit umzugehen. Auch mit (offener) negativer Kritik sollte ein Unternehmen rechnen und entsprechend damit umgehen können. Mitarbeiter im

---

[253] Vgl. Weinberg (2010), S. 73

[254] Siehe Levine, et al., http://www.cluetrain.com/, Stand: 16.12.2011

[255] Siehe Weinberg (2010), a.a.O.

[256] In Anlehnung an Heymann-Reder (2011), S. 19

Bereich Social Media Marketing sollten jedes Kundenfeedback annehmen. Es gilt verstärkt die Kunst eine One-To-One-Kommunikation zu leben, genauso als würde das Unternehmen eine persönliche Beziehung zum Kunden pflegen können. Empathie, Offenheit, Transparenz und Ehrlichkeit sind grundsätzliche Werte, die für eine erfolgreiche Social Media Marketing Kampagne unerlässlich sind. Darüber hinaus ist es förderlich, wenn die Unternehmenskultur diese Werte bereits in der strategischen Ausrichtung voraussetzt.[257]

Social Media Marketing ist nur auf den ersten Blick kostenlos. Der Eindruck täuscht, dass nach der Erstellung einer kostenlosen Unternehmensseite in sozialen Netzwerken keine Folgekosten entstehen. Für die anschließende kontinuierliche Planung und Pflege der Inhalte müssen personelle Ressourcen bereitgestellt werden. Wenn es jedoch um die Erstellung eines Unternehmens-Blog geht, fallen auch bereits frühzeitig Kosten für ein entsprechendes Web-Design an.

Die Mitarbeiter müssen im Umgang mit den neuen Plattformen und den veränderten Kommunikationsbedingungen entsprechend geschult werden. Es ist weiterhin wichtig, die zahlreichen Diskussionen und Meinungen über das Unternehmen oder eine Marke zu beobachten. Grundsätzlich ist ein Unternehmen gut beraten, wenn es seinen Mitarbeitern vertraut. Denn letztlich muss die Reaktionszeit im Social Media Marketing möglichst gering sein. Dies erreicht man nur durch kurze Kommunikations- und Entscheidungswege.[258] Die wichtigsten Voraussetzungen sind: Die Definition einer Strategie und die darauf aufbauende Ableitung von Zielen.

3.2.2 Social Media Zielgruppenanalyse

Einer der ersten Schritte in Richtung Social Media Strategie und Zieldefinitionen ist die Beantwortung der Fragen: „Wer ist eigentlich meine Zielgruppe?", „Wo kann ich sie finden?" und „Wie ist die Kommunikationsstruktur?". Dies ist keine Besonderheit des Social Media Marketings, sondern vielmehr ein Bestandteil in vielen strategischen

---

[257] Siehe Weinberg (2010), S. 19 f. und Altvater, et al. (2010), S. 8

[258] In Anlehnung an Holzapfel, et al. (2010), S. 221

Analyseprozessen. Im klassischen Marketing spricht man in diesem Kontext auch von Zielgruppen-Marketing, Zielgruppenaffinität oder „Targeting".[259]

Das Ziel dieses Targeting ist die konsequente und zielgruppenspezifische Ausrichtung des Unternehmens auf seine Kundengruppe wie in Abb. 4 verdeutlicht. Im Bereich des Social Media kann dadurch das Engagement, die Rückmeldung und die Reichweite der Nachrichten erhöht werden. Je nach Anbieter zielt das Targeting aber auch schon auf viel frühere Prozessschritte ab. Ein Start-Up Unternehmen wird dann zunächst damit konfrontiert, den Zielmarkt zu identifizieren. Je besser dieser analysiert und segmentiert werden kann, umso effizienter kann das Marketing auf die Zielgruppe(n) ausgerichtet werden.

Abb. 4: Der Targeting-Prozess aus Heymann-Reder (2011), S. 86

Im weiteren Verlauf bei einem Fokus auf Social Media Marketing wird davon ausgegangen, dass das Unternehmen diesen Prozess bereits durchgeführt hat und diese Fragen beantworten konnte. Die Zielgruppenanalyse im Social Media Marketing ergänzt nun die bereits vorhandenen Informationen. In vielen Fällen werden die identifizierten Zielgruppen im Social Media noch viel granularer. Unter Umständen wird aus dem Zielgruppen-Marketing ein Zielpersonen-Marketing mit einer persönlichen Ansprache bspw. auf Basis des Alters, der Interessen oder des Familienstandes.[260] Social Media Marketing ermöglicht es, mit den Kunden in einen individuellen Dialog zu treten.

Sterne unterteilt die relevanten Gruppen im Social Media in die Personen, die sich bereits für die Produkte des Unternehmens interessieren und solche, die es

---

[259] In Anlehnung an Kreutzer (2010) S. 172, Meffert, et al. (2008), S. 695, Heymann- Reder (2011), S. 86 und Postel, M. et al. (2010), S. 3
[260] Vgl. Kreutzer (2010), a.a.O.

sollten. Letztere ist die relevantere Zielgruppe hinsichtlich der Ausgestaltung der Botschaften im Social Media. Diese Gruppe sollte dazu motiviert werden, die Angebote auf den Social Media Plattformen zu nutzen. Die erste Gruppe – die bereits interessierten Personen – können dabei als Multiplikator verwendet werden. Sie dienen u.a. dazu, die Reichweite der Nachrichten zu erhöhen und Empfehlungen auszusprechen.[261] Generell wird ein Unternehmen im Social Media mit verschiedenen Nutzertypen konfrontiert, die komplementär zu den bisherigen Kundentypen des Unternehmens sind.[262]

Creators: Sind die aktivsten Benutzer im Social Media. In diese Kategorie fallen bspw. Blog-Autoren und Meinungsführer.

Critics: Kritiker kommentieren Beiträge und Artikel und bewerten Produkte und Dienstleistungen.

Conversationalists und Collectors: Diese Personen teilen anderen Personen Informationen und Neuigkeiten mit oder verteilen diese auf weiteren Plattformen wie Social Media News-Plattformen oder Social-Bookmarking Diensten.

Joiners, Spectators und Inactives: Diese Nutzergruppe ist relativ wenig auf Social Media Plattformen aktiv. Jedoch könnte sich hinter jedem ein potenzieller Befürworter des Unternehmens oder der Marke verstecken.

Diese Nutzertypen haben jeweils unterschiedliche Anforderungen hinsichtlich der Kommunikation und der Ausgestaltung von Inhalten. Es ist demnach ratsam, diese Gruppen getrennt zu behandeln.

Die Zielgruppenanalyse im Social Media sollte Erkenntnisse darüber liefern, auf welchen Plattformen die Kunden eines Unternehmens präsent sind. Das Unternehmen BITKOM liefert in seinem „Leitfaden Social Media" noch weitere wichtige Fragestellungen wie: „Wie bewegt sich die Zielgruppe im Social Web?", „Hat unsere Marke bereits viele Fans?", „Wie wird über unser Unternehmen und unsere Marke gesprochen?".[263] Das Internet bietet reichlich Instrumente zur Beantwortung der Fragen und zur Auswertung von Daten wie

---

[261] Siehe Sterne (2011), S. 54

[262] In Anlehnung an Li, et al. (2008), S. 40 f.

[263] Altvater, et al. (2010), S. 12

Reichweite, Nutzerzahlen und Nutzerprofile. Liegen bereits Profildaten aus vorherigen Social Media Kampagnen vor, sollten diese wiederverwendet werden. Als weitere Bezugsquelle für die Zielgruppenanalyse bieten sich Online Studien wie bspw. die ARD/ZDF-Online-Studie oder Instrumente des Social Media Monitorings an.

3.2.3 Bestimmung des Ist-Zustandes

Für den weiteren Verlauf – und auch im Speziellen für eine spätere Erfolgsrechnung – ist die Definition des Ist-Zustandes eine wichtige Aktivität im Rahmen der Strategieanalyse. Der Ist-Zustand liefert Erkenntnisse darüber, ob das Unternehmen bereits im Social Media aktiv ist oder nicht. Besonders bei großen Unternehmen oder Konzernen kann es vorkommen, dass einzelne Sparten oder Abteilungen bereits durch Eigeninitiative bspw. in sozialen Netzwerken aktiv sind.

Im Hinblick auf die Implementierung eines Kennzahlensystems zur Erfolgsrechnung ist der Ist-Zustand eine Art Meilenstein. Ab dieser „Baseline" können Veränderungen wesentlich deutlicher identifiziert werden. Eine typische Baseline bildet häufig der Start einer Kampagne oder einer Aktivität. Im Zusammenhang mit Social Media Marketing könnte die Baseline bspw. der Beginn einer Facebook-Marketing-Kampagne oder die Veröffentlichung eines Werbevideos auf YouTube sein.[264] Ohne diese Baseline können Veränderungen von Kennzahlen nicht oder nur sehr ungenau abgeleitet bzw. berechnet werden.

3.2.4 Aufbau einer Zielhierarchie als Grundlage zur Erfolgsmessung

Auf die Bedeutung von Zielen wurde bereits im Kapitel 2.3.3 eingegangen. An dieser Stelle wird nochmals an diese Ausführungen mit einem Zitat aus Sterne angeknüpft:

„Wer nicht weiß, wohin er will, landet dort, wohin er nicht will".[265]

Die Vorgabe von konkreten und messbaren Zielen ist auch für eine erfolgreiche Social Media Strategie von essenzieller Bedeutung. Auch im Hinblick auf die spätere Erstellung eines Kennzahlensystems kann die These aufgestellt werden: ohne Ziele keine Erfolgskontrolle. Dennoch ist die Definition von Zielen nur

---

[264] Vgl. Blanchard (2011), S. 168
[265] Siehe Sterne (2011), S. 40

eine von vielen Komponenten im Bereich der Erfolgsmessung. Mindestens genauso wichtig ist, dass die Zielformulierung klar in die Linie des Unternehmens kommuniziert wird. Das Bewusstsein der Mitarbeiter, woran sie sich messen lassen können, erhöht die Chance, dass auf der operativen Ebene den Zielerwartungen entsprechend agiert wird.[266] Neben den klassischen Unternehmenszielen[267] ergeben sich im Bereich Social Media Marketing spezifischere Zielsetzungen, die ein Unternehmen oder eine Marketingabteilung verfolgen kann:[268]

- Steigerung der Markenbekanntheit und Reichweite durch Reputationsmarketing,
- Recruiting von qualifiziertem Personal und Talenten,
- Verstärkung der Kundenbindung von Bestandskunden und Akquisition von Neukunden,
- Vernetzung von Inhalten zum Zwecke der Mundpropaganda,
- Senkung der Supportkosten durch die Nutzung kollektiver Intelligenz (Crowdsourcing),
- Steigerung der Innovationsrate und des Innovationspotenzials eines Unternehmens durch ein kundenorientiertes Ideenportal und
- Optimierung und Verbesserung der Suchmaschineneinträge durch die Steigerung der Linkrate und Anzahl von Erwähnungen.
- Die genannten Zielperspektiven sind jedoch noch keine vollständige Zieldefinition. Positive Beispiele hinsichtlich der Messbarkeit liefert der Bundesverband für digitale Wirtschaft e.V. (BVDW):[269]
- Gewinnung von 2000 neuen Fans in München,
- Generierung von 500 Abrufen des neuen Unternehmensvideos,
- Generierung eines Umsatzes von 5000 Euro über die Kampagne.

Im Anschluss bleibt jedoch die inhaltliche Perspektive dieser Zielsetzungen fragwürdig: was macht ein Unternehmen mit 2000 neuen „Fans"? Wenn sich die Interaktion darauf beschränkt, die Zustimmung zur Marke oder zum Unternehmen durch ein „gefällt mir" auszudrücken ist dies nicht so viel wert

---

[266] Vgl. Postel, M. et al. (2010), S. 2

[267] Gewinnmaximierung, Kostensenkung oder Qualitätssteigerung.

[268] In Anlehnung an Heymann-Reder (2011), S. 21 f.

[269] Siehe Postel, M. et al. (2010), a.a.O.

wie ein Fan der regelmäßig Inhalte weiterverbreitet und positiv für eine Marke spricht. Sofern der Wert eines „Fans" überhaupt beziffert werden kann.[270]

Im Sinne einer ganzheitlich ausgelegten Zielhierarchie, besteht die nächste Stufe darin, die Social Media Ziele in die Zielhierarchie der „allgemeinen" Unternehmensziele zu integrieren. Social Media Marketing bekommt so einen unternehmerischen Kontext. Alternativ kann eine bereits bestehende Zielhierarchie auf den Bereich des Social Media Marketing herunter gebrochen werden. Ernestad zeigt jedoch in einer Studie, dass die Überführung von Social Media in das Unternehmen häufig ein komplexes Unterfangen ist.[271]

3.3 Entwicklung einer Social Media Marketing Strategie

3.3.1 Die Erstellung eines Konzeptes mit Hilfe einer Strategy Map

Eine Strategy Map ist ein Instrument zur Formulierung und Kommunikation einer Strategie. Diese „Landkarte" ist eine Form der Visualisierung aller strategischen Dimensionen. Um die Komplexität zu begrenzen, werden dabei die zuvor definierten Zielsetzungen zu sogenannten Themen zusammengefasst. So entstehen im Ergebnis vier bis sechs strategische Themen, die von der Unternehmensführung getrennt geplant und gesteuert werden können. Die visualisierte Darstellung hat zudem den Vorteil, dass Synergien der Themen leichter identifiziert werden können.[272]

Ein signifikanter Faktor innerhalb der Strategy Map ist die Darstellung von Ursache-Wirkungs-Beziehungen in Kombination mit den Perspektiven einer Balanced Scorecard. Die Strategy Map gibt den Mitarbeitern eine Hilfestellung zur Umsetzung der Strategie. Alle Beteiligten bekommen eine klare Sicht auf die kritischen Erfolgsfaktoren, die Zusammenhänge und die Zielsetzungen, die mit der Strategie verbunden werden.[273]

Speziell im Hinblick auf den Bereich Social Media ist dies ein nicht zu vernachlässigender Punkt. Denn – wie in späteren Kapiteln noch näher ausgeführt – sind die Wirkungen der Social Media Aktivitäten auf den betriebswirtschaftlichen Kontext in seltenen Fällen direkt ableitbar.

---

[270] Vgl. grundlegend Syncapse Corp. (2010)

[271] Siehe Ernestad, et al. (2010), S. 19

[272] Siehe Kaplan, et al. (2008), S. 24 f.

[273] Vgl. Kaplan, et al. (2000), S. 2 ff.

3.3.2 Strategische Ansätze im Social Media Marketing

Grabs führt drei von Hannes Mehring abgeleitete Strategieansätze für Social Media Aktivitäten an:[274]

- Proaktiver Ansatz: Das Unternehmen generiert aktiv Nachfrage und entwickelt die Erstinitiative in der Kommunikation zum Kunden.
- Reaktiver Ansatz: Das Unternehmen ist in einer abwartenden Haltung und reagiert nur auf Erwähnungen oder Aktivitäten des Kunden.
- Passiver Ansatz: Das Unternehmen befindet sich in einer beobachtenden Rolle. Eine Kommunikation zum Kunden ist nicht oder nur sehr eingeschränkt und selektiv vorhanden.

Für den Bereich des Social Media Marketings eignet sich der proaktive Ansatz am ehesten. Grundsätzlich sind die strategischen Ansätze eng mit der primären Zielsetzung verknüpft. Je nach Marktstruktur oder Branche bietet es sich an, weitere strategische Ansätze durch den Einsatz von Kreativitätstechniken zu entwickeln.[275]

3.3.3 Ableitung der verwendeten Plattformen und Kanäle

Basis für die Ableitung der zu nutzenden Plattformen ist das Ergebnis der zuvor durchgeführten Zielgruppenanalyse. Ist das Ergebnis der Zielgruppenanalyse, dass ein Großteil der Kunden auf Facebook aktiv ist, sollte das Unternehmen eine entsprechende Unternehmensseite in diesem sozialen Netzwerk erstellen. Bewegt sich die Zielgruppe zudem in Mikroblogging-Diensten, empfiehlt sich die Erstellung eines Twitter Accounts. Ob es bei einer Facebook-Seite oder einem Twitter Account bleibt, ist ebenfalls zielgruppenorientiert zu entscheiden. Mehrere – bspw. produktspezifische – Unternehmensseiten haben den Vorteil, dass die Zielgruppe wesentlich spezifischer angesprochen werden kann, als dies mit nur einer globalen Unternehmensseite möglich wäre.[276]

Zudem ist die Zielsetzung des Social Media Marketings relevant für die Wahl der Plattform. Geht es bei den Social Media Aktivitäten darum, die Benutzerzahl auf der Unternehmenswebseite zu erhöhen, empfiehlt sich die Integration eines

---

274 Siehe Grabs, et al. (2011), S. 66 f. und Frischr (2012), http://socialmediaschmiede.frischr.com, Stand 18.12.2011

[275] In Anlehnung an Weinberg (2010), S. 58 f.

[276] Vgl. Neumann (2011), S. 38

Unternehmens-Blog auf der Webseite. Wenn die Artikel mit entsprechenden Querverweisen auf Facebook und/oder Twitter veröffentlich werden, erreicht man dadurch einen starken Zuwachs der Benutzerzahlen, wenn diese dem Link folgen. Möchte man hingegen eine Video-Podcast-Kampagne ins Leben rufen, sollte man mit einem YouTube-Channel präsent sein.

BITKOM empfiehlt eine zielgesteuerte Kombination mehrerer Social Media Dienste, um den Grad der Vernetzung möglichst hoch zu halten. Durch die Orchestrierung mehrerer Plattformen können die Nachrichten effektiv verteilt werden. So bietet eine Integration von Twitter und Facebook die Möglichkeit, alle „Tweets" automatisch auf der Pinnwand der Facebook-Seite zu veröffentlichen. Jedoch ist bei einem Plattformmix darauf zu achten, die Inhalte möglichst abgestimmt zu publizieren.[277]

Eine weitere Möglichkeit bieten Cross-Mediale Kampagnen. Hier werden klassische Medien, wie bspw. TV-, Radio- oder Zeitungswerbung, mit Social Media verknüpft. Zum Zeitpunkt der Erstellung dieser Arbeit hat der Automobilhersteller KIA mit seiner „I like" Kampagne eine Synergie von TV-Werbung und seiner Facebook-Unternehmensseite geschaffen.[278]

Aus Kundensicht sollten die Aktivitäten der Unternehmen, unabhängig davon auf welcher Plattform sie aktiv sind, einen Mehrwert schaffen. Neumann formuliert in diesem Zusammenhang: „Den Nutzern muss signalisiert werden, dass es sich lohnt, Fan, Follower oder Leser des Angebots zu werden und zu bleiben.".[279]

Zusammenfassend sind die folgenden Faktoren für die Auswahl der Plattformen relevant: die strategischen Ziele, Art und Aufbau der Zielgruppe(n) und die Art der Kommunikation.

---

[277] Siehe Altvater, et al. (2010), S. 14

278 Siehe auch Herrmann (2011), http://www.wuv.de/nachrichten/unternehmen/facebook_bezug_kia_startet_i_like_kamp http://www.wuv.de/nachrichten/unternehmen/facebook_bezug_kia_startet_i_like_kamp agne, Stand 18.12.2011

[279] Siehe Neumann (2011), S. 39

3.4 Implementierung der Strategie im Unternehmen

Ist die strategische Ausrichtung des Unternehmens festgelegt, besteht die nächste Aufgabe darin, diese Strategie in die einzelnen Unternehmensbereiche hinein zu kommunizieren und die Rahmenbedingungen für eine zielorientierte Umsetzung der Strategie zu schaffen.

Dabei stellt eine Social Media Marketing Strategie spezielle Anforderungen, die in den nachfolgenden Kapiteln erläutert werden.

3.4.1 Definition von Rollen und Verantwortungsbereichen

Die wichtigste Ressource zur Umsetzung einer Strategie ist das Personal. Denn ohne motivierte und geschulte Mitarbeiter kann eine Social Media Marketing Strategie nicht umgesetzt werden.

Social Media Marketing hat einen weitreichenden Einfluss auf den Arbeitsmarkt. Der BVDW veröffentlichte in dem 2011 erschienenen „Social Media Kompass" verschiedene Aufgabenschwerpunkte und Berufsbilder im Zusammenhang mit Social Media Marketing. Diese Berufsbilder nehmen eine zentrale Rolle in der Implementierung einer Social Media Marketing Strategie ein.[280]

Dem Social Media Manager wird der höchste Stellenwert zugeteilt. Das Anforderungsprofil erstreckt sich dabei laut den Analysen des BVDW von der Entwicklung und Durchführung einer Social Media Strategie, über den Aufbau der Social-Media-Präsenzen, bis hin zum Monitoring und der Erfolgskontrolle der Maßnahmen. Grabs beschreibt in diesem Zusammenhang den Social Media Berater, der Teile der o.g. Aufgaben als Dienstleistung für seine Kunden anbietet. Empfohlen wird jedoch, den Großteil der Aufgaben intern durchzuführen und zu steuern. Gründe hierfür sind ein hohes Maß an Wiedererkennungswert in der Kommunikation zum Kunden sowie ein größeres Maß an Sicherheit.[281]

Eine weitere bedeutungtragende Rolle ist der Community Manager. In diesem Verantwortungsbereich geht es vorwiegend um die Konzeption und den Aufbau einer Community. Diese Mitarbeiter stehen letztlich im direkten Kontakt mit

---

[280] Vgl. BVDW (2011), S. 13
[281] Siehe Grabs, et al. (2011), S. 78 f.

den Kunden und sollten entsprechende Kompetenzen im Bereich Kommunikation und Marketing besitzen. Des Weiteren sollten sie in Richtung Kunden zielorientiert kommunizieren. Kommerzielle Absichten oder zu marketingorientierte Ansprachen sollten vermieden werden. Primär sollte der Community Manager den Dialog fördern und auf Feedback der Community eingehen.[282] Ferner sollte er in der Lage sein, einzelne Personen der Community in die bereits angesprochenen Social Media Zielgruppen zu kategorisieren. So können die Benutzergruppen (besonders Creators, Markenevangelisten[283] und Meinungsführer) identifiziert werden. Der Community Manager stellt somit eine wichtige Schnittstelle zwischen Community und Social Media Berater bzw. der Unternehmensführung dar. Der operative Erfolg einer Social Media Marketing Kampagne wird maßgeblich von der Arbeit des Community Managers beeinflusst.

Heymann-Reder verdeutlich neben der Definition von Rollen und Verantwortungsbereichen den Stellenwert der Social Media Governance: „Ohne Governance droht ein PR-Debakel".[284] Unkontrolliertes Veröffentlichen von Informationen durch den/die Comunity Manager kann sich negativ auf das Image des Unternehmens auswirken. Umso wichtiger wird in diesem Kontext die Definition von Verhaltensweisen und Richtlinien. Der Community Manager ist dafür verantwortlich, die Einhaltung solcher Social Media Guidelines zu kontrollieren.

3.4.2 Festlegung von Verhaltensweisen mittels Social Media Guidelines

Social Media Guidelines sind Richtlinien für die Mitarbeiter und legen fest, welche Inhalte in welcher Form über Social Media Plattformen an die Community kommuniziert werden dürfen. Mit Hilfe solcher Richtlinien lässt sich die Außendarstellung im Sinne einer Corporate Identity zielgruppenspezifisch steuern. Dies betrifft jedoch im engen Sinne nur die Kommunikation eines Mitarbeiters im Namen des Unternehmens. Die Richtlinien nehmen dadurch vorerst keinen direkten Einfluss auf die private Kommunikation eines Mitarbeiters. Es besteht die Gefahr, dass eine private Äußerung eines Mitarbeiters – sofern seine Unternehmenszugehörigkeit bekannt

---

[282] Vgl. Weinberg (2010), S. 64 f.

[283] Siehe Weinberg (2010), S. 65: „Markenevangelisten, auch Markenbotschafter genannt, nehmen ihr Produkt ernst. [...] Sie möchten, dass Ihre Marke Erfolg hat."

[284] Siehe Heymann-Reder (2011), S. 75 f.

ist – schnell als offizielles Unternehmensstatement missverstanden wird.[285] Im weiteren Sinne sollten sich die Social Media Guidelines somit auch auf die private Kommunikation der Mitarbeiter ausdehnen, sofern das Unternehmen inhaltlich betroffen ist.

Die Abgrenzung von beruflicher und privater Nutzung von Social Media am Arbeitsplatz wird zunehmend schwieriger. Um die Akzeptanz der Richtlinien bei den Mitarbeitern zu fördern, ist ein frühzeitiges Einbinden der betroffenen Personen in den Entstehungsprozess von Vorteil.[286]

Das Hauptaugenmerk von Social Media Guidelines liegt inhaltlich auf dem Umgang und das Verhalten im Social Web – besonders auf den Bereich der Kommunikation. Es geht darum, Kommunikation bewusst zuzulassen und positiv zu gestalten statt diese zu verhindern.[287]

Inhaltlich sollten die Social Media Guidelines die zuvor entwickelte Strategie unterstützen. Die identifizierten Zielgruppen und Ziele sollen entsprechend beachtet und in die Richtlinien aufgenommen werden. Den Mitarbeitern sollen Hilfestellungen an die Hand gegeben werden, die aufzeigen, wie die Inhalte für die einzelnen Plattformen optimal aufzubereiten sind und wie diese strategisch effektiv gestreut werden können.[288]

Wie man sich im Social Media Marketing verhält, definiert Heymann-Reder anhand eines einfachen Grundsatzes: „Seien Sie ein Mensch unter Menschen."[289]

Authentische und transparente Kommunikation ist eine der wesentlichsten Verhaltensregeln im Social Media Marketing.[290] Im Social Media geht es primär darum, zu kommunizieren und nicht zu verkaufen. Obwohl Letzteres auch nicht ausgeschlossen ist. Jedoch ist die Herangehensweise eine Andere. Social Media ist somit kein direktes Mittel zum Zweck. Eine Social Media Marketing Kampagne wird dann erfolgreich, wenn das Unternehmen Vertrauen in der

---

[285] Faßnacht, C. (2010), S. 3 und S. 16

[286] In Anlehnung an Grabs, et al. (2011), S. 76 f.

[287] Vgl. Jodeleit (2010), S. 47

[288] Siehe BVDW (2011), S. 23

[289] Siehe Heymann-Reder (2011), S. 24

[290] Vgl. Holzapfel, et al. (2010), S. 220

Community erhält. Umso wichtiger ist es, den Kunden etwas zurück zu geben und der Community zuzuhören. Dadurch gelingt es dem Unternehmen, regelmäßig positiv wahrgenommen zu werden. Dies ist die Basis einer erfolgreichen Social Media Marketing Kampagne. Viele Unternehmen reduzieren den Erfolg jedoch nur auf einige qualitative Kennzahlen wie die Anzahl von Fans, Followern oder Website-Besuchern.[291] Bezüglich des Inhaltes der Kommunikation sollten die Social Media Guidelines folgende Grundsätze beachten:[292]

- Relevanz: Der Inhalt muss sich auf die angesprochene Zielgruppe beziehen und sollte interessante Informationen zu einem Thema beitragen.
- Mehrwert: Im Social Media gilt der oft zitierte Grundsatz „content is king". Die Informationen sollten für den Kunden einen entsprechenden Mehrwert schaffen. Jedoch reicht es nach Weinberg nicht alleine aus, guten Inhalt zu publizieren. Wichtig ist, dass die Social Media Plattformen auch dazu verwendet werden, die Inhalte zu verbreiten.[293]
- Konsequenz: Social Media Aktivitäten müssen kontinuierlich erfolgen, damit das Unternehmen in der Community ständig präsent ist und nicht in Vergessenheit gerät.

3.4.3 Krisenmanagement

Neben den Social Media Guidelines sollte das Unternehmen auch für ein entsprechendes Krisenmanagement sorgen. Wie bereits erwähnt, lässt sich die Kommunikation des Kunden im Social Media nicht steuern. Somit ist auch ein negatives Feedback des Kunden nicht auszuschließen und durch die ungefilterte Veröffentlichung im Social Media können solche Äußerungen enorme wirtschaftliche Schäden verursachen.[294] Einer der schlimmsten Fälle, denen ein Unternehmen begegnen kann, ist der sogenannte „Shitstorm". Als „Shitstorm" bezeichnet man die Ansammlung negativer und unsachlicher Äußerungen. Ein

---

[291] Vgl. Weinberg (2010), S. 63

[292] In Anlehnung an Heymann-Reder (2011), S. 41

[293] Siehe Weinberg (2010), S. 18 f.

[294] Vgl. Heymann-Reder (2011), S. 35 f.

„Shitstorm" entsteht häufig aus einer vereinzelten Kritik, auf die das Unternehmen gar nicht oder falsch reagiert.[295]

Das Krisenmanagement dient nun dazu, angemessen und konstruktiv auf negatives Feedback zu reagieren sowie auf den „Ernstfall" vorbereitet zu sein. Krisenmanagement beginnt in diesem Zusammenhang schon bei der Strategieentwicklung. Denn hier sollte das Unternehmen mögliche Krisen und Gegenmaßnahmen vorbereiten.[296]

Der Umgang mit Kritik orientiert sich grundlegend an den Verhaltensweisen im privaten Leben. Dazu gehört unter anderem der respektvolle Umgang mit kritischen Äußerungen. Kritiken sollten auf keinen Fall gelöscht oder unterdrückt werden. Die Rückmeldung des Unternehmens sollte schnell erfolgen. Vergeht zu viel Zeit, verursacht eine Reaktion unter Umständen noch eine Steigerung der Krise. Fehler sind menschlich und mit ihnen sollte ehrlich und offen umgegangen werden.[297]

4 Kennzahlensysteme für Social Media Marketing

4.1 Social Media Kennzahlen und ihre Bedeutung

Einleitend ist festzuhalten, dass das nachfolgende Kapitel keine vollständige Auflistung aller möglichen Social Media Kennzahlen liefert. Aufgrund der hohen Anzahl würde dies den Rahmen dieser Arbeit sprengen. Bspw. zählt Berkowitz in seinem Blog 100 verschiedene Möglichkeiten auf, was im Social Media theoretisch gemessen werden kann.[298]

Nachfolgend wird auf die wesentlichsten Kennzahlen für das Social Media Marketing eingegangen. Diese werden in qualitative und quantitative Kennzahlen sowie Key Performance Indicators unterschieden.

---

[295] Vgl. Pfeiffer, et al. (2011), S. 236 ff.

296 Siehe Nelles, D. (2010), http://about.virtual-identity.com/2010/03/25/, Stand22.12.2011

[297] Siehe Blank et al. (2010), S. 3 und Heymann-Reder (2011), S. 36

298 Siehe Berkowitz (2009), http://www.marketersstudio.com/2009/11/100-ways-to-measure-social-media-.html, Stand 07.01.2012

4.1.1 Qualitative Kennzahlen

Qualitative Kennzahlen erfassen Sachverhalte, die nicht in eine definierte Größenordnung gebracht werden können. In diese Kategorie fallen prinzipiell alle Kennzahlen, die nicht mit Zahlen ausgedrückt werden können. Eine genaue Definition lässt sich in der Literatur nicht finden. Turner beschreibt diese Kategorie als Kennzahlen mit einer emotionalen Komponente.[299]

Zur Verdeutlichung seien beispielhaft die Metriken „Mention" und „Sentiment" genannt.[300] Das Ergebnis dieser Kennzahl enthält unterschiedliche Ausprägungen und Formulierungen der Kundenerwähnungen einer Marke oder eines Unternehmens. Prinzipiell kann man die Erwähnungen in die Kategorien „positiv", „negativ" und „neutral" einteilen. Jedoch spielt bei der Betrachtung die inhaltliche Auswertung eine wesentlich wichtigere Rolle. So kann bspw. das Wort „billig" sowohl positiv als auch negativ interpretiert werden. Die Auswertung dieses Inhalts unter qualitativen Gesichtspunkten ist die Aufgabe dieser Kennzahlen.

Als weitere qualitative Kennzahlen gelten alle Arten von demografischen Informationen über die Kunden. Facebook Insights bietet u.a. die Möglichkeit der Erfassung von Geschlecht, Alter, Standort und Sprache der „Fans" einer Facebook Seite.[301]

Holzapfel führt zusätzlich die zentralen Punkte des Social Media Marketings als mögliche qualitative Kennzahlen auf: Transparenz und Authentizität. Mit dem nachfolgenden Hinweis, dass sich hieraus nur wenige messbare Größen ableiten lassen. Dennoch bleibt die Möglichkeit einer qualitativen Auswertung bestehen.[302]

---

299 Vgl. Turner (2010), http://mashable.com/2010/11/05/calculate-roi-social-media/, Stand07.01.2012

300 Zu Deutsch: Erwähnung und Tonalität

301 Vgl. Grabs, et al. (2011), S. 114 und Facebook (2012), https://www.facebook.com/help/?faq=228877383792554#Seiten-Statistiken:- Demografie-der-Nutzer, Stand 07.01.2012

302 Siehe Holzapfel, et al. (2010), S. 147

4.1.2 Quantitative Kennzahlen

Im Gegensatz zu qualitativen Kennzahlen, lassen sich quantitative Kennzahlen mengenmäßig erfassen. Idealerweise wählt man dazu eine qualitative Kennzahl wie „Sentiment" und modifiziert diese zu einer quantifizierbaren Größe: „Anzahl positiver Kommentare". Dabei geben diese Kennzahlen keinerlei Information über die Qualität der Kommentare. So ist mit der Kennzahl „Anzahl der Follower auf Twitter" auch eine rein zahlenmäßige Auswertung möglich. Welche Qualität diese „Follower" für bestimmte Zielerreichungen aufweisen, kann hieraus nicht ermittelt werden. Bspw. können 100% von 10000 „Followern" lediglich stille Teilhaber sein. Unter quantitativen Gesichtspunkten ist die Zahl von 10000 Followern zwar beachtlich. Die qualitative Auswertung dieser Kennzahl lässt jedoch kein gutes Urteil zu.

Grundsätzlich fallen alle finanzwirtschaftlichen Kennzahlen in diese Kategorie. So bspw. die Umsatzsteigerung, die Verkaufszahlen eines Produktes, der Return-on-Investment oder der „Customer Lifetime Value (CLV)". Letzterer wird von Turner mit als wichtigste Kennzahl im Social Media Marketing angesehen.

Social Media Marketing erweitert die Kategorie quantitativer Kennzahlen um spezielle Ausprägungen wie: Anzahl der Fans, Anzahl der Besucher auf der Webseite, Anzahl der Links des Unternehmens auf Social Media Plattformen oder die Reichweite einer Meldung.

4.1.3 Key Performance Indicator (KPIs)

Aus der Menge aller möglichen Kennzahlen (qualitativ und quantitativ) qualifizieren sich solche als KPIs, die zur Erreichung der strategischen Ziele beitragen. Eine entsprechend hohe Relevanz erhalten sie in einem Kennzahlensystem.[303] Aufgrund der Vielzahl an Auswertungsmöglichkeiten im Social Media Marketing stellt sich die zentrale Frage, welche Kennzahlen zur Messung der Zielerreichung relevant sind.[304] Ein weiterer zentraler Punkt von KPIs ist die Schaffung einer Vergleichbarkeit verschiedener Zeitspannen. So

---

[303] In Anlehnung an Sterne (2011), S. 40
[304] Vgl. Blanchard (2011), S. 146

werden die betrachteten Kennzahlen durch einen Index normiert.[305] Man spricht in diesem Zusammenhang auch von Verhältniskennzahlen.

Steimel beschreibt zwölf KPIs für Social Media Aktivitäten wie folgt:[306]

KPI	Beschreibung
Share of Voice	Markenerwähnungen: Verhältnis zwischen Anzahl der Markennennungen und Anzahl der Nennung aller Marken.
Audience Engagement	Zielgruppenengagement: Anteil der von Nutzern verfassten Kommentare und Verlinkungen zu der Gesamtheit aller Themen.
Conversation Reach	Diskussionsreichweite: Verhältnis der aktiven Nutzer zu der Gesamtzahl aller Nutzer.
Active Advocate	Aktive Markenfans: Anzahl der aktiven positiven Meinungen von Markenfans im Verhältnis zu der Summe aller Meinungen.
Advocate Influence	Einfluss der Markenfans: Einfluss einer positiven Meinung zur Gesamtzahl aller positiven Meinungen.
Advocacy Impact	Effekt eines Markenfans: Misst die Wirkung einer positiven Meinung auf andere Nutzer in Form Meinungsänderungen.
Resolution Rate	Lösungsrate: Bewertet, ob das Unternehmen ein Kundenanliegen zu dessen Zufriedenheit erfüllt hat.
Resolution Time	Bearbeitungsdauer: Die investierte Zeit, um auf ein Kundenanliegen zu antworten.
Satisfaction Score	Kundenzufriedenheit: Relative Kundenzufriedenheit eines Nutzers.
Topic Trends	Trenderwähnungen: Anzahl bestimmter Gesprächsthemen im Verhältnis zu allen Gesprächsthemen.
Sentiment Ratio	Stimmungsbarometer: Anteil positiver, neutraler oder negativer Äußerungen zur Gesamtheit aller Äußerungen.
Idea Impact	Ideeneffekt: Gibt Auskunft darüber, wie Verbraucher ein bestimmtes Produkt oder eine Dienstleistung aufnehmen werden.

Tabelle 1: Key Performance Indicators für Social Media Aktivitäten

---

[305] Siehe Steimel, et al. (2010), S. 30
[306] Siehe Steimel, et al. (2010), S. 32 ff.

Auffällig bei der Aufstellung der Social Media KPIs ist der hohe Abstrahierungsgrad. Hier geht es weniger um die Bestimmung einzelner Messgrößen wie die Anzahl an Fans oder Followern. Vielmehr geht es um die Kommunikation und Interaktion mit dem Kunden, ausgelöste Innovationspotenziale und in Teilen auch um den Bereich Kundensupport. Ebenfalls weniger wichtig sind in diesem Zusammenhang finanzielle Kennzahlen, die einen Erfolg bspw. in Umsatzsteigerung oder Kostensenkung ausdrücken. Social Media KPIs werden durch verschiedene Sichtweisen charakterisiert und beziehen sich keineswegs ausschließlich auf Marketingaktivitäten. Tatsächlich kann der Bezug zum Social Media Marketing nur indirekt festgestellt werden.

Steimel weist darauf hin, dass die Festlegung und Entwicklung von Social Media KPIs eine „recht junge Disziplin" im Bereich Social Media Marketing ist. Nur wenige der genannten KPIs haben sich als Messgrößen etabliert. Es bleibt jedoch weiterhin die Möglichkeit bestehen, eigene – auf die Anforderung und Strategie des Unternehmens zugeschnittene – KPIs zu definieren.[307]

4.2   Die Kennzahlen Problematik im Social Media Marketing

4.2.1 Messung und Nachweis des Unternehmenserfolges

Viele Unternehmen zögern beim Einsatz ihrer Social Media Marketing Aktivitäten aus folgendem Grund: die Messung und der Nachweis des Erfolges der Marketing-Aktivtäten ist nicht oder nur sehr eingeschränkt möglich. Dies bildet laut einer Studie von „Forrester Research" eine der wesentlichen Hürden für die Anwendung von Social Media Marketing.[308] Marketingaktivitäten werden im Allgemeinen anhand von drei wesentlicher Erfolgsfaktoren bemessen: Unternehmenserfolg,   Marktverhältnisse   und Wettbewerbspositionierung. Der Unternehmenserfolg ist der maßgebliche Erfolgsfaktor und setzt sich aus den Kriterien Return-on-Investment, Return-on-Sales, Cash-Flow sowie weiteren Wachstumskennzahlen zusammen.[309]

Allerdings ist die Festlegung des Unternehmenserfolges nicht der einzige Grund für die Notwendigkeit zur Erfassung von Marketingerfolgen bzw. -misserfolgen.

---

[307] Siehe Steimel, et al. (2010), S. 32

[308] Siehe Greene (2009), S. 22

[309] Vgl. Kreutzer (2010), S. 70 ff.

Marketingbudgets müssen auf verschiedene Kampagnen aufgeteilt werden. Wirtschaftliche Kampagnen bekommen entsprechend höhere Anteile am Gesamtbudget und unwirtschaftliche Kampagnen werden aus dem Portfolio entfernt. Die Bewertung der Wirtschaftlichkeit setzt jedoch die Erfassung von finanziellen Erfolgsgrößen voraus. Konkret formuliert: wie hat sich der Umsatz durch den Einsatz der Marketing-Kampagne verändert? Durch die Aufnahme von Social Media in den Marketing-Mix erhöht sich die Komplexität, das Kampagnenportfolio optimal zu gestalten.[310]

Wie bereits erwähnt, kann die Erfolgsmessung von Marketingaktivitäten nicht allein auf die Messung mit Hilfe finanzieller Kennzahlen reduziert werden. Im Rahmen des Forschungs-Projektes „Profit Impact of Market Strategies" (PIMS) konnte ein positiver Zusammenhang zwischen dem relativen Marktanteil und dem ROI belegt werden. Somit gilt auch dieser Faktor als ein treibender Erfolgsfaktor.[311] Ursächlich hierfür beschreibt Kreutzer die mit dem hohen Marktanteil zunehmende Marktmacht des Unternehmens. Dies wirkt sich sowohl positiv auf die Beziehungen zum Beschaffungsmarkt als auch auf die Beziehung zum Endkunden aus. Produkte und Dienstleistungen der Marktführer werden beim Kunden in der Regel als attraktiver, vertrauenswürdiger und risikoärmer eingestuft.

Meffert beschreibt die Bedeutung der Kundenbeziehung für die Erfolgsrechnung als integriertes Marketingerfolgssystem.[312] Ohne gute Kundenbeziehungen kann kein positiver Cash-Flow generiert werden. Somit kann der Kundenbeziehung ein finanzieller Wert zugeschrieben werden. Dieser wird als Kundenlebenszeitwert oder „customer lifetime value" (CLV) bezeichnet. Ausgangspunkt vieler Modelle zur Berechnung des CLV ist der bereits erwähnte Zahlungsstrom, der vom Kunden generiert wird. Der Wert ist also in der Regel je nach Kunde oder Kundengruppe unterschiedlich. Eine sehr wertvolle Kundenbeziehung ist geprägt durch eine hohe Zahlungsbereitschaft, eine hohe Verbrauchsintensität und ein aktives Empfehlungsverhalten über einen längeren Zeitraum.

---

[310] In Anlehnung an Meffert, et al. (2008), S. 71 f.

[311] Vgl. Kreutzer (2010), S. 71

[312] Siehe Meffert, et al. (2008), S. 72 f.

Wie im weiteren Verlauf noch verdeutlicht wird, spielen sowohl die Kundenbeziehung im weiteren Sinne, als auch das Empfehlungsverhalten im engeren Sinne eine zentrale Rolle im Social Media Marketing. Eine im Juli 2009 veröffentlichte Nielsen-Studie belegt, dass die Produktempfehlung mit einem Umfrageergebnis von 90% die vertrauensvollste Werbeform unter den 502 in Deutschland befragten Teilnehmern ist.[313]

4.2.2 Zeitverzögerte Wirkung der Marketingaktivitäten

Ein weiteres generelles Problem der Erfolgsmessung im Marketing beschreibt Meffert: Marketingaktivitäten charakterisieren sich durch eine zeitverzögerte Wirkung. In einem vielseitigen Kampagnenportfolio wird es schwierig, einzelne Erfolge auf bestimmte Kampagnen zurückzuführen.[314] Speziell bei crossmedialen Kampagnen, die Social Media und klassische Werbekanäle kombinieren, tritt dieses Problem zunehmend in den Vordergrund. Eine fundierte Aussage zu geben, welcher Kampagne letztendlich der sogenannte „last touch" zugerechnet werden kann, wird zunehmend schwieriger.[315]

4.2.3 Der Stellenwert quantitativer Kennzahlen

Greene belegt in diesem Zusammenhang eine weitere Problemstellungen: Die hohe Anzahl an qualitativen und die geringe Anzahl an quantitativen Kennzahlen für die Erfolgsmessung von Social Media Marketing. Aus rein finanzieller Perspektive sind die Marketingverantwortlichen jedoch auf die Verwendung von Instrumenten auf Basis quantitativer Kennzahlen angewiesen.[316] Hierzu zählen beispielsweise die Break-even-Analyse, Investitionsrechnungen oder Nutzwertrechnungen.

Wie bereits im vorherigen Kapitel erwähnt, ist eine rein finanzielle Betrachtung im Social Media Marketing zu einseitig. So definiert Holzapfel in einem leicht einprägsamen Grundsatz: „Hier gilt: Qualität schlägt Quantiät".[317]

---

313 Siehe Herold, et. al. (2009), http://www.socialcommerce.de/2009/07/29/nielsen-studie-empfehlungen-und-bewertungen/, Stand 04.01.2012 und Grabs, et al. (2011), S.24

314 Siehe Meffert, et al. (2008), a.a.O

315 Vgl. Ray (2010), S. 2

316 Siehe Greene (2009), S. 6 und auch Ehrmann (2004), S. 268 ff.

317 Siehe Holzapfel, et al. (2010), S. 144

Weinberg konkretisiert diesen Sachverhalt in Verbindung mit dem Problem, dass Marketingverantwortliche (erfolglos) versuchen, die qualitativen Kennzahlen zu quantifizieren um den ROI der Marketingaktivität zu beziffern. Die Entscheidung, ob eine Social Media Marketing Kampagne erfolgreich ist oder nicht, lässt sich nicht alleine auf finanzielle bzw. quantitative Kennzahlen stützen.[318] Wie bereits an verschiedenen Stellen verdeutlicht, unterscheidet sich Social Media Marketing u.a. in diesem Punkt vom klassischen Marketing. Wobei auch im klassischen Marketing der Trend zu beobachten ist, dass eine rein finanzielle Betrachtung zu einseitig ist. Jedoch gibt es keinen festgeschriebenen Standard an Kennzahlen, wie beispielsweise in anderen betriebswirtschaftlichen Bereichen. Darüber hinaus gibt es kein standardisiertes Vorgehen wie diese Kennzahlen in einen sinnvollen Zusammenhang zu bringen sind.[319] Der bestimmende Faktor zur Beantwortung dieser Fragen ist die gewählte Strategie und die damit verbundenen Ziele. Daher bekommt dies bei der Implementierung eines Kennzahlensystems eine wesentliche Rolle zugeschrieben.[320] Die Aufgabe eines Social Media Managers besteht nun darin, aus der Sammlung aller Kennzahlen die für die Zielerreichung relevanten Messgrößen zu identifizieren und in einen sinnvollen, logischen Zusammenhang zu bringen. Dabei geht es primär zunächst um die reine Bestimmung relevanter Kennzahlen. Ist dies gelungen, impliziert dies jedoch nicht, dass mit diesen Messgrößen auch ein finanzieller Erfolg messbar ist.[321] Darüber hinaus bleibt die Frage bestehen, ob dies im Social Media Marketing die treibende Kraft sein soll. Schließlich geht es im Social Media vordergründig um Kommunikation, Kundenbeziehung, Informationsreichweite oder die Steigerung der Markenbekanntheit und Markenloyalität. Vorgreifend auf nachfolgende Kapitel ist jedoch festzuhalten, dass sich viele qualitative Kennzahlen in einen betriebswirtschaftlichen und häufig auch finanziellen Kontext bringen lassen.

Zweifelsohne wären standardisierte Ansätze zur Messung von Erfolgen im Social Media Marketing eine Erleichterung und würden zudem zu einer besseren Vergleichbarkeit beitragen. Einige Forschungsansätze gehen bereits in diese Richtung. So beschreibt Owyang ein „Social Media Measurement Framework" und geben einen Vorschlag für einen möglicherweise standardisierbaren Prozess

---

[318] Siehe Weinberg (2010), S. 9

[319] In Anlehnung an Etlinger, et al. (2011), S. 5 ff. und Owyang, et al. (2010), S. 5 ff.

[320] Siehe Heymann-Reder (2011), S. 94 f.

[321] In Anlehnung an Etlinger, et al. (2011), S. 18

zur Messung von Social Media Aktivitäten. Auf dieses Framework wird im weiteren Verlauf der Arbeit noch näher eingegangen.[322]

Mit Bezug auf den zuvor beschriebenen CLV stellt sich im Social Media Marketing die Frage des Kundenwertes aus einer neuen Perspektive: in diesem Zusammenhang kann es für ein Unternehmen wesentlich wertvoller sein, 100 statt 1000 Facebook-Fans zu besitzen, wenn diese dafür umso aktiver mit dem Unternehmen interagieren und einen hohe Reichweite besitzen. So betrachtete die Firma Syncapse in einer Studie den Wert eines Facebook-Fans unter qualitativen und quantitativen Gesichtspunkten mit folgendem Ergebnis:

Ein Fan auf Facebook bietet die Möglichkeit, sowohl den Umsatz eines Unternehmens als auch das Markenbewusstsein und die Kundenloyalität signifikant zu verbessern. Der Wert eines Fans wird laut dieser empirischen Studie mit 136.38$ beziffert und setzt sich aus den Komponenten Produktausgaben, Markenloyalität, Empfehlungsmotivation, Markenaffinität und den „earned media value" zusammen. Dieser Wert ist jedoch keinesfalls als gegebene und allgemeingültige Messgröße zu verstehen. Er variiert im Wesentlichen durch die Art des Fans und die jeweiligen Marktgegebenheiten. Gleichzeitig verdeutlicht die Studie drei Trends im Zusammenhang mit der Erfolgsmessung von Social Media Aktivitäten am Beispiel Facebook:[323]

- Unternehmen verkomplizieren den Prozess der Erfolgsmessung durch die Betrachtung zu vieler und unnötiger Kennzahlen.
- Unternehmen minimieren die Erfolgsmessung auf irrelevante Kennzahlen.
- Unternehmen reduzieren den Erfolg von Social Media Marketing auf klassische betriebswirtschaftliche Kennzahlen wie Verkaufssteigerung.

Ray beschreibt die Problematik bei der Bewertung eines Fans mit der Begründung, dass jeder Fan nur einen immanenten Wert besitzt, der sich daraus ergibt, was ein Unternehmen aus seinen Fans schöpfen kann. Es reicht nicht aus, einen Fan auf einer Social Media Plattform zu „haben". Fans müssen mit dem Unternehmen interagieren um Werte zu schaffen.[324]

---

[322] Siehe Owyang, et al. (2010), S. 7 ff.

[323] In Anlehnung an Syncapse Corp. (2010), S. 2 ff.

[324] Vgl. Ray (2010), S. 2

In diesem Zusammenhang weist die Studie der Syncapse Corp. darauf hin, dass der Erfolg einer Social Media Marketing Kampagne oftmals auf eine kampagnenorientierte Analyse zurück geführt wird. Ein aussagekräftigerer Ansatz ergibt sich durch die Betrachtung langfristiger Auswirkungen auf Unternehmenswerte, indem die qualitativen Kennzahlen in einen betriebswirtschaftlichen Kontext gebracht werden.[325]

4.3 Messung der Zielerreichung von Marketing-Aktivitäten

Reinecke definiert eine idealtypische Struktur eines Kennzahlensystems auf mehreren Ebenen.[326] Die erste Ebene betrachtet rein finanzwirtschaftliche Aspekte zur Erfolgskontrolle von Marketingmaßnahmen. Zentrale finanzwirtschaftliche Ergebniskennzahlen messen die Auswirkungen auf Gewinn-, Wachstums- und Sicherheitsziele des Unternehmens. Allerdings ist eine rein finanzielle Betrachtung zu ungenau um Marketingergebnisse zuverlässig auszudrücken. Daher wird auf der zweiten Ebene eine aufgabenbezogene Sichtweise herangezogen. Hier werden neben quantitativen Kennzahlen gezielt qualitative Ziel- und Ergebnisgrößen betrachtet. Diese Schlüssel-Kennzahlen drücken aus, inwieweit die Marketingaktivitäten die strategischen Zielsetzungen des Unternehmens (oder der Marketingabteilung im engeren Sinne) unterstützen, erfüllen oder verfehlt haben. Die Bedeutung einer solchen Perspektive steigt im Social Media Marketing, da die Leistungen in diesem Bereich nur schwer in finanzielle Werte zu berechnen sind.[327] Somit kann sich eine Langzeiterfolgsmessung ergeben, während die Beschränkung auf rein finanziellen Kennzahlen eine Kurzzeiterfolgsmessung darstellt. Dieser Sachverhalt ergibt sich daraus, dass strategische Ziele oftmals für einen Zeitraum bis zu fünf Jahre festgelegt werden. Die Messung der finanziellen Zielerreichung findet oftmals nach Ablauf eines Geschäftsjahres statt.

Bezug nehmend auf diese Ansätze wird nachfolgend eine Methodik zur Messung der Zielerreichung von Social Media Marketing im Sinne der aufgabenbezogenen Ebene nach Reinecke beschrieben.

---

[325] Siehe Syncapse Corp. (2010), a.a.O.
[326] Siehe Reinecke, et al. (2007), S. 346 ff.
[327] Vgl. Ray (2010), S. 2

4.3.1 Die Social Media Balanced Scorecard

Die Social Media BSC ist eine Erweiterung der Methodik auf die Anforderungen der Erfolgsmessung von Social Media Marketing Maßnahmen. Wie bereits erläutert gibt es im Social Media Umfeld eine Vielzahl möglicher Kennzahlen. Daraus ergibt sich die Notwendigkeit der Selektion relevanter Kennzahlen für die gewählten Ziele. Dabei steht im Vordergrund, eine ganzheitliche Sicht auf die Erfolgsmessung der Social Media Marketing Kampagnen zu schaffen und nicht ausschließlich auf direkte finanzielle Erfolge zu achten. An dieser Stelle wird auch noch einmal deutlich, wie essenziell die Definition von Zielen für die Implementierung eines Kennzahlensystems ist.

Eine der wesentlichen Stärken der BSC ist die bereits im Kapitel „Grundlagen" erläuterte Möglichkeit der zielkonformen Spezialisierung einer BSC auf verschiedene Unternehmensebenen und Funktionsbereiche. So kann eine Social Media Marketing BSC „Top-Down" zielkonform aus der obersten strategischen Unternehmensebene,[328] über eine Marketing BSC hin zu einer Social Media Marketing BSC operationalisiert werden. Je nachdem, wie intensiv der Bereich Social Media Marketing in das Unternehmen integriert ist, kann die Ableitung auch direkt aus der obersten BSC des Unternehmens erfolgen.

Per Definition von Kaplan und Norton ist man frei in der Ableitung der Perspektiven für verschiedene Funktionsbereiche.[329] Kreutzer beschreibt einen möglichen Ansatz zur Ableitung einer Marketing BSC wie folgt:[330]

Hier werden die vier Perspektiven auf Basis der wichtigsten Handlungsfelder des Unternehmens gebildet. In dem gewählten Beispiel sind dies Akquisition, Interessenten-, Kundenmanagement und Kündiger-Prävention. Diese Einteilung ist zunächst markenunabhängig. Es bietet sich je nach Unternehmen an, ergänzend markenspezifische BSCs zu implementieren. Die genannte Einteilung nach Kreutzer ist jedoch nur eine beispielhafte Variante. Es gibt keine allgemein gültigen Vorgaben zur Abbildung idealer Perspektiven für das Marketingcontrolling. So wählt Runia eine weitere bewährte Möglichkeit zur Aufstellung einer Marketing BSC, wie sie in Abb. 5 dargestellt ist.[331] Die BSC

---

[328] Im Folgenden „Corporate BSC" genannt.

[329] Siehe Kaplan, et al. (1997)

[330] Vgl. Kreutzer (2010), S. 147 ff.

[331] Siehe Runia, et al. (2007), S. 293 ff.

stützt sich auf die Perspektiven Finanzen, Kommunikation, Kunden und Marke. Bei der finanziellen Perspektive geht es inhaltlich um die Ergebnisverbesserung durch die jeweiligen Marketingstrategien. Die Kundenperspektive fokussiert Kennzahlen zur Messung der Kundenzufriedenheit, Kundenbindung oder der Neukundengewinnung. Die Kommunikationsperspektive beinhaltet Kennzahlen zur Messung der Kommunikation zum Kunden. Kennzahlen zur Messung der Markenführung – wie bspw. Markenwert, Markenloyalität oder Markenbekanntheit – finden sich in der Markenperspektive wieder.

Abb. 5: Marketing Scorecard nach Runia, et al. (2007), S. 294

Generell ist es wichtig, dass die gewählten Perspektiven die definierten Marketingziele unterstützen. Diese Variante der strikten Zielableitung ist ein möglicher methodischer Ansatz zur Spezialisierung der Corporate BSC auf einzelne Funktionsbereiche. Eine weitere Variante ist die Definition eigenständiger Ziel- und Strategieformulierungen für das Marketing. Je nachdem bietet sich auch eine Anpassung der Standard Perspektiven um die Marketing KPIs oder eine Kombination von Unternehmens- und Marketingzielen an.[332] Die Zweckmäßigkeit der gewählten Methodik hängt sowohl vom Gesamtaufbau der BSC im Unternehmen als auch von der Gefahr der Entstehung von Zielkonflikten ab.[333]

Aufgrund der Besonderheiten im Social Media Marketing empfiehlt sich die Ableitung einer spezifizierten Social Media BSC. Wobei die Variante nach

---

[332] In Anlehnung an. (Ehrmann, 2004 S. 344)

[333] Vgl. (Reinecke, et al., 2007 S. 372)

Runia den Gegebenheiten im Social Media Marketing schon sehr nahe kommt – speziell im Hinblick auf den Stellenwert der Bereiche Kommunikation, Kunde und Marke.

Für die Implementierung einer Social Media Marketing BSC beschreibt Heymann-Reder die folgenden drei Grundbedingungen:[334]

- Die Definition einer strategischen Ausrichtung für das Social Media Marketing unter Beachtung der allgemeinen strategischen Ausrichtung des Unternehmens.
- Die Umsetzung der Ziele in einer Strategy Map um betriebswirtschaftliche Auswirkungen der Social Media Marketing Kampagne zu identifizieren.
- Die Implementierung eines geeigneten Benchmarkings zum Vergleich verschiedener Marketing Kampagnen. Viele Social Media Plattformen unterstützen ein Benchmarking durch integrierte Statistikfunktionen (sog. Insights). Einen ganzheitlichen Blick erlangt man durch die Verwendung von Social Media Monitoring Werkzeugen.

Die Erstellung einer Social Media BSC orientiert sich im Folgenden exemplarisch anhand zweier Varianten. Die erste Möglichkeit zur Ableitung einer Social Media BSC (SMBSC) ist die Erweiterung der Corporate BSC um eine neue Perspektive für Social Media Marketing, wie in Abb. 6 verdeutlicht wird.[335] Durch die Aufnahme dieser zusätzlichen Perspektive, hat die SMBSC die Aufgabe, geeignete Kennzahlen zur Messung der Social Media KPIs bereit zu stellen und die Auswirkungen auf betriebswirtschaftliche Metriken wie Umsatzentwicklung, Kundenzufriedenheit oder Kosteneinsparungen aufzuzeigen.

---

[334] Siehe Heymann-Reder (2011), S. 98
[335] Siehe Fiege (2010), S. 6

Abb. 6: Social Media Marketing Perspektive nach Fiege (2010), a.a.O.

Der von Kaplan und Norton ursprünglich beabsichtigte Ansatz, qualitative und nicht monetäre Kennzahlen in die Erfolgsmessung einfließen zu lassen, fügt sich ideal in den Bereich Marketing-Controlling für den Bereich Social Media ein.

Die zweite Variante einer SMBSC basiert auf der zuvor beschriebenen Marketing-BSC und operationalisiert diese auf die Gegebenheiten des Social Media Marketings.[336] Der wesentliche Vorteil dieser Variante ist der höhere Grad an Flexibilität. Im Hinblick auf die enorme Vielfallt der Social Media Kampagnen scheint dies ein wichtiger Faktor zur Implementierung eines Kennzahlensystems zu sein. Die Wahl der Perspektiven kann demnach wesentlich genauer an die gewählte Strategie und die abgeleiteten Zielsetzungen erfolgen. Folglich können auch KPIs wesentlich zielkonformer abgeleitet werden. Speziell bei mehreren parallelen Social Media Marketing Kampagnen kann eine Perspektive wie in Variante eins die Aussagekraft der ErfolgsMessung negativ beeinflussen. Im Falle eines komplexen Kampagnenportfolios im Social Media Marketing besteht weiterhin die Möglichkeit, die SMBSC noch tiefer in plattformspezifische Scorecards zu unterteilen.[337] Dies ist insbesondere dann sinnvoll, wenn auf den verschiedenen Plattformen unterschiedliche Ziele verfolgt werden. Ray definiert eine mögliche SMBSC auf Basis der Perspektiven wie sie in Abb. 7 dargestellt werden.

---

[336] Vgl. Ray (2010), a.a.O.

337 Siehe Sen (2010), http://www.social-media-magazin.de/index.php/inhalt/social-media-measurement.html, Stand 19.01.2012

Abb. 7: Social Media BSC in Anlehnung an Ray (2010), S. 3ff.

In der von Ray gewählten Implementierung dient die Perspektive „Finanzen" dazu, u.a. die Auswirkungen der Social Media Maßnahmen auf die Verkaufszahlen und somit auf den Umsatz zu verdeutlichen. Ein weiterer Ansatzpunkt zur Messung ist bspw. die Reduzierung der Produktrückläufe durch die Nutzung von Social Media im Sinne eines Empfehlungsmarketings.[338]

Die Perspektive „Marken" wertet markenbezogene Kennzahlen wie Markenbewusstheit, -verbundenheit und –loyalität aus. Durch die hohe Reichweite der Social Media Plattformen erleichtern sie die Datenerhebung zur Bestimmung dieser Kennzahlen.[339]

Hinter dem Begriff „Digitale Werte" oder „Digital Assets" verbergen sich einerseits Unternehmenswerte wie Webseiten, Unternehmensblogs oder Communities. Dies ist im Grunde digitales Kapital aus dem Mehrwerte für das Unternehmen und Mehrwerte für die Kunden geschöpft werden können. Andererseits beinhalten „Digital Assets" auch digitale Mehrwerte (earned media), die durch die Verwendung von Social Media Plattformen geschaffen werden. Letzteres beinhaltet u.a. positive Empfehlungen, oder Verlinkungen auf externen Plattformen.[340]

Der Begriff für die vierte Perspektive „Risikomanagement" ist zunächst etwas missverständlich formuliert. In diesem Kontext eignet sich der Begriff „Krisenmanagement" deutlich besser. Denn es geht darum, negative

---

338 In Anlehnung an Ray (2010), S. 5 ff.
339 In Anlehnung an Ray (2010), a.a.O.
340 Vgl. Ray (2010), a.a.O.

Auswirkungen durch die Social Media Marketing Aktivität zu verhindern oder entsprechend darauf zu reagieren. Bspw. könnte hier die Einhaltung der Social Media Guidelines gemessen werden. Im Falle einer negativen Kommentarflut (Shitstorm) können somit negative Auswirkungen auf die Zielerreichung rechtzeitig eingedämmt oder sogar verhindert werden.[341]

Social Media Marketing kennzeichnet sich durch viele Berührungspunkte innerhalb der Markenwertschöpfungskette.[342] Die zweite Variante einer SMBSC erlaubt es, diese Berührungspunkte wesentlich genauer abzubilden als die erst genannte Variante. Kreutzer beschreibt die Markenwertschöpfungskette wie in Abb. 8 visualisiert.

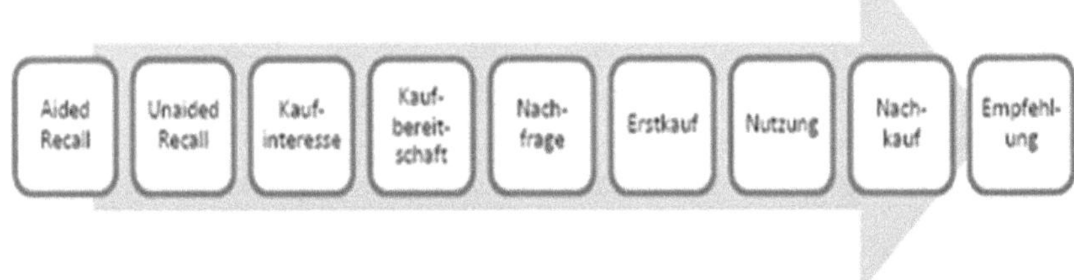

Abb. 8: Markenwertschöpfung nach Kreutzer (2010), S. 128 ff.

Diese Wertschöpfungskette kann einen wichtigen Ausgangspunkt für die Ableitung der Marketingziele und Erstellung der SMBSC darstellen. So muss sich eine Social Media Marketing Kampagne nicht primär auf die Inhalte der Phase „Erstkauf" konzentrieren, sondern kann bereits wesentlich früher im Wertschöpfungsprozess agieren. Bspw. wenn es darum geht, ein Kaufinteresse bei den Kunden zu erzeugen. Je früher das Social Media Marketing im Wertschöpfungsprozess agieren soll, desto ungenauer wird letztlich die Messung finanzieller Auswirkungen. Am Beispiel „Steigerung des Kaufinteresses" ist dies klar zu erkennen, denn nicht jeder Interessent wird das Produkt auch letztlich kaufen.

---

341 Vgl. Ray (2010), a.a.O.

342 Vgl. Fiege (2010), S. 7 f.

4.3.2 Die Definition von KPIs für die Social Media Balanced Scorecard

Nachdem nun verschiedene Ansätze zur Implementierung einer SMBSC beschrieben wurden, geht es in diesem Kapitel darum, geeignete KPIs zur Messung zu identifizieren und den jeweiligen Perspektiven der BSC zuzuordnen. Bei der Selektion der Kennzahlen ist insbesondere auf die Zielkonformität der Social Media Marketing Kampagne zu achten.[343] Wird dieses Prinzip beachtet, steigen sowohl Aussagekraft als auch Akzeptanz der Erfolgsmessung. Besonderes Augenmerk gilt dem Detailgrad der gewählten Metriken. Oftmals ist die Auswertung von „Anzahl Fans/Followern" oder „Besuche auf der Webseite" eine zu oberflächliche Messgröße im Social Media Marketing. Es sei denn, man setzt sich die Steigerung von Fans/Followern/Visitors explizit als Ziel der Social Media Kampagne. Ebenso ungünstig ist es, wenn zu viele Kennzahlen ausgewertet werden, da dadurch die Anzahl der irrelevanten Kennzahlen entsprechend erhöht wird. Eng mit der Definition der KPIs verbunden, ist auch die Festlegung von Vergleichswerten zum Zwecke eines Benchmarkings.[344]

In der Praxis ist oftmals auch die Vorgehensweise zu beobachten, dass Ziele „bottom-up" aus verwendbaren Kennzahlen abgeleitet werden. Mangelhafte Ziele sind im Rückschluss ein Indiz für eine mangelhafte Erfolgsmessung.

Es besteht ggf. der Bedarf, neben den häufig verwendeten Social Media KPIs (wie sie in Kapitel 4.1.3 erläutert werden) auch kampagnen- bzw. Unternehmensspezifische Social Media KPIs zu entwickeln. In beiden Fällen gilt: Ein regelmäßiges Monitoring und Reporting in die Unternehmenslinie ermöglicht ein rechtzeitiges und zielorientiertes Reagieren und Optimieren im Social Media Marketing.[345] Diese Tatsache ist im Social Web von noch größerer Bedeutung als beim traditionellen Marketing. Der Grund hierfür ist u.a., dass im Social Web oftmals eine minimale Reaktionszeit (gegen null tendierend) erwartet wird.

Tabelle 2 zeigt eine beispielhafte SMBSC inklusive der zugehörigen KPIs je Perspektive. Die zugehörige Marketing-Kampagne zielt auf die Steigerung des Markenbewusstseins sowie der Markenbekanntheit für ein neues Produkt ab.

---

[343] In Anlehnung an Etlinger, et al. (2011), S. 8
[344] In Anlehnung an Fiege (2010), S. 7
[345] Vgl. Tobin, et al. (2008), S. 206 ff.

Die Kampagne beginnt ein halbes Jahr vor dem offiziellen Relaunch des Produktes. Die Kampagne greift dabei auf soziale Netzwerke, Blogging- und Microblogging-Dienste sowie Videoportale zurück. Basis der nachfolgenden SMBSC bildet der Ansatz nach Ray.[346] Aufgrund des hohen Stellenwertes des Kunden innerhalb dieser Kampagne wird jedoch die Perspektive „Risikomanagement" durch die Perspektive „Kunde" ausgetauscht. Dies verdeutlicht noch einmal, dass es keinen allgemein gültigen Ansatz für die Zusammenstellung der SMBSC gibt. Ziel ist es, ausgewogene (balanced) Sichtweisen einer BSC zu entwickeln, die eine auf die Ziele ausgerichtete Erfolgsmessung optimal unterstützen.

Perspektive	KPI
Kunde	Anzahl von Fans / Follower / Abonennten
	Active Advocates
	Advocacy Impact
Digitale Werte	Reservierungen im Vorverkauf auf der Webseite
	Anzahl externer Verlinkungen der Produktseite
Marke	Share of Voice für das neue Produkt
	Conversation Reach
	Net Reputation Score
Finanzen	Markenwert des neuen Produktes
	Kundenwert der neu erhaltenen Fans / Follower / Abonnenten

Tabelle 2: Beispielhafte Social Media Balanced Scorecard mit KPIs

4.3.3 Darstellung kausaler Zusammenhänge in einer Strategy Map

Wichtig für die Beurteilung betriebswirtschaftlicher Auswirkungen ist die Identifizierung der Ursache-Wirkungs-Beziehung der Social Media Aktivitäten. In einer Strategy Map lassen sich diese Beziehungen visualisieren und die Auswirkungen des Social Media Marketings auf weitere Perspektiven ableiten. Besonders die Auswirkungen auf finanzielle Kennzahlen sind in den höheren Unternehmensebenen von Bedeutung. Denn in vielen Unternehmen bleibt dies

---

[346] Siehe Ray (2010), a.a.O.

die vordergründige Argumentationsgrundlage für die Erstellung eines optimalen Marketing-Mix.

Nachfolgend soll anhand eines Beispiels die Auswirkung einer Social Media Marketing Kampagne verdeutlicht werden. In dem gewählten Fallbeispiel geht es um ein Unternehmen, welches eine Facebook-Seite als Innovationsportal nutzt. Auf der Facebook Seite können die Kunden Verbesserungsvorschläge für bestehende Produkte abgeben oder Produktvariationen zur Aufnahme in das Produktportfolio vorschlagen. Hieraus ergeben sich folgende Kausalitäten:[347]

Die Beschleunigung von Innovationsprozessen sorgt für eine Erweiterung des Produktportfolios. Dies verursacht letztlich eine größere Kundengewinnung und eine Steigerung des Umsatzes.

Die effiziente und effektive Kommunikation zum Kunden mündet in einer besseren Bedürfnisbefriedigung, Kundenloyalität und Kundenbindung. Der daraus entstehende Imagegewinn trägt ebenfalls zu einer positiven Umsatzentwicklung bei.

Die Wahrnehmung der Optimierungspotenziale führt auf operativer Ebene zu einer Verbesserung und Rationalisierung der Geschäftsprozesse. Die dadurch entstehende Kostenminimierung erhöht den Unternehmensgewinn.

In Abb. 9 werden diese Ursache-Wirkungs-Beziehungen grafisch in einer Strategy Map visualisiert. Diese theoretischen Ableitungen geben jedoch keine Sicherheit, dass die betriebswirtschaftlichen Effekte auch eintreten. Es bleibt im Zweifel dem Unternehmen überlassen, welche Vorteile aus der Social Media Kampagne geschöpft werden und wie das Unternehmen die erhaltenen Informationen umsetzt.

---

[347] In Anlehnung an Fiege (2010), S. 14

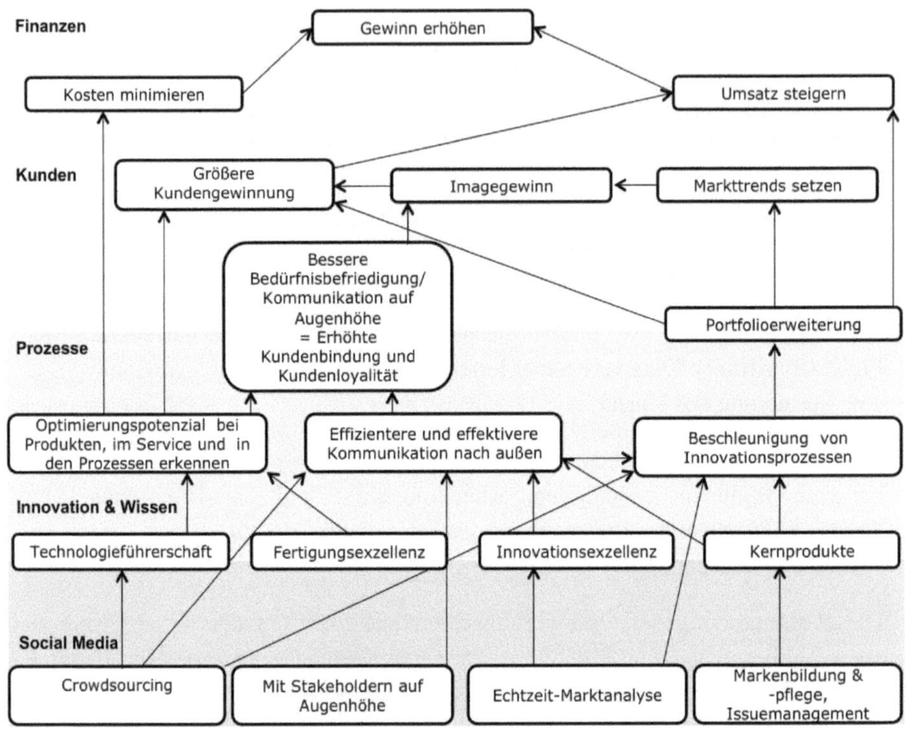

Abb. 9: Beispiel einer Social Media Strategy Map aus Fiege (2010), a.a.O.

Einen ähnlichen Ansatz verwendet das Unternehmen Starbucks mit dem Portal „MyStarbucksIdea". Hier bildet die Plattform eine eigens erstellte Webseite auf der Kunden Vorschläge für neue Produktideen abgeben können. Durch gezieltes Crowdsourcing schafft das Unternehmen, sich von der Konkurrenz abzuheben und dem steigenden Konkurrenzkampf entgegen zu wirken. Das Know-How der Kunden wird dabei nicht nur im Rahmen der Produktpolitik (Product Ideas) verwendet. Vielmehr können gleichzeitig Vorschläge zur Verbesserung der Filialen abgegeben werden (Experience Ideas). Anregungen zum erweiterten Unternehmensengagement (Involvement Ideas) sorgen für einen zusätzlichen Imagegewinn von Starbucks.[348]

---

348 Siehe Kneist (2011), http://www.businessvalue24.de/wie-starbucks-crowdsourcing- fuer-produktinnovationen-nutzt, Stand 20.01.2012

4.4 Ermittlung des Return-on-Investment

4.4.1 Die Verknüpfung mit betriebswirtschaftlichen Zusammenhängen

In Anlehnung an Reinecke bilden finanzwirtschaftliche Ergebniskennzahlen eine weitere Ebene eines Marketingkennzahlensystems. Die Erfolgsmessung wird in dieser Ebene vorwiegend auf formalökonomische Ergebniskennzahlen ausgerichtet. Der Unternehmensgewinn spielt dabei häufig eine zentrale Rolle. Im Fokus dieser Kennzahlensysteme stehen häufig Metriken wie „Return on Investment", „Customer Lifetime Value" oder „Markenwert".[349]

Die Messung finanzieller Auswirkungen wird im Social Media Marketing mit neuen Herausforderungen konfrontiert. Die Lösung der genannten Problematik hinsichtlich der Erfolgsmessung ist, die Aktivitäten im Social Media Marketing mit einem betriebswirtschaftlichen Kontext zu verknüpfen. Jedoch ist im Verhältnis zu den theoretisch anwendbaren Social Media Kennzahlen, die Anzahl an nutzbaren betriebswirtschaftlichen Erfolgskennzahlen im Social Media Marketing wesentlich geringer.[350]

Blanchard beschreibt einen Lösungsweg, in dem in Abb. 10 dargestellten Prozess.[351] Dieser beginnt mit einer Investierung des Kapitals in eine Social Media Marketing Kampagne (Investment). Aus diesem Investment heraus beginnt das Unternehmen mit gezielten Marketing Aktivitäten, bspw. der Anlage einer Präsenz in einem sozialen Netzwerk (Action). Diese Aktivität resultiert im nächsten Schritt in verschiedenen Reaktionen in Form von Interaktionen zwischen dem Unternehmen und der Kunden bzw. der Öffentlichkeit (Reaction). Diese Interaktion ergibt im Social Media letztlich in nicht-finanziell messbaren Ergebnissen die anhand qualitativer und quantitativer Social Media Kennzahlen gemessen werden können (Non financial Impact).

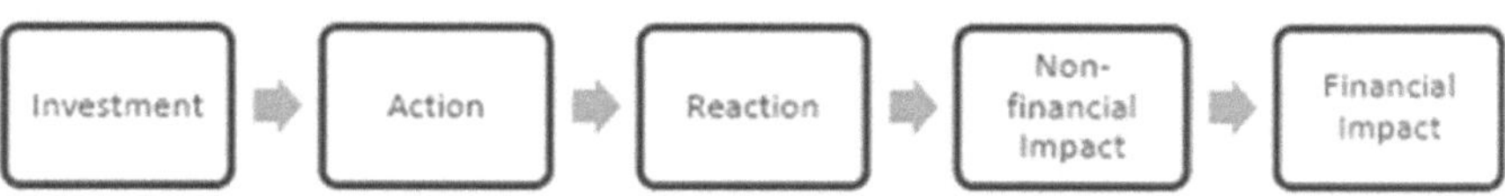

Abb. 10: Finanzielle Effekte im Social Media aus Blanchard (2011), a.a.O.

---

[349] Siehe Reinecke, et al. (2007), S. 348 ff.

[350] Vgl. Abbildung 1 in Etlinger, et al. (2011), S. 5

[351] Siehe Blanchard (2011), S. 155 ff.

Abschließend werden die finanziellen Auswirkungen durch die Betrachtung transaktioneller Daten abgeleitet (Financial Impact). Unter der Annahme, dass keine zeitgleichen Marketing-Kampagnen stattgefunden haben, kann die finanzielle Auswirkung bspw. anhand der Veränderung der Verkaufszahlen identifiziert werden. Die grundlegende Idee hinter diesem Prozess ist jedoch:

Je intensiver man die Social Media Aktivitäten untereinander verknüpfen kann, desto aussagekräftiger kann am Ende eine Aussage über die finanziellen Auswirkungen der Kampagne getroffen werden.[352]

Speziell der Übergang von „Non-financial Impact" zu „Financial Impact" ist in der Praxis wesentlich schwieriger zu identifizieren als in dem vereinfachten Beispiel dargestellt. In der Praxis werden häufig mehrere Marketing-Kampagnen gleichzeitig und crossmedial eingesetzt. Techniken wie „Landingpages", „Promotion Codes" oder „trackable URLs" erleichtern die Verknüpfung zwischen einer bestimmten Social Media Kampagne und finanziellen Messgrößen wie bspw. Verkaufszahlen und den daraus resultierenden Umsatzveränderungen. Auch die Integration von eCommerce Plattformen in Social Media Plattformen erleichtert die Bestimmung finanzieller Auswirkungen. Beispielsweise hat das Management des Musikers „Clueso" einen Facebook-Ticketshop implementiert.[353]

Dennoch bleibt die Problematik bestehen, welche Kampagne letztlich als Initiator identifiziert werden kann. Ist es der nationale TV-Werbespot oder doch eher die YouTube-Kampagne, die das Bewusstsein für das Produkt beim Kunden gestärkt hat und letztlich zu einem Kauf geführt hat? Bei der Bestimmung des Gesamtergebnisses ist darauf zu achten, dass Daten aus verschiedenen Quellen in den Zusammenhang mit externen Einflüssen gebracht werden.[354] Die nachfolgenden Schritte lösen die Problematik nicht gänzlich, reduzieren jedoch die Komplexität zu reduzieren und stärken die Aussagekraft:[355]

---

352 In Anlehnung an Blanchard (2011), S. 158

353 Siehe Facebook (2012), https://www.facebook.com/clueso.musik?sk=app_344333072263013, Stand23.01.2012

354 Siehe Griffel, et al. (2010), S. 1

355 In Anlehnung an Blanchard (2011), S. 168 ff.

- Den Ist-Zustand durch eine „Baseline" erfassen: Die „Baseline" gibt somit eine Orientierungshilfe hinsichtlich der Messung von Veränderungen.
- Erfassung aller Marketing Aktivitäten auf einem Zeitstrahl: durch die zeitliche Zuordnung der Aktivitäten ergibt sich später ein detaillierteres Gesamtbild, welche Aktivitäten im Zusammenhang oder für sich alleine stehen.
- Beobachtung der Markenerwähnung: durch die Analyse des „Sentiment Ratio" erhält man ein Stimmungsbild über das Unternehmen. Eine gute Stimmungslage im Social Media kann folglich ein Indiz für gesteigerte Umsatzzahlen darstellen. Bleiben bei negativer Stimmung im Social Media die Umsatzzahlen konstant oder steigen sie sogar, könnte dies ein Indiz für den Erfolg einer anderen Kampagne sein.
- Messung der Metriken für transaktionale „Vorreiter": in diese Kategorie fallen alle relevanten Social Media Metriken um diese mit transaktionalen Metriken in einen zeitliche Beziehung bringen zu können.
- Messung der transaktionalen Metriken: dies betrifft im Wesentlichen die Messung der Veränderungen von Verkaufszahlen bzw. der Umsatzveränderungen.
- Zusammenführung zu einem ganzheitlichen Zeitstrahl: letztlich werden alle erhobenen Daten auf einem Zeitstrahl miteinander verknüpft. Dies erlaubt die Identifikation von Veränderungsmustern. Je genauer die Daten miteinander verknüpft werden können, umso gezielter kann die Auswirkung der Social Media Marketing Kampagne abgeleitet werden.

4.4.2 Der Social Media ROI-Baum

Die Definition des ROI im Social Media Marketing orientiert sich nicht zwangsweise an dem Verhältnis zwischen Umsatz und Kapitalumschlag, wie er im Kennzahlenbaum nach Du-Pont beschrieben wird. Den Unterschied zum Social Media Marketing ROI definiert Blanchard mit der Regel: „ROI is a business metrci, not a media metric".[356]

Auch wenn es nach einer Studie von „Execs In The Know" bisher keine Standardmetrik für die Bestimmung des ROI im Bereich Social Media Marketing gibt, lässt sich die Methodik des Kennzahlenbaumes dennoch

---

356 Siehe Blanchard (2011), S. 160

anwenden.[357] Jedoch ist zunächst die primäre Kennzahl des Baumes anhand der jeweiligen finanzwirtschaftlichen Zielsetzung zu bestimmen. Anschließend wird der Baum in den tieferen Ebenen um die entsprechenden mathematischen Faktoren zur Berechnung der Spitzenkennzahl ergänzt. Mögliche Spitzenkennzahlen können bspw. Umsatzsteigerung durch Verkäufe, CLV oder Kostensenkung durch „Customer Service Center" sein. Aber auch qualitative Kennzahlen oder spezielle Social Media Kennzahlen wie bspw. der „Net Promoter Score" können als Spitzenkennzahl im Kennzahlenbaum gesetzt werden.[358] Die Problematik ergibt sich eher in der Fragestellung: wie aussagekräftig können die Daten zur Berechnung ermittelt werden? Entsprechende Techniken wie „Promotion Codes" oder „Landing Pages" wurden bereits in vorangegangenen Kapiten erwähnt. Letztlich ist vor der Erstellung eines Kennzahlenbaums zur Berechnung finanzwirtschaftlicher Zahlen zu prüfen, ob und wie gut sich Daten aus den jeweiligen Social Media Plattformen extrahieren lassen.

Möchte man den ROI in der betriebswirtschaftlichen Interpretation aus dem Verhältnis zwischen investiertem Kapital und erwirtschaftetem Ertrag berechnen, so gilt es, die Social Media Aktivitäten – entsprechend dem vorangegangenem Kapitel – in einen betriebswirtschaftlichen Kontext zu bringen. Um ein aussagekräftiges Ergebnis zu erhalten, sollte die Social Media Kampagne vorwiegend hinsichtlich Kostensenkung und/oder Umsatzsteigerung untersucht werden.[359]

Abb. 11 zeigt eine Beispiel, wie man einen solchen Social Media ROI Baum zusammenstellen kann. Bei der zugehörigen Kampagne geht es um die Einführung eines „Customer Service Center" im Social Web um die Kosten des Kundensupports zu senken. Parallel dazu wird eine Kampagne im Bereich Empfehlungsmarketing auf Facebook gestartet. Bestehende Kunden können so Freunden ein Produkt empfehlen. Der Empfänger der Empfehlung erhält einen „Promotion Code" mit dem er das Produkt mit einem Nachlass von 10%erwerben kann.

---

357 Vgl. Execs In The Know (2010), S. 17 f.

358 In Anlehnung an Griffel, et al. (2010), S. 8 und Evans, et al. (2010), S. 180 ff.

359 In Anlehnung an Greene (2009), S. 6

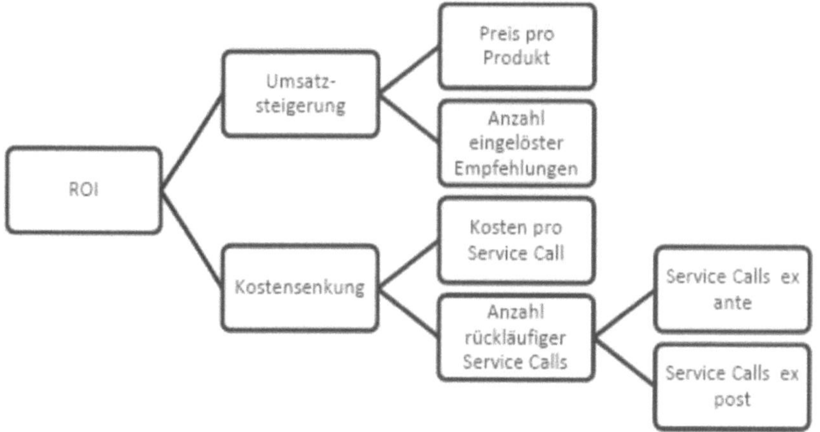

Abb. 11: Beispiel für einen Social Media ROI-Baum (eigene Darstellung)

4.4.3 Vergleichsmöglichkeiten innerhalb des Marketing-Mix

Bedingt durch die fehlende Standardisierung der Social Media Erfolgsmessung aus finanzwirtschaftlicher Perspektive leidet die Möglichkeit der Vergleichbarkeit verschiedener Kampagnen eines Unternehmens. In einem White-Paper von Polaris Research wird ein Model vorgestellt, mit dem verschiedene Kennzahlen zusammenhängend betrachtet werden können. Ziel dieses Models ist es letztlich, den sogenannten „All-Media ROI" zu berechnen und somit einen Marketing-Mix mit vergangenen Zusammenstellungen vergleichen zu können.[360]

4.5 Social Media Measurement Framework

Hinter dem Begriff „Social Media Measurement Framework" verbirgt sich ein von der Altimeter Group entwickelter, generischer Ansatz zur Erfolgsmessung im Bereich Social Media Marketing.[361] Das Prinzip ähnelt dem einer Balanced Scorecard in der Hinsicht, dass es klar formulierte Ziele und eine entsprechend definierte Strategie voraussetzt. Der Unterschied besteht darin, dass die Geschäftsziele auf die vier wesentlichen Ziele im Social Media Marketing verdichtet werden.

---

[360] Siehe Ralston (2009), S. 2 f.

[361] Vgl. Owyang, et al. (2010), S. 9 ff.

Business Objective	Key Performance Indicator	Vendors to Watch
Foster Dialog	Share of Voice	Alterian SM2, Radian6, Scout Labs, Statsit, Trendrr, Visible Technologies
	Audience Engagement	Coremetrics, Webtrends, Radian6, Scout Labs, Converseon, Filtrbox (Jive), Visible Technologies
	Conversation Reach	Alterian SM2, Radian6, Scout Labs, Social Radar, Statsit, SWIX, Trendrr, Visible Technologies
Promote Advocacy	Active Advocates	Biz360, Filtrbox (Jive), Radian6
	Advocate Influence	Cymfony, Filtrbox (Jive), Lithium, Radian6, Razorfish (SIM Score), SAS, Telligent, Twitalyzer, Visible Technologies
	Advocacy Impact	Coremetrics, Lithium, Omniture, Webtrends, SWIX, Telligent
Facilitate Support	Resolution Rate	Filtrbox (Jive), RightNow Technologies, Salesforce.com, Telligent
	Resolution Time	Filtrbox (Jive), RightNow Technologies, Salesforce.com, Telligent
	Satisfaction Score	ForeSee Results, iPerceptions, Kampyle, OpinionLab
Spur Innovation	Topic Trends	Alterian SM2, Cymfony, Filtrbox (Jive), Radian6, SAS, Scout Labs, Social Mention, Social Radar, Trendrr, Visible Technologies
	Sentiment Ratio	Alterian SM2, Converseon, Cymfony, Filtrbox (Jive), Radian6, SAS, Scout Labs, Social Radar, Trendrr, Visible Technologies
	Idea Impact	Biz360, Cymfony, Filtrbox (Jive), Lugiron, Radian6, Scout Labs, Visible Technologies

Abb. 12: Social Media Framework aus Owyang, et al. (2010), a.a.O.

Zu jedem dieser Ziele liefert die Altimeter Group ein Set an KPIs, mit denen die Zielerreichung gemessen werden kann, sowie eine Auflistung von Social Media Monitoring Tools, mit denen die relevanten Daten erhoben werden können.

Durch diese Vereinheitlichung ergibt sich möglicherweise eine Art Standardisierung im Bereich der Erfolgsmessung von Social Media Marketing Aktivitäten. Jedoch orientiert sich die Zielsetzung und strategische Ausrichtung eines Unternehmens nicht zwingend an den Zielen des Social Media Marketings. Dieses Framework könnte speziell in Unternehmen angewendet werden, bei denen der Bereich Social Media Marketing ein integraler Bestandteil der strategischen Ausrichtung bzw. der Unternehmens- und Marketingphilosophie darstellt.

5　Schlussbetrachtung

Bei der Entwicklung der Beispiele zu den aufgeführten Kennzahlensystemen ist zunächst auffällig, dass diese Disziplin keineswegs trivial ist. Grundsätzlich gibt es eine Vielzahl an Metriken, um die Aktivitäten im Social Media Marketing zu messen. Aussagekräftig werden diese jedoch nur durch eine klar formulierte Strategie und messbare Zielsetzungen. Die nächste Hürde besteht in der Selektion der relevanten Metriken aus der Menge aller möglichen Kennzahlen und KPIs.

Die in dieser Arbeit betrachteten methodische Ansätze der BSC und der Kennzahlenbaum eignen sich auch im Bereich Social Media Marketing zur Erfolgsmessung. Letzterer wurde jedoch vom ursprünglichen Ansatz nach DuPont entsprechend modifiziert. Die hohe Flexibilität der BSC erlaubt eine gute Anpassbarkeit der Methodik an die Gegebenheiten des Social Media Marketings. Da kein etablierter Standard existiert (aufgrund der Komplexität, Vielfalt und Schnelllebigkeit im Social Media Marketing) beschränkt sich die Empfehlung für Unternehmen hinsichtlich der Erfolgsmessung auf die Aussage „do it yourself".

Die Bestimmung eines „echten" ROI bleibt weiterhin eine schwierige Disziplin. Hierfür konnten in der vorliegenden Arbeit zwei wesentliche Gründe identifiziert werden:

1. Die Kausalität zwischen Social Media Aktivität und finanziellen Auswirkungen lässt sich in der Praxis nur schwer und nur mit hohem Aufwand bestimmen.

2. Die primäre Zielsetzung von Social Media Marketing ist nicht allein auf finanzielle Kennzahlen zu reduzieren.

Durch die gezielte Anwendung von „Call-to-Action" Prinzipien oder „Direct Response" Elementen wie Coupons oder „Landingpages" kann die Ermittlung kausaler Beziehungen zwischen Social Media Aktivitäten und betriebswirtschaftlichen Faktoren verbessert werden.[362]

---

[362] In Anlehnung an Holzapfel, et al. (2010), S. 149

Speziell bei der Messung qualitativer Kennzahlen bleibt die Frage, wie aussagekräftig eine Auswertung dieser KPIs ist. Zwar beinhalten viele Social Media Monitoring Werkzeuge eine Auswertung qualitativer Kennzahlen wie „Sentiment Ratio". Jedoch schwankt die Zuverlässigkeit hinsichtlich der Erkennung von Stimmungsbildern anhand von Kommentaren oder Erwähnungen.[363] Des Weiteren gibt es auf dem Markt derzeit keine IT-gestützte Social Media Monitoring Lösung, die derartig flexibel in der Auswertung der Daten ist, wie es scheinbar für Social Media Marketing notwendig ist.[364]

Neben den hier verwendeten Modell und Methoden gibt es noch zahlreiche weitere Modelle, die sich mit der Erfolgsmessung von Social Media Marketing aus verschiedenen Perspektiven befassen. So beschreibt bspw. Shiv Singh das Modell des „Social Influence Marketing Score" (SIM) und stellt eine Metrik zur Bemessung der Marken-Gesundheit vor. Die Anwendung eines solchen Index ermöglicht nicht nur unternehmensinterne sondern vielmehr auch branchenweite Vergleiche.[365]

Bei der Nutzung von Social Media Marketing sollte der Fokus weniger auf dem ROI im traditionell, betriebswirtschaftlichen Sinne gelegt werden. Die angesprochene Zielsetzung von Social Media Marketing ist in vielen Fällen eine Andere. So leitet Weinberg den Erfolg einer Social Media Marketing Kampagne anhand der Kennzahlen Reichweite, Frequenz/Traffic, Einfluss, Conversion/Transaction und Nachhaltigkeit ab.[366] Oftmals können auch traditionelle Methoden aus den Bereichen Marktforschung und Marketingcontrolling im Social Media Marketing angewendet werden, die jedoch aufgrund der hohen Kosten keine Anwendung finden.[367]

Abschließend empfiehlt sich – entsprechend dem Ansatz nach Reinecke – ein Marketingkennzahlensystem auf mehreren Ebenen. Die Balanced Scorecard scheint hierfür ein geeignetes Werkzeug zu sein, da sowohl finanzwirtschaftliche als auch nicht-finanzwirtschaftliche, qualitative Kennzahlen zielorientiert in die Erfolgsmessung integriert werden können. In

---

[363] Vgl. Fiege (2010), S. 17

[364] Siehe Owyang, et al. (2010), S. 5 f.

[365] Siehe Singh (2010), http://www.goingsocialnow.com/2010/06/the-new-brand-health-metric-yo.php, Stand 23.01.2012

[366] Siehe Weinberg (2010), S. 338 f.

[367] In Anlehnung an Holzapfel, et al. (2010), S. 150

Ergänzung dazu kann die Erfolgsmessung je nach Kampagnenaufbau durch angepasste Kennzahlenbäume in einer „ex post"-Betrachtung um eine weitere finanzwirtschaftliche Ebene erweitert werden. Somit lässt sich ableiten, dass der Erfolg einer Social Media Marketing Kampagne mit Hilfe der genannten Methoden und unter den genannten Voraussetzungen einer Strategie und Zieldefinition ermittelt werden kann. Die Aussage, man könne den ROI im Social Media Marketing nicht (optimal) messen, gilt im Übrigen laut Holzapfel für weite Teile im Bereich Marketing.[368]

Sterne wagt einen Blick in die Zukunft und kommt zu dem Ergebnis, dass in Zukunft die zahlreichen Datenquellen im Social Media zu einem „social data flow" sinnvoll kombiniert werden müssen, um den Nutzen zu maximieren.[369] Die Forschungen im Bereich Marketing-Management und Web-Analytics nähern sich von mehreren Seiten der zunehmenden Bedeutung im Social Web an, die richtige Nachricht zur richtigen Zeit personifiziert an die richtigen Personen senden zu können. Dazu müssen Unternehmen die genaue Bedürfnisstruktur der Kunden identifizieren können. Daraus ergeben sich neue Möglichkeiten hinsichtlich der Zielsetzung und der Bedeutung des Social Media Marketings. Heute und in Zukunft könnte es wichtiger sein denn je sein, den Kunden intensiver, langfristiger und persönlicher an das Unternehmen zu binden und einen finanziellen Mehrwert daraus zu schöpfen. Folglich hat diese Herangehensweise auch Auswirkung auf die Messung des Marketingerfolges.

---

[368] Siehe Holzapfel, et al. (2010), S. 150
[369] In Anlehnung an Sterne (2011), S. 251 ff.

Literaturverzeichnis

Buchquellen:

Bea, F., Haas, J. (2009): Strategisches Management, Tübingen 2009.

Blanchard, O. (2011): Social Media ROI – Managing and measuring social media efforts in your organization, Boston 2011.

Ehrmann, H. (2004): Marketing-Controlling, Ludwigshafen 2004.

Evans, D.; McKee, J. (2010): Social Media Marketing – The next Generation of Business Engagement, Indianapolis (2010).

Grabs, A; Bannour, K. (2011): Follow me! Erfolgreiches Social Media Marketing mit Facebook, Twitter und Co., Bonn 2011.

Hettler, U. (2010): Social Media Marketing: Marketing mit Blogs, sozialen Netzwerken und weiteren Anwendungen des Web 2.0, München 2010.

Heymann-Reder, D. (2011): Social Media Marketing, München 2011.

Holzapfel F.; Holzapfel K. (2010): facebook – marketing unter freunden: Dialog statt plumpe Werbung, Göttingen 2010.

Horváth, P. (2006): Controlling, Stuttgart 2006.

Hungenberg, H. (2004): Strategisches Management in Unternehmen: Ziele, Prozesse, Verfahren, Wiesbaden 2004.

Jodeleit, B. (2010): Social Media Relations: Leitfaden für erfolgreiche PR-Strategien und Öffentlichkeitsarbeit im Web 2.0, Heidelberg 2010.

Kaplan, R.; Norton, D. (1997): Balanced Scorecard: Strategien erfolgreich umsetzen, 1997.

Kaplan, R.; Norton, D. (2008): Der effektive Strategieprozess: Erfolgreich mit dem 6-Phasen-System, Frankfurt 2008.

Kotler, P. (2010): Grundlagen des Marketing, München 2010.

Kreutzer, R. (2010): Praxisorientiertes Marketing – Grundlagen – Instrumente Fallbeispiele, Königswinter/Berlin 2010.

Langner, Sascha (2007): Viral Marketing – Wie Sie Mundpropaganda gezielt auslösen und Gewinn bringend nutzen, Wiesbaden 2007.

Li, C.; Bernhoff, J. (2008): Groundswell: Winning in a world transformed by social technologies, Boston 2008.

Meffert H.; Burmann, C.; Kirchgeorg, M. (2008): Marketing: Grundlagen marktorientierter Unternehmensführung. Konzepte, Instrumente, Praxisbeispiele, Wiesbaden 2000.

Paine, K. (2011): Measure What Matters: Online Tools for Understanding Customers, Social Media, Engagement, and Key Relationships, New Jersey 2011.

Pfeiffer,T.; Koch, B (2011): Social Media – Wie Sie mit Twitter, Facebook und Co. Ihren Kunden näher kommen, München 2011.

Porter, M. (1999): Wettbewerbsstrategie: Methoden zur Analyse von Branchen und Konkurrenten, Frankfurt 1999.

Preißner, A. (2007): Balanced Scorecard anwenden. Kennzahlengestützte Unternehmenssteuerung, München 2007.

Preißner, A. (2008): Praxiswissen Controlling: Grundlagen – Werkzeuge – Anwendungen, München 2008.

Reinecke, S. (2004): Marketing Performance Management: Empirisches Fundament und Konzeption für ein integriertes Marketingkennzahlensystem, Wiesbaden 2004.

Reinecke, S.; Janz, S. (2007): Marketing-Controlling, Stuttgart 2007.

Runia, P. (2007): Marketing – Eine prozess- und praxisorientierte Einführung, München 2007.

Staehle, W. (1967): Kennzahlen und Kennzahlensysteme. Ein Beitrags zur modernen Organisationstheorie, München 1967.

Sterne J. (2011): Social Media Monitoring – Analyse und Optimierung Ihres Social Media Marketings auf Facebook, Twitter, Youtube unc Co., New Jersey 2011.

Tobin J.; Braziel, L. (2008): Social Media Is A Cocktail Party: Why You Already Know The Rules Of Social Media Marketing, 2008.

Weinberg, T (2010): Social Media Marketing – Strategien für Twitter, Facebook & Co., Köln 2010.

Welge, M.; Al-Laham A. (2003): Strategisches Management: Grundlagen, Prozess, Implementierung, Dortmund 2003.

Wöhe, G. (2008): Einführung in die allgemeine Betriebswirtschaftslehre, München 2008.

Zerres, C.; Zerres, M. (2005): Handbuch Marketing-Controlling, Berlin 2005.

Internetquellen:

ARD/ZDF (2011): ard-zdf-onlinestudie.de. URL: http://www.ard-zdf-onlinestudie.de/index.php?id=309, Abruf am 07. Dezember 2011.

Berkowitz, D. (2009): Marketers Studio – David Berkowitz's Marketing Blog: 100 Ways to Measure Social Media. URL: http://www.marketersstudio.com/2009/11/100-ways-to-measure-social-media-.html, Abruf am 07. Januar 2012.

Facebook (2012): Clueso Ticketshop auf facebook. URL: https://www.facebook.com/clueso.musik?sk=app_344333072263013, Abruf am 23. Januar 2012.

Facebook (2012): facebook Hilfebereich. URL: https://www.facebook.com/help/?faq=228877383792554#Seiten-Statistiken:-Demografie-der-Nutzer, Abruf am 7. Januar 2012.

Frischr (2012): Social Media Schmiede >> Social Media Marketing mit Geschmack. URL: http://socialmediaschmiede.frischr.com, Abruf am 18. Dezember 2011.

Herold, S.; Bartmann, S. (2009): Nielsen-Studie: Empfehlungen und Online-Konsumentenbewertungen sind weltweit die vertrauenswürdigsten Werbeformen. URL: http://www.socialcommerce.de/2009/07/29/nielsen- studie-empfehlungen-und-bewertungen/, Abruf am 4. Januar 2012.

Herrmann, L. (2011): Facebook-Bezug: Kia startet „I like" Kampagne. URL: http://www.wuv.de/nachrichten/unternehmen/facebook_bezug_kia_startet_i_li ke_kampagne, Abruf am 18. Dezember 2011.

Kneist, S. (2011): Wie Starbucks Crowdsourcing für Produktinnovationen nutzt. URL: http://www.businessvalue24.de/wie-starbucks-crowdsourcing- fuer-produktinnovationen-nutzt, Abruf am 20. Januar 2012.

Levine, R. (1999): The Cluetrain Manifesto. URL: http://www.cluetrain.com/. Abruf am 16. Dezember 2011.

Nelles, D. (2010): Krisenkommunikation in Social Media: Vorbereitung ist die halbe Miete | Visionen | about.virtual.identity.com. URL: http://about.virtual-identity.com/2010/03/25/krisenkommunikation-in-social-media-vorbereitung-ist-die-halbe-miete/#more-454, Abruf am 22

O'Reilly, T. (2005): O'Reilly Network: What Is Web 2.0. URL: http://www.oreillynet.com/lpt/a/6228, Abruf am 7. Dezember 2011.

Sen, E. (2010): Social Media Measurement. URL: http://www.social-media-magazin.de/index.php/inhalt/social-media-measurement.html, Abruf am19. Januar 2011.

Singh, S. (2010): The New Brand Health Metric: SIM Score. Make smarter decisions across all channels with it – Going Social now. URL: http://www.goingsocialnow.com/2010/06/the-new-brand-health-metric-yo.php, Abruf am 23. Januar 2012

Turner, J. (2010): HOW TO: Calculate the ROI of Your Social Media Campaign. URL: http://mashable.com/2010/11/05/calculate-roi-social-media/, Abruf am 7. Januar 2012.

Wiese, J. (2011): Facebook Nutzerzahlen 2011. URL: http://allfacebook.de/zahlen_fakten/facebook-nutzerzahlen-2011, Abruf am 7. Dezember 2011.

Sonstige Quellen:

Barkan, T. (2008): How to develop a successful „Social Network Strategy“. URL: http://www.junycap.com/attachment/8296782992.pdf, Abruf am 16. Dezember 2011.

Altvater, M; Atchison, A.; Buggisch, C.; Dominikowski, T.; Faßnacht, C.; Fesel, C.; Gladbach, M.; Leopold, M.; Mühlner, J.; Schmitz-Axe, A.; Többens, T.; Wilkoszewski, A. (2010): Leitfaden Social Media. URL: http://www.bitkom.org/files/documents/Leitfaden_Social_Media.pdf, Abruf am 16. Dezember 2011.

Faßnacht, C. (2010): Social Media Guidelines – Tipps für Unternehmen. URL: http://www.bitkom.org/files/documents/BITKOM- SocialMediaGuidelines.pdf, Abruf am 16. Dezember 2011.

Postel, M.; Schnoor, M.; Zahn, A. (2010): Messbarer Erfolg im Social Media Marketing: 10 Tipps für den Einstieg. URL: http://www.bvdw.org/mybvdw/media/download/bvdw-sm-leifaden-sm-marketing.pdf?file=1438, Abruf am 05. November 2011

BVDW (2011): Social Media Kompass 2011/2012, Düsseldorf 2011.

Blank, I.; Panknin, S.; Schnoor, M. (2010): Social Media Richtlinien: 10

Tipps für Unternehmen und ihre Mitarbeiter. URL: http://www.bvdw.org/mybvdw/media/download/bvdw-sm-leitfaden-richtlinien-unternehmen.pdf?file=1272, Abruf am 05. November 2011

Ernestad, V.; Henriksson, R. (2010): Social media marketing from a bottom-up perspective – the social media transition. URL: http://urn.kb.se/resolve?urn=urn:nbn:se:umu:diva-34776, Abruf am 07. November 2011.

Etlinger, S.; Li, C. (2011): A Framework for Social Analytics – Including Six Use Cases for Social Media Measurement. URL: http://www.slideshare.net/setlinger/altimeter-social-analytics081011final, Abruf am 07. November 2011.

Fiege, R. (2010): Facebook-Marketing Controlling: Die Social Media Balanced Scorecard. URL: http://allfacebook.de/wp- content/uploads/2010/07/smbc.pdf, Abruf am 18. Dezember 2011.

Greene, M. (2009): Justifiying Social Marketing Spending. URL: http://a964.g.akamaitech.net/7/964/714/d8ab5e007929d7/www.forrester.com/ imagesV2/uplmisc/justifyingsocialmarketing.pdf, Abruf am 15. November 2011.

Griffel, S.; Forster, N. (2010): Monitoring Social Media – Erfolge sichtbar machen – Trends erkennen. URL: http://www.denkwerk.com/extra/media/dw_Social_Media_01_Monitoring.pdf, Abruf am 27. November 2011.

Kaplan, R.; Norton, D. (2000): Having Trouble with Your Strategy? Then Map it. URL: http://planuba.orientaronline.com.ar/wp-content/uploads/2009/03/having-trouble-with-your-strategy-then-map-it-by-kaplan-robert-s-norton.pdf, Abruf am 01. November 2011. Email-expo (2011): Expertenstudie Social Media. URL: http://emailexpo.messefrankfurt.com/content/emailexpo/frankfurt/de/exhibitors

/profil/rueckblick2011/studie/jcr:content/mainParsys/downloadbox/downloadb oxParsys/download/file.res/Email-Expo_Studie_Social_Media_Mai_2011.pdf, Abruf am 07. Dezember 2011.

Neumann, K. (2011): Social Media als Marketing-Instrument für Unternehmen. URL: http://opus.bsz-bw.de/fhhv/volltexte/2011/343/pdf/Social_Media_Marketing_K_Neumann.pdf, Abruf am 01. November 2011.

Owyang, J.; Lovett, J. (2010): Social Marketing Analytics – A new Framework for Measuring Results in Social Media. URL: http://www.slideshare.net/jeremiah_owyang/altimeter-report-social-marketing-analytics, Abruf am 01. November 2011.

Ralston, R. (2009): Marketing Mix Modeling & Optimization – The Science an Utility of Quantifiyin All-Media ROI. URL: http://www.polarisresearch.com/index.php/Articles-and-White-Papers, Abruf am 01. November 2011.

Ray, A. (2010): The ROI of Social Media Marketing. URL: http://www.slideshare.net/skalaraul/roi-of-socialmediamarketing, Abruf am 23. November 2011.

Execs In The Know (2010): KPI's for Social Media Response. URL: http://www.slideshare.net/jperezpgi/kpi-social-media-response-survey- results1, Abruf am 25. November 2011.

Steimel, B.; Halemba, C.; Dimitrova, T. (2010): Praxisleitfaden Social Media Monitoring. URL: http://www.slideshare.net/SocialMediaCuts/praxisleitfaden-social-media-monitoring-1110, Abruf am 04. Dezember 2011.

Syncapse Corp. (2010): The value of a Facebook fan: An empirical Review. URL: http://www.brandchannel.com/images/papers/504_061810_wp_syncapse_fac ebook.pdf, Abruf am 13. November 2011.

Anhang: Glossar

Begriff	Definition
Blog	Blog bedeutet ins Deutsche übersetzt „Tagebuch" und ist ein synonym für „Weblog". Es beschreibt eine chronologisch aufgebaute Webseite die in Form eines Tagebuchs geführt wird. Vgl. Grabs, et al. (2011), S. 125
Break-even-Analyse	Die Gewinnschwellenanalyse wird dazu verwendet, Auswirkungen von Größenänderungen auf ein bestimmtes Ergebnis zu verdeutlichen, bspw. Erlöse und Kosten. Der Break-Even-Point ist dabei der Schnittpunkt beider Messgrößen und beschreibt im o.g. Beispiel den Punkt ab dem ein Gewinn erwirtschaftet wird. Vgl. Horváth (2006), S. 465 ff.
Call-To-Action	Eine Aktion, die den Kunden bewegt etwas zu tun. Im Bereich Social Media kann dies ein Klick auf „gefällt mir" bei Facebook sein, damit der Nutzer einen Gratis-Coupon erhält. Vgl. Heymann-Reder (2011), S. 255
Cash-Flow	Der Cash Flow ist eine betriebswirtschaftliche Erfolgsgröße und beschreibt den erfolgswirksamen Überschuss der Zahlungsmittel eines Unternehmens. Vgl. Wöhe (2008), 571 ff.
Community	Bedeutet zu Deutsch "Gemeinschaft" und bezeichnen zusammengehörige Nutzergruppen im Internet Vgl. Heymann-Reder (2011), S. 256.
Crowdsourcing	Wortschöpfung aus "Crowd" (Masse) und "Outsourcing" (Auslagerung) zur Beschreibung eines Instrumentes um Ideen und Innovationen gemeinsam mit den Kunden zu entwickeln. Vgl. Grabs, et al. (2011), S 393 ff.
Customer Lifetime Value	Der Wert einer Kundenbeziehung aus Sicht des Unternehmens der anhand verschiedener Modelle berechnet werden kann. Basis vieler Modelle bildet der mit dem Kunden verbundene Zahlungsstrom (Cash Flow). Vgl. Meffert et al. (2008), S. 73.

Begriff	Definition
Customer Service Center	Eine Support-Plattform für Kunden, auf denen sich die Nutzer bei Problemen gegenseitig unterstützen und zu einer Problemlösung beitragen können. Zusätzlich kann über das Service Center direkt Kontakt mit dem Support eines Unternehmens aufgenommen werden.
Differenzierungsstrategie	Eine Wettbewerbsstrategie nach Porter, bei dem ein Unternehmen versucht, Alleinstellungsmerkmale durch gezielte Differenzierung bspw. bei den Faktoren Preis oder Qualität zu erlangen.
Direct Response	Direktmarketing bei dem das Unternehmen einen direkten und unmittelbaren Kontakt zum Kunden pflegt. Vgl. Meffert et al. (2008), S. 574
Earned media value	Der (digitale) Wert, den ein Nutzer auf einer Social Media Plattform erwirtschaftet. Dieser kann auf verschiedene Arten ausgedrückt werden, bspw. durch eine Weiterleitung einer Statusmeldung an alle seine Kontakte (Erhöhung der Reichweite).
eCommerce	Electronic Commerce. Beschreibt den IT- und Internetgestützten Verkauf von Produkten.
Facebook	Weltweite Plattform eines sozialen Netzwerkes.
Fan	Nutzergruppe, die sich durch ein "gefällt mir" auf Facebook zu einem Unternehmen, einer Marke oder einem Produkt bekannt haben. Mit der Aktion „gefällt mir" werden Statusupdates im News-Stream des Nutzers angezeigt.
Follower	Ein Follower auf Twitter erhält die Tweets des gefolgten Benutzers und kann somit INhalte automatisch beziehen, retweeten oder zitieren und somit an seine eigenen Follower weiterleiten.

Begriff	Definition
Formalökonomische Ergebniskennzahlen	Allgemeine aus Formalzielen abgeleitete Kennzahlen wie Gewinn, Wachstum und Sicherheit. Vgl. Wöhe (2008),S. 78.
Guidelines	Richtlinien, Leitfaden, Orientierungshilfen.
Human Ressources	Personalabteilung, Personalverwaltung.
Insights	Integrierte Statistikfunktionen auf Social Media Plattformen.
Investitionsrechnung / Nutzwertrechnung	Befasst sich mit der Berechnung finanzieller Auswirkungen einer Investition um eine Investitionsentscheidung begründen zu können. Vgl. Wöhe (2008), S. 523.
Kollektive Intelligenz	Wissenszuwachs der durch die Zusammenarbeit mehrerer Personen und Personengruppen entsteht.
Kostenführerschaft	Eine Wettbewerbsstrategie nach Porter, bei dem ein Unternehmen versucht, durch niedrige Kosten und somit niedrige Preise ein Alleinstellungsmerkmal am Markt zu schaffen und sich somit von den Konkurrenten abzusetzen.
Landingpage	Eine Landingpage ist eine Seite auf die ein Nutzer automatisch weitergeleitet wird wenn er die Präsenz eines Unternehmens auf einer Social Media Plattform besucht. Vgl. Heymann-Reder (2011), S. 119.
Markenevangelist	Markenbefürworter, Markenbotschafter. Ein Markenevangelist tritt nach außen hin als Sympathisant einer Marke auf und sorgt für Mundpropaganda, verteilt vorwiegend positive Informationen und erweitert die Reichweite eines Unternehmens. Vgl. Kotler (2010), S. 424-426 ff.
Marktfeldstrategie	Kundenorientierte Marketingstrategie mit dem Fokus auf die Bestimmung von Marktfeldern in denen ein Unternehmen tätig sein möchte. In einer Produkt-Markt-Matrix kann zwischen den Feldern Marktentwicklung, -durchdringung, Produktentwicklung und Diversifikation unterschieden werden.

Begriff	Definition
	Vgl. Kreutzer (2010), S. 159 ff.
Marktparzellierungsstra-tegie	Im Mittelpunkt steht die Marktsegmentierung um verschiedene Marketing-Mix-Segmente aufbauen zu können. Vgl. Kreutzer (2010), S. 169 ff.
Marktarealstrategie	Zielt auf die Bestimmung der räumlichen Gebiete innerhalb einer Marketingstrategie ab. Vgl. Kreutzer (2010), S. 184 ff.
Marktstimulierungsstrate-gie	Die Marktstimulierungsstrategie bestimmt auf welche Art ein Kunde zum Kauf stimuliert werden soll. Ausgangspunkt der Zielsetzung bildet die Aufteilung der Märkte um dann je Marktkategorie eine entsprechende Ausgestaltung der Strategie vorzunehmen. Vgl. Kreutzer (2010), S. 165 ff.
Meilenstein	Ist ein signifikanter Punkt innerhalb eines definierten Zeitraumes an dem eine Bewertung der bisherigen Geschehnisse und ein Abgleich mit dem erwarteten Ergebnis stattfindet.
Mention	Erwähnung einer Marke, eines Unternehmens oder eines Produktes. Die „Mention" ist eine Metrik im Social Media Marketing sowohl unter quantitativen als auch unter qualitativen Gesichtspunkten.
Net Promoter Score	Ist ein Index zur Anwendung im Social Media Marketing. Der Net Promoter Score berechnet wie hoch die Empfehlungsrate der Kunden bezüglich eines Produktes oder eines Unternehmens ist. Der NPS wird in einer verdichteten Skala von 0 bis 10 ausgedrückt. Vgl. Evans (2010), S. 180 ff.
One-To-Many Kommunika-tion	Kommunikationsstrategie aus Sicht des Unternehmens, bei dem das Unternehmen Informationen unpersönlich an eine breite Masse streut.
One-to-One Kommunikati-on	Kommunikationsstrategie aus Sicht des Unternehmens, bei dem das Unternehmen Informationen personifiziert an einen

Begriff	Definition
	bestimmten Adressaten senden kann.
Orchestrierung	Zusammenstellung verschiedener Komponenten zu einer Gesamtarchitektur bzw. zu einem Portfolio.
Pinnwand	Funktion eines sozialen Netzwerkes auf dem Meldungen an einen Nutzer veröffentlicht werden können.
Podcast	Kunstwort bestehend aus „iPod" und „Broadcast" die für Audio- und Videobeiträge stehen, die regelmäßig über das Internet verteilt und von Nutzern abonniert werden können. Vgl. Kreutzer (2010), S. 403.
Promotion Code	Gutschein oder Coupon Code. Über zuvor definierte Nummernkreise der Codes können so Zuordnungen gemacht werden, aus welcher Quelle die Initiative des Kunden stammt. Bspw. kann so identifiziert werden, wie hoch die Teilnahme eines Gewinnspiels auf einer bestimmten Social Media Plattform war.
Public Relations	Öffentlichkeitsarbeit. Marketinginstrument zur Beeinflussung der Öffentlichkeit mit der Aufgabe, gute Beziehungen zu allen Stakeholdern aufzubauen und zu pflegen. Vgl. Kotler (2010), S. 927 ff.
Reichweite	Kennzahl im Social Media Marketing die beschreibt an wie viele Nutzer eine Meldung direkt verteilt wurde.
Rentabilität	Betriebswirtschaftliche Kennzahl zur Berechnung der Verzinsung des eingesetzten Kapitals. Die Rentabilität kann auf Basis des Eigenkapitals, des Gesamtkapitals oder des erwirtschafteten Umsatzes berechnet werden. Vgl. Wöhe (2008), S. 908 ff.
Return-on-Investment	Eine weitere Variante einer Rentabilitätskennzahl bei die Rendite des Gesamtkapitals bezogen auf den erwirtschafteten Bruttogewinn berechnet wird. Vgl. Wöhe (2008), S. 910.

Begriff	Definition
Return-on-Sales	Umsatzrentabilität. Definiert eine Kennzahl zur Berechnung des Verhältnisses zwischen Gewinn und Umsatz in Prozent. Vgl. Wöhe (2008), S. 908.
Social Bookmarking	Social Media Plattform zur Sammlung, Verteilung und Verschlagwortung von Lesezeichen auf Internetseiten.
Social Media Monitoring	Werkzeuge zur Auswertung von plattformübergreifenden oder plattformspezifischen Kennzahlen und Messgrößen im Social Media.
Start-Up Unternehmen	Ein junges Unternehmen welches noch nicht lange am Markt verweilt. In Analogie zur BCG Portfolioanalyse sind dies Unternehmen im „Question Mark" Segment.
Total Quality Management	Ein auf unternehmensweite Qualität (Produkte und Prozesse) ausgerichtetes Managementkonzept. Vgl. Reinecke (2004), S. 369
Trackable URL	Techniken zur Berechnung von Klickstatistiken mit Hilfe sogenannten URL-Shortener. Über solche URLs können Daten zur statistischem Auswertungen gesammelt werden, bevor der Nutzer an das eigentliche Ziel weitergeleitet wird.
Tweet	Ein Tweet ist eine Statusmeldung die per Twitter veröffentlich wurde.
Twitter	Microblogging Dienst um Nachrichten mit einer maximalen Länge von 140 Zeichen zu veröffentlichen.
User Generated Content	Von einem Benutzer generierter Inhalt auf einer eigenen oder fremden Internetseite über entsprechen bereitgestellte Funktionen. Dieser Inhalt kann ohne die Kenntnis von Programmiersprachen veröffentlicht werden.

Begriff	Definition
Virales Marketing	Provokation von Mundpropagande für Marketingzwecke und der Vermarktung von Produkten und Dienstleistungen. Vgl. Langner, S. 27.
VZ-Gruppe	Zusammenfassend beschreibt die VZ-Gruppe die sozialen Netzwerke studiVZ, schülerVZ und meinVZ.
Xing	Soziales Netzwerk mit dem Fokus auf berufliche Kontakte und Beziehungen.
Youtube	Googles Internetplattform zur Veröffentlichung von Videos.

Einzelbände

Eveline Scheerer: Online Marketing – Entwicklung, Chancen und kritische Aspekte des Social Media Marketings der Generation Web 2.0

978-3-656-38749-7

Thomas Löhr: Social Media-Marketing – Wirkungsweise und Erfolgskontrolle

978-3-656-32138-5

Christian Kremer: Kennzahlensysteme für Social Media Marketing: Ein strategischer Ansatz zur Erfolgsmessung

978-3-656-17368-7